国家社科基金西部项目"当代资本主义日常生活金融化研究"（18XKS002）阶段性成果

Money Modern Society

货币与
现代社会世界

社会理论的一种研究向度

欧阳彬　著

MONEY
AND
MODERN
SOCIAL
WORLD

中国社会科学出版社

图书在版编目（CIP）数据

货币与现代社会世界：社会理论的一种研究向度／欧阳彬著.—北京：
中国社会科学出版社，2021.2

ISBN 978 - 7 - 5203 - 7082 - 0

Ⅰ.①货…　Ⅱ.①欧…　Ⅲ.①货币—社会哲学—研究　Ⅳ.①F82②B0

中国版本图书馆 CIP 数据核字（2020）第 164071 号

出 版 人	赵剑英
责任编辑	杨晓芳
责任校对	王婷婷
责任印制	王　超

出　　　版	中国社会科学出版社
社　　　址	北京鼓楼西大街甲 158 号
邮　　　编	100720
网　　　址	http://www.csspw.cn
发 行 部	010 - 84083685
门 市 部	010 - 84029450
经　　　销	新华书店及其他书店

印刷装订	三河弘翰印务有限公司
版　　　次	2021 年 2 月第 1 版
印　　　次	2021 年 2 月第 1 次印刷

开　　　本	710×1000　1/16
印　　　张	18.5
插　　　页	2
字　　　数	313 千字
定　　　价	99.00 元

前　　言

　　货币是贴近我们日常生活的一种社会实在。但同时，它又是一种"充满形而上学的微妙和神学的怪诞"的事物。因此，本书以社会理论为研究向度，从货币的社会关系本质入手，围绕着货币与现代社会世界关系主题，探讨了货币与现代社会、货币与现代文化、货币与现代人之间的相互影响、相互作用、相互形塑关系，并在此基础上，初步阐释了货币与现代社会世界关系理性重构路径，从而揭示了货币在现代社会世界中所具有的关系结构和象征图式。

　　随着现代资本主义在西方的兴起，货币在现代社会世界中的地位和作用日益凸现。以西美尔、韦伯等为代表的经典社会理论家们阐发了货币与现代社会结构的理性化、新的社会阶级的崛起与分化、民族国家的兴起，以及社会道德秩序的形成之间的复杂关系。现代社会理论家则结合货币、资本、金融的全球化、信息化、符号化所带来的巨大影响，从空间、历史、社会行动与结构、生活世界的分化与异化等角度进一步深化了我们对货币与现代社会世界关系的认识。但是这些社会理论家只是告诉我们"是什么"，而没有指出"为什么"。也就是说他们忽略了货币与社会世界发生复杂关联的内在原因问题，即货币的本质问题。对于这个问题，从最早的货币金属论、货币名目论到现代的货币信用论，都试图给予回答。但是由于立场、观点、方法的内在缺陷，这些理论都未能正确揭示货币的本质。

　　马克思站在历史唯物主义的高度，通过对社会世界生产结构的研究，从哲学上对货币的起源及其本质作出正确理解。他深刻指出货币不是物，而是物化的社会劳动，表征的是人们在生产劳动中结成的社会关系。人们在生产中结成的社会关系是多层面的，既包括人们之间的技术性关系（如分工、协作等），也包括人们之间的经济利益关系，还包括人们之间的精神、观念关系，以及人们对自身的自我意识关系。所以相应地，货币表征着人们之间的各种经济关系和社会结构的变迁，是文化价值系统的重要象征，并对人的自我独立性与依赖性产生影响。因此货币具有社会、文化和人的存在三重属性。马克思所揭示的货币的社会关系本质及其三重属性从根本上回答了货币与现代社会世界何以可能的问题。

货币与现代社会构成了货币与现代社会世界的第一层关系。货币本质上是一种社会关系。社会关系的生成变化是一个历史性过程。因此，现代货币的生成也是一个马克思意义上的社会历史性过程，是资本、国家、市场、科技、信任等社会因素共同作用的结果。而现代货币及其制度一旦形成、成熟，必然反过来对整个社会产生重要影响。从历史上看，货币经济的发展是现代社会得以形成的一个重要因素。在现代社会世界中，货币继续发挥着强大的形塑力量。它扩展了人们经济活动和社会交往的社会空间。作为物化的社会时间，货币是人们应对未来不确定性和传承社会历史记忆的重要工具。货币作为理性的标志，提高了经济行动的效率、可计算性、可预测性，并且货币与语言一样，成为人们进行社会沟通与理解的媒介。现代货币功能的扩展加速了社会结构的市场化进程，并成为社会分层的重要标志。通过这些过程，现代货币在人与人之间构造了社会关系，生成了社会结构。

货币与现代文化构成货币与现代社会世界的第二层关系。一方面，货币不仅存在于市场之中，而且存在于文化之中，存在于人们的日常生活之中。因此，现代货币实际上也是嵌入社会文化中的。货币的神圣与世俗的区分表明，社会文化处于演变之中，货币的意义也发生着变化。货币在家庭生活和礼物交换中的文化区分也说明人们的日常生活和不同文化界定着货币的意义、使用范围、用途。因此，在文化的视野中，货币本身、来源及其使用同时是一个文化的和认知的过程。另一方面，货币作为价值的象征符号，向人们传达的不是知识，而是人们的劳动及其成果所具有的社会意义或象征价值。在以"物的依赖"为典型特征，以货币为主要交换媒介的市场经济条件下，社会的文化精神不可避免地受到货币经济的强烈冲击。以金钱为中心的种种社会心态、价值观念及其意识形态功能不过是现代市场社会经济结构在思想文化上的反映，最终也是由现代货币化的社会经济结构所决定的。

货币与现代人构成货币与现代社会世界的第三层关系。货币本质上是一种社会关系。而人的本质是社会关系的总和。因此货币必然具有人的属性。货币与现代社会结构、文化价值观念相互形塑的过程必然会对现代人的个体自我、意识结构、人格行为特征产生内在影响。货币是现代人认知能力社会化过程中的重要经济因素。货币在社会结构、文化价值、认知评价、生理机制中的作用也影响着现代人的情感生成，并且在此基础上形成种种以金钱为中心的情感表达。对物、财产的占有是人的意志自由的体现和表达。在现代社会中，货币作为财富的一般代表，必然影响到现代人的意志及其自由表达。货币已经成为现代人个体自我的一种延伸。货币在每个人心目中的象征意义和价值反映着我们对自我的理解和我们的人格行为特征。

现代货币金融危机充分表明了货币与现代社会世界关系的不稳定性、脆弱性。从社会理论的视角看，这种危机的根源仍在于现代社会、文化与人的发展中存在的种种问题。因此，要实现货币与社会世界的和谐互动，就必须立足现实，建构新的社会发展模式、文化氛围和个性自我，在此基础上，为实现人的自由全面发展开辟道路。这是货币与现代社会世界理性重构的重要目标。

目　　录

导　论

在当今全球市场经济日益成为塑造人类命运的关键力量的时代境遇下，每一个社会的发展、文化的建构和个体的生存都与货币息息相关。货币是人际关系的维持者，是宏观社会结构及其文化生成的承担者，也是一种能够影响人们思想意识的强大力量。因此，货币在所有的层面上，从面对面的人际关系交往到构成现代社会的大规模的组织系统，都是推动现代社会发展的关键力量。货币已经成为现代社会世界内在的、重要的组成部分。

第一节　货币：现代社会世界的语言

在现代社会，货币不单单是一种商品交换媒介或一种中性的手段，还具有重要的象征意义和神奇的魔力，不但统治着现代物质世界，而且统治着个体的精神世界。它将不同地区、不同社会、不同族群、不同文化的人们联系起来。货币是表达现代社会世界的语言和纽带。

让我们从现代日常生活的两个具体社会场景开始：①

---

①　此种思路借鉴了法国年鉴学派布罗代尔的日常生活史的方法论，"我的出发点是日常生活，是我们在生活中不知不觉地遵守的习惯或者例行公事，即不下决心、不加思考就到处风行和自动完成的成千个动作。"而货币恰恰是日常生活中最重要的组成部分，是日常生活的"发动机和指示器，是变化的动力和信号，而且也是变化的结果"。[法] 费尔南·布罗代尔：《资本主义论丛》，张慧君译，中央编译出版社1997年版，第66、70页。著名历史学家黄仁宇在分析现代资本主义时，也提出从历史生活的细节入手，"要提出历史的新题材，与其循规蹈矩的从疆域沿革世系制度说起，不如先引导出一件非常的事迹。在叙述这事迹时，自然会牵涉到相关的背景。表面看来，这种做法好像缺乏系统。实际这才是将读者或听众亟要知道的情事直接盘出，既有示范功用，追叙也有重点"。黄仁宇：《资本主义与二十一世纪》，生活·读书·新知三联书店1997年版，第43页。此思路启发笔者从日常生活中的货币现象入手。

　　一个年轻的母亲，怀里抱着她的孩子，背上背着一桶牦牛奶和一些牦牛皮，匆忙地走出了泥屋。虽然太阳还没有升上地平线，汗水已经顺着额角流下脸颊。每五天中的一个早晨，她都要在破晓之前从川西高原的稻城县日瓦乡的一个小村庄出发，徒步 11 里的山路去镇上。那里有一个集市，每五天开一次。同去的还有同村的其他一些妇女。她们要走将近三个小时的山路，要翻过几道山。她们的背上都背着要在市场上出售的东西：牦牛奶、牦牛皮、各种手工艺品、一些野生中药材。偶尔，她们会停下来，在路边的岩石上喝点自制的酥油茶。但是她们不能停留太久，必须在太阳最毒之前和游客最多的时候赶到市集。

　　在世界的另一端，曼哈顿西区的一所公寓里，一个年轻人提着一个漂亮的公文包在等着电梯。他一身笔挺西装、黑色皮鞋，走进已经非常拥挤的电梯。习惯性地微笑着点头之后，他望着闪烁的楼层指示灯。当他离开公寓，走上街边时，就汇入一股迅速移动的庞大的人流中。这股人流通往地铁，在那里，会有更多的人挤在一起，奔向曼哈顿南端的金融中心区。从地铁出来，这个小伙子会停下来买一个汉堡和热狗、一杯咖啡或可乐，边走边吃。一周五天，他都要从他的公寓重复同样的路线和行动到达纽约股票交易所。

　　到了市集，妇女们各自散开。带牛奶的会把牛奶卖给收集点，倒进奶车，以便运往县城。另一些妇女则摆个地摊，向游客出售各种民族手工艺品或药材。一旦把货物出售，她们会买一些塑料桶、烟酒、茶叶、盐、糖等生活日用品。尽管她们受教育程度很低，有的甚至不识字，但是大部分人都能熟练地和顾客讨价还价。这里有藏族、汉族、彝族、回族、羌族，还有许多外国游客，各自语言有所不通，但是都能通过手势标识价格。

　　纽约股票交易所的地面就像藏区的集市一样凌乱：不是毛屑、枯草、奶汁，而是各种颜色的股票交易票据的碎片。大厅里挤满了人，不是像集市那样面对面地讨价还价，而是对着电话、电脑、大屏幕显示器或是大声叫喊，或是手舞足蹈。看似混乱，但是人们根据身着服饰颜色，以及屏幕显示数据，行动有序，各有分工。

　　当太阳下山的时候，妇女抱起她的孩子，收起空的奶桶以及用她今天挣的钱买的日用品，和其他妇女一起踏上回家的路程。家里的晚饭还等着她来做。

　　从股票交易所出来，年轻人松了松领带，和朋友一起去酒吧聊天娱乐。

集市上的年轻母亲与交易所中的年轻人并不生活在同一个国家，甚至同一个大洲。他们可能从未谋面，甚至不知道对方的存在。年轻人生活在世界上技术最先进、人口最拥挤的大都市。年轻母亲生活在一个小山村，没有电和自来水。年轻人使用最先进的通信技术，年轻母亲不会读写。他们说着不同的语言，生活在不同的日常世界，有不同的日常生活方式和价值观。然而，"在我们的时代，没有什么会比发生在特定时空背景中的日常生活行为与跨越广泛时空范围的事件联系在一起更富有特色"①。同样，年轻母亲和年轻人的日常生活行为被一个跨越广泛时空范围的事物，一个横跨全球各地区、各民族、各种族、各文化的巨大事物联系起来。这就是货币！

无论人们把他们的货币叫什么——美元、人民币、法郎、马克、日元、欧元、英镑，他们都在一个国际货币系统的不同部分中以本质上相同的方式使用着这些货币。因为如果剔除掉股票交易所里的各种机器、线路、标识，那么股票交易与集市上货币交易的讨价还价是相似的。货币创造了一个统一的世界。它将集市上人们的牛奶、毛皮、日用品与纽约股票交易所中人们的活动、股票价格等都囊括其中。为取得货币，年轻的母亲必须长途跋涉，翻山越岭；而年轻人则一周五天都要西装革履、挤地铁公交。货币对世界各个地区人们的生活方式发生着强烈影响。与此同时，货币在不同的社会和文化中又扮演着不同的角色、发挥着不同的作用。在藏族母亲的生活中，仅仅在一周的一天中，在集市上的时候，货币才被使用。她的大部分生活用品都是自制的。而在纽约年轻人的生活中，货币则置于核心位置。他天天甚至时时刻刻都要与货币打交道：一周五天的工作就是进行货币交易；住公寓、挤地铁、吃汉堡、喝咖啡、进酒吧等日常生活处处都离不开货币。藏族母亲与纽约年轻人不同的社会环境和生活方式赋予了货币不同的意义。因此，在现代社会，货币在强烈塑造现代人的生活方式的同时，也受到置身其中的具体社会文化生活环境的强力影响。货币与现代社会的这种双向互动、相互形塑关系表明货币已经成为联系和表达现代社会世界的语言和纽带。

---

① ［英］安东尼·吉登斯：《批判的社会学导论》，郭忠华译，上海人民出版社 2007 年版，第 104 页。

第二节　超越经济学：货币的多学科研究

货币作为现代社会世界的语言和纽带，需要我们更加深入地研究和分析货币与现代社会世界的关系。因此长期以来，货币问题一直是经济学研究的重要内容。现代经济学基于货币的经济职能，深入分析了货币在现代市场经济运行中的机制与作用，提出了许多重要的货币经济学命题。但是经济学的货币研究在深化人们对现代货币运行机制认识的同时，也遮蔽了货币与现代社会结构、文化生活的密切关系，由此，引发了哲学、社会学、心理学、人类学、语言学等人文社会科学对货币的研究。货币的多学科、跨学科研究在国内外全面展开。

一　货币的经济学研究视域及其理论阈限

现时代，引领人文社会科学发展的主导科学是经济学。由"最优化行为、市场均衡和偏好稳定的假设组合而成的"① 经济学方法论被推行到人类行为更为广阔的领域，包括通常认为不属于经济范畴的犯罪、婚姻、教育、政治行动等，形成了向社会学、政治学、法学、教育学、社会生物学、心理学等学科领地帝国式的扩张态势。货币问题自然也一直为经济学所垄断，形成了货币经济学、货币银行学、金融学等诸多学科。这些学科主要研究货币金融理论、货币政策、货币与资本市场、国内货币调控、货币与银行的关系等问题。

西方经济学的货币理论的方法论基础是把资本主义经济系统划分为实物部分和货币部分。实物分析（Real Analysis）的原则是，经济生活中的所有主要现象都可以用商品和劳务、有关它们的决定及它们之间的关系来描述。货币不过是配角，是用来便利交易的一种技术装置。这种装置可能会出现故障，可能会带来一些影响。但只要它运转正常，就不会影响经济过程。经济过程就会像在物物交换经济中那样运转。因此，货币被视为中立性的市场交换媒介，是经济活动可有可无的"面纱"。因而，货币价格

---

① ［美］加里·S. 贝克尔：《人类行为的经济分析》，王业宇、陈琪译，上海三联书店1995年版，第8页。

应让位于商品之间的交换比率即相对价格；收入形成应看作劳动和生活物质资料的交换；应把储蓄看作储存物质生产要素，把投资看作将这些生产要素转换为诸如厂房、机器和原料这样的物质资本品；虽然工业贷款表现为货币形式，但实际贷出的却是这些物质资本品。在典型的实物分析中，所有货币的色彩都要被精心地过滤掉，剩下的只是实实在在的实物经济。① 现代货币经济学家哈恩（F. Hahn）在他的三篇关于货币和通货膨胀的讲演中的第一讲中就声称："货币的存在对理论家提出的最严峻的挑战是：最完善的经济模型中找不到货币存在的空间。最完善的模型当然要数瓦尔拉斯（Walrasian）一般均衡的阿罗—德布鲁（Aroow - Debreu）版本。在一个可以预料所有偶然事件的未来契约可能世界里，既不需要，也不想要这种本质上毫无价值的货币。"②

因此，在货币经济学的帝国世界中，人们看不到货币与社会结构变迁的深层关联，不明白现代文化中货币的各种符号意义，更不理解手中的货币在自己精神世界中的位置："现代经济学使金钱失去了血色。"③ 似乎这些问题永远只是一个在完美的货币经济学帝国之外的点缀。显而易见，货币经济学在深化了人们对现代货币、金融、银行的内在运行机制的认识的同时，也用各种艰深的术语和繁杂的数学方程式遮蔽了货币与广阔的社会世界的微妙关系。正如著名发展经济学家舒马赫对经济学方法所批评的那样："某些事物，当其无法赚取以货币计算的适当利润时，就是不经济。经济学方法并没有，也不能够，提供任何其他的涵义。……社会本身，社会中的个人或团体，决定从事一项活动或持有资金时，也许是为了非经济的理由——社会的、美学的、道德的或政治的——但这都不足以改变其不经济的特性。用另一种字眼来说，经济学的判断是一项极其片面的判断；在进行决定前，现实生活中有许多层面要考虑以及综合起来做判断，经济学只提供一个层面——这项业务是否给那些执行者带来利润。"④ 经济学

① 熊彼特指出："经济分析的历史开始于实物分析占领阵地的时候，亚里士多德和经院学者进行的都是实物分析。"［美］约瑟夫·熊彼特：《经济分析史》第1卷，朱泱等译，商务印书馆1991年版，第423页。

② Hahn F. , *Money and Inflation*, Oxford：Blackwell, 1982, p. 1.

③ ［澳］维莱丽·威尔森：《金钱的私生活》，夏骞译，吉林摄影出版社1999年版，第86页。

④ ［英］E. F. 舒马赫：《小的是美好的》，李华夏译，译林出版社2007年版，第27页。

方法远远没有穷尽货币与社会世界之间丰富的深层含义。

在现代学科与知识日益分化的情况下，经济学帝国主义及其对货币问题的垄断霸权导致其他人文社会科学在货币问题研究中的失语。一方面，学者们错误地相信货币本质上是一个经济学问题，从而放弃研究货币的责任。例如，美国现代著名社会学家科林斯（R. Collins）就认为货币是现代社会学最受忽视的主题，也是整个社会科学最受忽视的主题："社会学家忽视它，好像它的社会学味还不足；马克思主义者忽视它，好像它是庸俗马克思主义的题材；政治学家忽视它，好像它与政治无关；人类学家有时除了告诉我们一些关于原始贝币之类的东西外从不谈现在的硬通货。"① 另一方面，人们或是完全无批判地接受主流经济学的货币界定。例如，帕森斯将货币界定为适应于产品和劳务分配的经济功能的"符号性的普遍化的交流媒介"②。正如美国著名经济学家加尔布雷斯所言："对于货币的研究，高居于经济学的所有领域之上，其中的复杂性是用来掩盖真相，或者逃避真相，而不是揭示真相的。"③ 这个真相就是货币绝不仅仅是个经济学问题，还是一个属于哲学、社会学、心理学、人类学等诸多学科的问题。

二　货币的多学科研究及其理论空间

1. 国外的货币研究现状与理论空间

西方发达的货币经济和金融体系使得西方思想家对货币问题一直给予关注。特别是在二战后，对货币问题的研究远远超出了传统经济学的范围，社会学、人类学、心理学、精神分析学、传播学、社会生物学、地理学、宗教学、语言学等诸学科纷纷开展货币研究，从而形成了多学科、多层次、多角度的货币理论。

（1）货币的社会学研究

二战后的很长一段时间内，货币研究一直为新古典经济学所垄断。货币基本在社会学家的视野之外。1978 年西美尔的巨著《货币哲学》被翻

---

① Collins R., "The Bankers", *The American Journal of Sociology*, Vol. 85, No. 1, 1979.

② Parsons T., *The Social System*, London: Tavistock 1952, p. 124.

③ 转引自［美］贝尔纳德·列特尔《货币的未来》，林罡、刘姝颖译，新华出版社 2003 年版，第 35 页。

译成英文出版，开始引起社会学家们的注意。① 1985 年经济社会学家格兰诺维特提出经济行动的社会嵌入问题，为货币的社会学分析提供了有力的理论工具和方法。此后货币的社会学研究开始复兴。从目前的研究成果看，关于货币的社会学研究主要沿着两个向度来展开。第一个向度是结构层面，关注货币在社会结构、社会关系中的作用。第二个向度是文化层面，关注文化对货币的形塑意义。

贝克（W. Baker）认为应该从结构的视角研究现代市场经济，将其看作是一个具有众多能动者参与的社会结构。现代货币及其使用由市场经济的社会结构所决定。通过分析各个能动者参与货币金融市场的情况，贝克指出了非银行金融机构在现代货币金融市场体系中的权力与影响，从而说明了为什么中央银行不能完全控制现代货币。② 科尔曼在《社会理论的基础》中主要研究货币在现代经济交换和社会交换结构中的作用。货币诞生以来的三种形式，即商品货币、信用货币与不兑现纸币，反映了不同的社会信任结构。商品货币，人们信任的是具有价值的货币本身；信用货币与纸币，人们信任的是第三方的保证：法律、中央银行与国家。这也成为现代经济交换和社会交换的制度保障。甘斯曼（H. Ganssmann）批评帕森斯、卢曼、哈贝马斯等人的货币分析的结构功能主义视角，即将货币视为与社会经济子系统相联系的一种"符号性的一般化的交往媒介"。他坚持马克思将货币视为物化的社会生产关系的观点，认为货币并非像帕森斯等人所认为的那样是一种中性的无害的社会工具，而是被用来生产和再生产社会经济统治关系的一种社会压迫武器。③

齐莉泽（V. A. Zelizer）反对货币的社会结构决定论，提出货币的文化解释。她认为货币的形态多种多样，每一种货币都受到特定的一套文化和社会因素的制约，因而各有质的差别。齐莉泽提出用"各种特殊货币"（special monies）的概念来标识这些不同的货币。齐莉泽还具体分析了 19

① 参见一系列评论文章：Lawrence Peter, A., "Review: Radicalism and the Cash Nexus", *The American Journal of Sociology*, 86（1）1980; Laidler David and Rowe Nicholas, "Georg Simmel's Philosophy of money: A Review Article for Economists", *Journal of Economic Literature*, （18）1980.

② Baker W., *What is Money? A Social Structural Interpretation*, In Mizruchi, M. and Schwartz, B. （eds）, *Intercorporate Relations: A Structural Analysis of Business*, Cambridge: Cambridge University Press 1987.

③ Ganssman H., "Money – a Symbolically Generalized Medium of Communication? On the concept of money in recent sociology", *Economy and Society*, 17（4）1988.

世纪 70 年代与 20 世纪 30 年代之间美国家庭中妇女与货币的不断变化意义，以此论证社会文化对货币的影响。① 多德（N. Dodd）总结了近年来货币社会学研究成果，提出了四个观察视角：一是政治经济学的视角，研究古典经济学和新古典经济学中有关货币的经济功能；二是民族国家的视角，研究货币主权、货币体系运行的制度保障；三是文化视角，研究成熟货币经济的文化后果；四是社会系统的视角，根据帕森斯、卢曼等人的思想研究货币在社会体系中的作用。他还着重指出现代社会中货币运行的技术性、结构性的机制和制度是社会学家研究的重点对象。②

（2）货币的人类学研究

货币是西方人类学分析的一个重要范畴，特别是在经济人类学领域。经济人类学认为对货币含义的分析是比较、分析各种社会的一个重要工具。作为沟通社会与经济的一种制度性手段，货币的运动和性质是由每一种社会的基本性质和文化模式所决定的。著名经济人类学家波兰尼（K. Polanyi）认为，在原始社会中，经济活动是被嵌入社会的组织和机理之中的。经济交易只能是一种与人的地位及其所有可移动的价值物地位关联的社会行为。所以原始经济交易中的货币只能是一种被限定了目的的"有限目的货币"（limited pourpose money）。它与现代社会中承担着五种基本职能的"全目的货币"（all purpose money）是存在显著差异的。全目的货币不过是高度发达的现代信用制度和高度组织化的市场体制的产物。③

梅利兹（J. Melitz）对于波兰尼学派对原始货币与现代货币的二分法提出质疑。他认为现代货币并非是全目的货币，而是有限目的的。首先，现代任何一种货币都不可能同时履行五种货币功能。硬币、纸币、支票、存款各自有不同的经济功能。其次，现代货币同样受制于社会文化环境。例如，硬币主要适用于小额数量的支付，对于大额经济交易，它显得过于笨重和费时。更进一步说，现代社会中，我们的货币并非无所不能。有些

---

① Zelizer V. A. , "The Social Meaning of Money: Special Monies", *American Journal of Sociology*, 95 (2) 1989.

② Dodd Nigel, *The Sociology of Money: Economics, Reason and Contemporary Society*, London: Polity Press, 1994.

③ 参见 [日] 栗本慎一郎《经济人类学》，王名等译，商务印书馆 1997 年版。

事物例如政治地位、儿童、专业职务是不能通过货币购买的。①

（3）货币的精神分析学研究

对货币的精神分析断言，一切被占有之物、财产和财产的普遍凝结物——金钱，从本质上说都具有人的排泄物特征，成年人的性格与此有密切关系。这一理论始于弗洛伊德。在 1908 年出版的《性格与肛门性欲》中，他认为人在婴儿期要经历一个肛门阶段，生命能量多集中在肛门区域。婴儿的肛门性欲阶段采取的基本形式是在肛门产物上附加象征意义：肛门产物对于孩子来说获得了作为其创造物的意义——他可以用它在游戏中得到自恋快感，或者从别人那里得到爱（以粪便为礼物），或者向他人表明独立（以粪便为财产），或者对他人实行攻击（以粪便为武器）。这样，社会行为中某些最重要的范畴（游戏、礼物、财产和武器）就从婴儿期的肛门阶段产生了。当婴儿期终结后，非身体性的文化事物承接了本来附着于肛门产物的象征意义。财产的范畴由排泄物转移到金钱上。由此弗洛伊德解释了一些古老的传说和语言运用，例如魔鬼送给他情人的黄金，在他离开后就变成粪便，以及"钻钱眼"之类的说法。

此后，费伦齐（S. Ferenzci）和阿伯拉罕（K. Abraham）继承了弗氏的理论分别发表了《货币偏好的个体发生》和《不安状态中的货币浪费》。前者指出尽管人们对货币的偏好因个人的生活条件或经历的不同而有差异，但这种对货币的偏好都与肛门性欲有关，在这一点上个人之间几近相同。后者认为货币的使用并不产生于货币的经济功能，而是趋向于货币的影像。罗海姆（G. Roheim）在《财产的基本形态及其起源》一文中，列举了一些用以证明货币与排泄物关系的实例。例如阿兹台克人把黄金视为"神的粪便"等。奥尼尔等人则把成年人的一些对待金钱的性格态度与婴儿期的排便控制联系起来。一个吝啬鬼储存金钱的态度就像一个孩子面对父母的要求而拒绝大便。而一个挥霍者却追忆顺从父母的权威与大便所带来的赞许和关爱。货币的精神分析将童年、金钱与接受关怀联系起来。这样，当一个人感到不安全或需要关怀的时候，就越发想要花钱。鲍内曼（E. Borneman）则对上述研究做了总结性的整理，编著了《货币的

---

① Melitz J. , "The Polanyi School of Anthropology on Money：An Economist's View", *American Anthropologist*, *New Series*, 72（5）1970.

精神分析学》一书，为这一问题的进一步理解提供了较为丰富的实证材料。[①]

（4）货币的心理学研究

心理学认为，货币并不仅仅是一种交换工具。它隐藏着人们对人性的深刻认识，反映着人们的人格特点和价值期待，并由此影响到人们的思想、情感和行为。因此，西方货币心理学主要研究货币对于不同的人具有何种意义，它是如何影响着人们的工作态度，它能引起何种动机，它在人们的行为中是如何发挥效用的。

从理论研究看，首先，货币心理学研究货币与人格结构的关系。多伊奇（K. Doyle）总结了古代元素论和医学、存在主义精神分析理论、当代社会心理学以及当代人格研究中对人格类型的四分法，并认为人格类型的四分法是理解人类个性的基础。各种人格具有不同的金钱动机和行为：驱使型人格靠显示成就取得自信，将金钱当作一种护身符，把钱花在能证明自己比他人成功的事情上；谦和型人格将金钱作为驱除恐惧的法宝，节约金钱以控制他人；分析型人格常常有讨价还价及囤积行为；表现型人格花钱买尊敬，常有表现其特权感和拥有感的行为。[②] 其次，货币心理学研究货币在个体成长的不同阶段中的不同意义。例如，零花钱的使用方式对于儿童的社会化的影响；青年阶段金钱对于个体获得独立自主地位的重要意义；成年和老年阶段，在通过捐赠、慈善去回报社会中体现个人价值。再次，货币心理学研究货币在社会组织中的作用。例如在家庭关系中金钱和物品的交换与市场经济中交换的差异；夫妻双方对货币收入的不同控制；货币报酬在工作动机中的刺激效应。[③]

从应用研究看，西方的货币心理学将上述理论研究应用于社会生活的许多方面，取得了很多成果。首先，金钱心理与生活、工作满意度的关系研究。美国心理学家唐（T. Tang）及其合作者发展了一系列标准化的"金钱伦理问卷"，运用该问卷，他们主要进行了金钱伦理观与生活、工作满意度及工作积极性关系的调查研究，特别是金钱伦理观与辞职、"跳

---

① Borneman E. , *The Psychoanalysis of Money*, New York：Urizen Books 1976.

② Doyle K. , "Toward a Psychology of Money", *Amercian Behavioral Scientist*, 35（6）1992.

③ 参见［英］艾德里安·弗恩海姆、迈克尔·阿盖尔《金钱心理学》，李丙太等译，新华出版社 2001 年版。

槽"行为之间关系的研究。其次，金钱心理与精神健康的关系研究。心理学家认为金钱带给人们更多的是忧虑、不安等负性情绪。如果一个人长期、持续地受这些负性情绪左右，那么他/她就很容易产生心理问题。美国心理学家鲁本斯坦（C. Rubenstein）通过对《今日心理学》杂志进行调查发现，两万个美国读者在选择一系列形容词形容金钱时，焦虑、失望、愤怒和无助等感情位居榜首，其后才是幸福和兴奋，还有嫉妒、怨恨、恐惧、内疚、痛苦、怀疑和悲伤等感情，并且女人的负面感情超过男人。澳大利亚心理学家维莱丽·威尔森调查指出，没有任何发现可以证明钱能买到幸福，相反，担忧和不快总是占据上风。另有研究发现，在被试列出的金钱的七大意义中，排名最高的是"可耻的失败"。[①]

（5）货币的地理学研究

货币地理学主要研究货币关系的空间组织。其理论基础是有关空间的社会生产理论：空间的表达方式是被社会性地建构起来的。货币空间同样也是由社会、市场、国家和国际力量所塑造的。货币空间的变化反映出社会各种权力关系、利益关系的变化。

科恩的《货币地理学》理论出发点是对自然空间和功能空间的区分：前者围绕地点或位置，后者则围绕交易或关系的网络。货币的自然空间是由政治地理中的领土范围界定的。其典型代表是 17 世纪威斯特伐利亚和会以来，民族国家成为世界政治的最基本单元，货币空间被视为发行国独立主权的范围。科恩将这种货币空间称为货币地理的威斯特伐利亚模式。货币的功能空间是由各种社会空间，由每一种货币的有效使用和威信界定的，而不是由政治疆界界定的。科恩认为我们目前正处于由货币的自然空间向功能空间的转型过程中。这是因为市场驱动的货币竞争正在改变全球的资源和权力分配结构。金融的全球化伴随着日益增加的跨境货币使用和竞争冲击着货币空间的威斯特伐利亚模式。货币空间不再仅仅由政治主权所塑造，市场竞争起着越来越重要的作用。政府和其他社会成员在货币交易网络创建的社会空间中互动。当代国际政治经济关系正戏剧性地被日益增多的不同国家的货币在空间上的相互渗透而重新改变形态。[②]

[①]　参见杜林致、乐国安《国外金钱心理研究综述》，《西北师大学报》（社会科学版）2002年第 2 期。

[②]　参见［美］科恩《货币地理学》，代先强译，西南财经大学出版社 2004 年版。

柯布里奇（S. Corbridge）和斯瑞夫特（N. Thrift）在《货币、权力与空间：导论与综述》中指出，当前的货币空间研究主要在三个方面展开。首先是关于国家货币与国际货币的转换和规制。特别是国际货币体系的历史演化背后的一些根本性问题：主权、霸权、依附和国际秩序等。不同的理论流派，包括马克思主义、新凯恩斯主义、货币主义对此都有不同的解释。其次是关于国际金融市场与某一国家、地区之中的金融、资本的相互作用关系。特别是后布雷顿森林体系时代，金融市场的自由化及其内在风险。最后是研究货币共同体的技术、文化以及美学维度。货币不仅仅是一个经济现象，也是一个交织着不对称权力关系的社会、文化现象。①

（6）货币的社会传播学研究

将货币视为一种传播媒介，如同广告、影视、书籍等现代媒介一样，对社会经济、文化生活产生重大影响，是货币传播学研究的一条基本线索。现代传播学大师麦克卢汉深入研究了作为一种传播媒介的货币在现代社会中的性质、作用与功能。

作为一种交换媒介是货币诞生以来最基本的功能之一。但是将货币作为一种传播媒介来研究，是麦克卢汉的贡献。首先，麦克卢汉确认了货币是一种媒介。在他看来，媒介不仅仅是一般人心目中的四大媒体——报纸、电影、广播和电视，而且包括一切人工制造物、一切技术和文化产品，甚至包括人的大脑和意识的延伸。货币作为人的创造物，显然是一种媒介。因此，"既然一切媒介都是人体的延伸，或者是人体向各种物质材料的转换，所以任何媒介的研究都有助于所有其他媒介的研究。货币也不例外"②。接着麦克卢汉将他的媒介理论的几条重要原理都运用于货币研究中。媒介即信息。这是麦克卢汉最著名的论断之一。货币这种媒介所承载的信息内容就是物价。货币形态的变化对物价信息的传递具有重要影响。例如在无文字社会中，商品货币的种类多样性和不可通约性使得复杂的价格体系无法建立起来，市场也不能有效运作。只有到了印刷术普及的纸币时代，现代价格体系和市场制度的建立才有可能。媒介是人的延伸。作为媒介的货币也是人的一种延伸。货币使人们获取最近原料和商品的能

---

① Corbridge S. and Thrift N. , *Money*, *Power and Space*: *Introduction and Overview*, In Corbridge S. and Thrift N. （ed），*Money*, *Power and Space*, Cambridge：Blackwell, 1994.

② ［加］马歇尔·麦克卢汉：《理解媒介》，何道宽译，商务印书馆2000年版，第180页。

力延伸到足以把握远方的原料和商品，"使得贸易延伸到整个社会的有机复合体中去"。因此，货币是一种使人的劳动和技能放大和延伸的社会资产。

（7）货币的社会生物学研究

现代人为什么会对货币如此痴迷和狂热？现代人的这种社会行为是否存在一种生物学基础？这是社会生物学试图解释现代人的货币动机和行为时所提出的两个问题。

社会生物学家利（S. Lea）和威伯利（P. Webley）认为，所谓的货币动机，指的是在人类行为中起着与人类的性本能和食物本能一样作用的欲求。具体说来，第一，货币作为一种行为动机而起作用，即如果人们感知到或理解到某个行动会帮助他们获得货币，他们就可能愿意从事这项行动，虽然他们并不必然这样做，因为可能有客观条件限制。第二，货币作为一种行为的强化剂而起作用，即如果过去的某个行动导致人们获得货币，那么人们可能会重复这一行动，虽然这也并不是必然的。但是我们还不能合理地说存在"货币本能（Money Instinct）"，因为人们的货币欲求还不具有与性本能和食物本能类似的两种基本属性，即调适性（Adaptiveness）和达尔文式的连续性（Darwinian Continuity）。

对于货币动机成因解释的流行理论来自经济学家。经济学家认为人们互相交换稀有资源，这种交换增加了双方的福利，而货币是最便利的交换媒介和工具。根据这种观点，货币本身不是一种动机，而货币成为动机仅仅是因为它能够交换到商品和服务。利和威伯利将这种理论称为货币动机的工具理论（Tool Theory）。他们认为这种解释过于简单化，未能充分理解货币动机的复杂性。因此，他们提出一种货币动机的成瘾性理论（Drug Theory）。某种化学物质，例如酒精、尼古丁、咖啡因、可卡因、吗啡可以成为人们的强大动机。但是这种动机力量并不取决于它们能生产或交换到商品和服务。相反这些化学物质通过作用于身体的某个部位，通常是大脑，能够产生某种直接的、独特的生理心理状态。因而，人们的神经系统很容易对这些化学物质产生依赖。这些化学物质就成为"成瘾品"。成瘾品有两种：上述的尼古丁、可卡因等化学物质是"感知性成瘾品"，它们本身就具有生物学效应。第二种是"认知性成瘾品"，例如色情产品，它们本身没有生物学效应。它的效果取决于社会文化环境，取决于我们的知识和理解能力。货币正是这种认知性的成瘾品。货币之所以具有动机性的力量，就是因为它在现代消费文化中，能够产生与感知性成瘾品相同的神经性的、行为性的或心理性的效果，能够实现和模仿源于互惠性利他主义的交易本能（Instinct to trade）和游戏本能（Instinct to play）。例如在花钱的过程中，人们往往能体验到某种兴奋和愉悦：心理释放的快感、自我认同的愉悦、社会身份的标识等。[①]

（8）货币的宗教学研究

德斯蒙德（W. Desmonde）在《巫术、神话与货币》一书中集中探讨了货币的宗教起源问题。他认为，古希腊和罗马的货币并非起源于一种便利物品交换的贸易媒介，而是起源于一种宗教象征符号，即它最初是一种宗教仪式中的献祭供品。在原始共同体中，宗教仪式中的献祭供品体现着共同体的善（Good）。通过分享献祭供品，人们不但获得了生理上的愉悦，而且在精神和心理上获得了对共同体的归属感和认同感，并从中获得力量和意义。因此，对原始人来说，祭品的分享是一种神圣的宗教仪式和体验。在古希腊和罗马，公牛成为祭品，它体现着共同体的力量和神圣价值，从而成为广泛接受的衡量价值的单位。这样，公牛逐渐成为最初的货币单位，用以偿付奴隶、酒等物品的买卖。因此古代货币往往是一种宗教象征符号，体现着对共同体的忠诚，具有神圣意蕴。[②]

洛恩贝格探讨了教会与货币、财产等物质生存条件的关系中所蕴含的神学问题。这一问题非常重要："从教会如何参与它所处世界之普遍的货币流通和财富——或者贫穷，典型地反映出它解决其建制性问题的方式，从中尤其反映出它与其所处社会的关系。"[③] 每一个教会，不论是大众教会，还是独立小教派的理财态度，最能表现出它分享其世界物质生活条件的程度。

（9）货币的符号学研究

语言学与符号学认为，语言符号是一种人工制品（an artefact）。作为一种实物，符号具有物质的实在，通过感官可以感知世界。同时符号又是可以象征表现自身以外的他物：在文化上，语言符号可以在多种情景中被

---

① Lea S. and Webley P. , "Money as Tool, Money as Drug: The Biological Psychology of a Strong Incentive", *Behavioral and Brain Sciences*, 29 (2), 2006.

② Desmonde W. , *Magic, Myth, and Money*, The Free Press of Glencoe, 1962.

③ 洛恩贝格：《教会经济学的神学内涵》，载王晓朝、杨熙楠主编《经济与伦理》，广西师范大学出版社 2006 年版，第 2 页。

用以表达和传递文化过程与社会意义。货币同样如此。货币不仅仅是一种物，而且是承载和表征着经济、社会、文化、历史等多种意义的物。因此，语言学和符号学有助于更好地理解货币的本质及其意义。

索绪尔对能指与所指的区分是语言学和符号学对货币分析的基础之一。所指是指符号的使用者通过符号所指向的"某物"；能指是一种纯粹的相关物，是相对于所指而出现和存在的。能指是表达所指所必需的形式，所指是能指背后要反映的内容。作为语音形象的能指与作为概念内容的所指之间没有必然的联系。就货币符号而言，货币的能指就是历史上作为货币材料的各种物：金银、纸币、支票等；货币的所指就是货币所交换到的商品。索绪尔认为语言符号的每个能指与自己的所指关系，就如同每个钱币与人们在交换中可以获得的物品的关系。①

另一派学者以维特根斯坦的语言游戏理论为基础分析货币的意义问题。后期维特根斯坦拒斥那种认为语词、意义与经验世界之间存在内在一致关系的语言理论。语言并非仅仅是事物的命名，语言的意义不能化约为它所指称的事物。日常生活中的语言的运用和理解并不存在固定的规则和精确的关系。卡拉瑟斯等人指出，如同语言的意义，货币的意义同样不能化约为它所表征的事物。货币的意义并不取决于所有货币的某种共同属性。相反，它的意义依赖于人们在具体社会场景中的运用。货币的意义就像语言的意义一样，是多样的、实践的、具体化的。② 语言的意义虽然是含糊的，但不是任意的。不同的语言参与者所构成的语言游戏活动就为意义的确定提供了参照框架和必要的规则。克伦普（T. Crump）认为，货币交易也是一种游戏。参与者在服从不同的游戏规则（市场的、家庭婚姻中的）的前提下，互相竞争，以尽可能将自己的收益最大化。不同社会存在不同的货币游戏体系：开放的与封闭的、稳定的与动荡的、持久的与暂时的、等级的与平等的、简单的与复杂的、经济的与非经济的。③

（10）货币的复杂性科学研究

我们生活的世界是一个复杂的世界。细菌、大脑、社会系统、语言都

---

① ［瑞士］索绪尔：《普通语言学教程》，高名凯译，商务印书馆 1980 年版，第 116—118 页。

② Carruthers B. and Espeland W., "Money, Meaning and Morality", *Amercian Behavioral Scientist*, 41（10）1998.

③ Crump T., *The Phenomenon of Money*, London：Routledge, 1981.

是一种复杂系统。同样，我们所依赖的现代货币（经济）系统也是一个复杂的系统。这是复杂性科学的货币研究的基本观点。

西利亚斯在《复杂性与后现代主义》一书中提出了一种复杂系统所具备的十大特征，即复杂系统由大量要素组成；要素之间相互作用；这种相互作用关系是非常丰富的；相互作用是非线性的；相互作用的范围是有限的；相互作用之间形成回路和反馈；复杂系统通常是开放系统；复杂系统在远离平衡态的条件下运行；复杂系统具有历史；要素对整体系统运作是无知的。他认为在一定国家范围内的货币（经济）系统同样具有这十大特征：

第一，一个国家中的货币系统往往包含着大量的要素：百万计的持币者、商店、银行、保险公司等。

第二，这些要素通过贷出、借进、投资和购物而交换货币，货币关系处在不断变化之中。

第三，一个经济行为者与大量的其他要素发生作用：商店、银行和其他行为者。

第四，相互作用是非线性的：金钱可以获得复利，小额投资可能产生大额回报。

第五，经济行为者主要是与其近邻发生作用：地方的商店或服务提供者。

第六，一个行为者的活动可以最终反馈自身：好的投资可能会有好的回报（正反馈），过度的花费可能导致货币供给的短缺（负反馈）。

第七，货币系统是开放的，要划出其边界实际上是不可能的。它不断受到政治系统、农业、科学和技术、国际关系、社会稳定性等因素的影响。

第八，货币受到供需动力学驱动发生通货膨胀和通货紧缩，所以永远不可能处于稳定的平衡态。

第九，货币系统受其历史的影响极大，今天的价格很大程度上取决于昨天的价格。

第十，一个经济行为者只是在存在可利用信息时才能发挥作用，他并不知道所有其他行为者在干什么。[①]

[①] ［南非］保罗·西利亚斯：《复杂性与后现代主义：理解复杂系统》，曾国屏译，上海科技教育出版社 2006 年版，第 3—10 页。

西方学术界对货币的多学科、多角度研究拓展了我们的理论视野，丰富了我们对于货币与现代社会世界关系的理解。但是也存在以下几个问题。首先，缺乏对货币本质的深入探讨。各个学科对于"什么是货币"这个问题，或是直接套用经济学的货币界定，货币就是货币的功能。例如社会学领域中帕森斯等人的货币分析。或是避而不谈货币的本质问题，只是研究货币的意义。例如心理学、语言学领域中的货币研究。或是干脆直接否定存在"货币一般"的概念，只有各种特殊货币。例如人类学。其次，就各个学科本身而言，都存在各自不同的问题。例如，人类学的原始货币与现代货币的二分法过于僵化。精神分析的货币理论过于思辨和想象化，缺乏实证分析。货币地理学一定程度上夸大货币国际化的影响。符号学的货币研究缺乏历史感，缺乏超越货币符号的表面现象去把握实质的能力，无法说明货币符号发生与存在的深层原因。第三，各个学科之间缺乏沟通与联系。如前所述，货币与现代社会世界的关系是全面的、整体的，涉及到社会结构、文化发展、人的精神世界等各个方面。因此，货币研究必然要求多学科、跨学科的合作与整合。任何单一学科的研究难免失之偏颇。第四，在研究内容上，或是强调货币对社会、文化、心理的影响，忽视货币的社会基础，例如货币的社会学、心理学、精神分析、符号学研究；或是专注货币的功能运作，忽视货币的社会文化后果。例如货币的地理学等。实际上，一个完整的货币理论必须显示在现代社会中社会关系和意义系统是如何形塑货币的，同时也要阐释现代货币产生的社会文化效应。这是一个问题的两个方面。

　　2. 国内的货币研究现状与理论空间

　　就货币与现代社会世界的关系问题而言，目前国内的研究主要集中在哲学、人类学和文学领域。受马克思在《资本论》对货币拜物教的分析与批判的传统以及西美尔的著作《货币哲学》出版的影响，国内出现了以"货币哲学"为主题的研究思路。而人类学对货币与社会关系的研究主要还是处于波兰尼的经济人类学的货币研究语境中。从货币观念的视角审视货币引起的文化现象和文学现象，是新近文化史和文学史研究的一个新方向。

　　（1）哲学领域中的货币

　　长期以来，在货币经济学之外，对货币与社会关系的研究主要集中于马克思的货币拜物教思想，主要研究的是货币异化与资本主义社会中人的异化、社会关系的物化的关系问题。研究者指出，青年马克思将货币视为人的本质的对象化、物化形式，货币体现着人的异化了的类本质。这是人本主义异化逻辑的货币批判。这与马克思后来从历史唯物主义的实践视角出发，从资本主义生产方式来理解货币拜物教的本质有着视角的转化和方法论的差异。

2002 年，西美尔《货币哲学》的出版为国内有关货币的哲学研究提供了新的视角和思路。2003 年《哲学研究》《哲学动态》及《学术月刊》专辟"货币哲学"栏目，围绕货币哲学问题展开了深入的研究。随后，在上海召开了有哲学、社会学、经济学等诸多领域的学者参加的货币哲学高级研讨会。社会科学文献出版社汇集有关学术论文出版了《中国经济哲学评论》。国内目前的货币哲学主要是从以下几个方面来进行研究的：第一，重新挖掘马克思的货币哲学思想。马克思的货币哲学思想不仅仅是对货币异化、货币拜物教的简单批判。马克思对货币的哲学解读是多层次、多向度的：从社会关系的角度揭示货币存在的社会本质；从社会交往角度揭示货币与交往的社会互动关系；从人的价值、自由发展揭示货币的人学、伦理学意义。例如张雄的《货币幻象：马克思的历史哲学解读》、孙承叔的《货币意义的哲学沉思》。第二，探讨西美尔的《货币哲学》的理论意义。西美尔的货币哲学研究主要基于相对主义的世界观和认识论，从哲学、社会学、文化学等视角分析现代社会中货币的文化和精神意义。与马克思相比，西美尔对货币与现代精神世界和生活体验关系的分析，是对马克思的货币与经济结构分析的深刻回应，体现了马克思社会理论的当代效应。例如赵修义的《货币哲学如何可能？——读西美尔的〈货币哲学〉》、张盾的《论马克思社会理论的当代效应——以西美尔〈货币哲学〉为案例》。第三，分析货币力量的深层本体论及其与社会结构变迁的关系。资本化货币是消解以等级制、身份制为特征的传统社会的重要力量。货币化的力量内在生成了在形式上人人平等的、以自由契约为基础的、理性化的现代社会。例如邓伟志的《货币与社会》、鲁品越的《货币化与社会结构的变迁》。第四，现代性的货币批判。货币使得现代性具象化为货币化的生存世界：货币在带给人们某种自由和自我实现的感觉的同时，也以其对人生价值和意义的符号化、通约化、客观化和量化导致生命感觉的萎缩和终极意义的失落。例如杨楹的《货币：对生活世界的改造和颠覆》、陶国富的《货币：世界物欲化和价值通约化的心理解读》。总而言之，货币哲学的重要意义已经成为理论界的共识。货币哲学逐渐成为人们所关注的一门显学。

（2）人类学领域中的货币

国内人类学对货币与社会关系的研究主要秉承波兰尼的经济人类学思想。陈庆德在《经济人类学》中认为，为了理解包括货币关系在内的社会关系体系，必须有一个比较的和历史的视野，即经济人类学的视野。货币并非从来就有，而是一个历史的产物。只有将货币现象与不包括货币在内的社会关系体系加以比较研究，才能把握货币的本质特性。他以波兰尼对"有限目的货币"与"全目的货币"的区分为理论基点，强调货币在不同的社会中有不同的用法和不同的功能。货币的原初形式，是先于其任何经济功能而存在于社会中的一种对象物。这种对象物是为人们所珍重和崇拜的、拥有精神威力的东西，具有共同体的象征意义。现代社会，货币的经济功能得到凸显，但是货币的象征符号意义仍然保持，例如现代国家发行的法定货币所具有的主权象征意义。陈创生在《货币符号的象征意义》中将货币作为一种符号象征形式的存在。货币反映的是特定地域和社会群体在文化模式传承中的现实关系。在现代社会中，货币是信用关系的表达，是彰显人性的基本符号。[①]

（3）文学领域中的货币

文学的视角往往以直观的、感性的方式生动地表现了货币在人们现实社会生活中的复杂作用。张晓艳在硕士论文《金钱在西方文学中的多元体现》中认为西方文学对金钱很早就给予了关注。从古希腊的索福克勒斯的《安提戈涅》，到17世纪莎士比亚的《雅典的泰门》及19世纪现实主义大师巴尔扎克的《葛朗台》《高老头》等以及左拉的《金钱》，再到20世纪毛姆的《整整一打》，这些作品真实再现了不同时期金钱在社会生活中的影响。作者认为这种影响是多元的。一方面是人们对金钱造成的社会的堕落和人性的扭曲的鞭笞和控诉。另一方面，一些作家和作品也肯定了金钱所带来的积极因素。它也曾给人类带来满足和幸福，是推动个人和社会前进的重要动力。西方文学中金钱的多元体现反映出金钱在西方社会中的复杂作用。

许建平、马世昌在《〈金瓶梅〉价值的货币文化解读》中指出，《金

---

① 陈创生：《货币符号的象征意义》，《社会科学家》2002年第4期。

瓶梅》中人物的货币观念、消费观念、价值观都已经超出了传统的农耕文化体系。《金瓶梅》因而成为一种具有近代货币文化本质内涵的商业文学。① 实际上，以《金瓶梅》《三言二拍》为代表的明后期市井小说通过对市井商民形象的描写表明，伴随货币观念转变的是消费观念（奢侈、快乐的消费观）、价值观（金钱至上、重利疏德的价值观）、审美观（以自由、快乐为美的生活情趣）等一系列观念的变化，并最终导致文学表现趋向于生活化、平俗化、个体性、真切性和娱乐诗性化。它反映出由以稳定性和道德至上为精神特征的农耕文化，演变为以寻新求变和金钱至上为特征的商业文化。② 赵小琪深入分析了当代文学，特别是 20 世纪 90 年代以来的新生代文学中对金钱欲的表达。他认为，在何顿、邱华栋、朱文等新生代作家的小说中，金钱欲作为人类最强烈的基本欲望之一，在以赢利为目标的市场经济社会中，不断为市场经济所刺激和调动，从而形成一种强大的驱动作用。发财致富，成为这些新生代作家小说中人物的共同心理和追求。因此，这些新生代作家从利欲的方位上切入市场经济社会中人们的心理和行为，为我们提供了观察和分析中国当代社会经济和价值观念变化的最佳视角。③

目前国内的研究提供了许多有益的思路和资源，但是也存在一些问题。首先，就学科视野来看，国内对货币与现代社会世界关系的研究还仅仅局限于个别学科的视野中，特别是人文学科。社会学、政治学等社会科学还没有对此问题作出更加积极的反应。这就大大限制了人们对货币在现代社会生活中的复杂机制的认识。其次，就研究方法看，在目前的研究中，抽象的、思辨的人文气息过重，缺乏实证的、分析的、具体的研究方法。宏观层面的、大跨度的论述很多，微观层面的、小切口的剖析很少。例如货币对于整个现代社会的影响和意义阐述得很多，但是具体到社会的各个不同层面和社会场景，货币的作用仍未彰显。例如货币在现代人情交往中到底扮演什么角色等。再次，从理论深度看，目前的研究绝大多数还只是停留在提出问题的阶段，尚未进展到细致地分析问题阶段。例如学者

---

① 许建平、马世昌：《〈金瓶梅〉价值的货币文化解读》，《河北学刊》2006 年第 2 期。
② 许建平：《货币观念的变异与农耕文学的转型》，《中国社会科学》2007 年第 2 期。
③ 赵小琪：《金钱和金钱崇拜——新生代小说中金钱欲的文化阐释》，《天津社会科学》2001 年第 1 期。

们都指出货币在现代社会中的重要地位，但是货币与现代社会相互形塑的内在动力机制研究付之阙如。最后，在形式上以单篇论文为主，缺乏系统完整的理论阐述和研究专著。

第三节　方法论：货币的社会理论研究

如前所述，当前，国内外对货币与社会世界关系的多学科研究已经展开，并取得一定的成果，但是同时也存在一些不足和缺陷。要想完整深入地阐释货币与现代社会世界的相互形塑关系，我们需要扩展学科视角、整合学科资源、转换学科思路，以便提出一种新的理论视角和研究思路。本书正是从此出发，以期建构一种货币的社会理论研究路径。

一　现代社会理论的兴起及其理论优势

按照塞德曼的说法，所谓的社会理论（Social Theory）是与当前那些紧迫的社会争论密切相关的社会叙事，是一种自由地表达关于自己所处的社会及其转变的言说形式："社会理论通常采取了广义的社会叙事形式，它们讲述了关于起源和发展的故事以及关于危机、衰败和进步的故事。社会理论通常是和当代社会冲突和政治争论紧密联系在一起的。这些叙事的目的不仅是澄清一种实践或是社会构造，而且还要塑造它的结果，……社会理论讲述的是有现实意义的道德故事，它们体现了塑造历史的意愿。"[1]

1. 社会理论的性质、背景与现代复兴

实际上，从学科性质的角度看，社会理论介于哲学，具体地说，介于社会哲学、历史哲学与实证的具体社会科学之间，"社会理论广义上关系到与人类行为有关的各门社会科学和人文学科，实质内容上则涵盖和跨越社会学和社会哲学，而不专属某一学科领域"[2]。换句话说，社会理论是以社会历史哲学为前提和方法、以实证社会科学为基础和内容，具有实

---

① ［美］史蒂文·塞德曼：《社会学理论的终结》，载史蒂文·塞德曼《后现代转向》，吴世雄译，辽宁教育出版社2001年版，第160—161页。

② 苏国勋：《社会理论译丛前言》，载［美］詹姆斯·博曼《社会科学的新哲学》，李霞译，上海人民出版社2006年版，第1页。

践—道德的价值指向的一套观念集合和知识形态。一方面，社会理论离不开对社会历史现象及其具体社会科学的前提预设的哲学探讨。社会理论是以具体社会科学为基本内容的。而一门具体的社会科学研究，必须预设一些基本概念、前提条件作为研究的出发点。例如社会学中的个体与社会性质的假设，经济学中的"理性经济人"假设等。这些基本的理论假设规定了理论体系和研究活动的基本特征和逻辑起点。但是这些基本理论前提和假设无法直接被经验所检验，不可能在具体社会科学本身中得到讨论，必须将其上升到哲学思辨的层面。除此之外，哲学能超越日常社会经验和直接的客观知识的问题和概念，并借助哲学的思辨和概括，对零碎的经验命题进行系统的关联，揭示其内在意义与价值，从而勾画出一幅相对完整的社会世界图景。社会理论的研究者，"多是有意识地利用哲学思维来反思经验研究的局限，弥补经验陈述力所不逮之处"①。另一方面，社会理论作为对社会研究的一般理论，也离不开具体历史社会科学所提供的经验知识，离不开对社会生活新鲜而具体的研究。其他社会科学从不同角度为社会理论的思维抽象和理论概括提供了鲜活的经验素材。可以说，反思性和批判性的哲学构成了社会理论的内涵。实证性、经验性的社会科学构成了社会理论的外延。因此，社会理论结合了经验研究与哲学思辨的优势："事实上，我们在凡是被称为社会理论的著作中所看到的，哲学内容与社会科学内容往往是紧密交织的，其关系也是相辅相成的。"②

具体说来，社会理论具有以下特质：首先，社会理论的研究对象是社会世界中的重大社会论题。它是对这些论题系统的总体反思，"社会理论涵括了有关现代社会中社会范畴的性质的总体上的关注"③。社会理论是对现代社会世界的整体和系统性观照。其次，社会理论将这些论题放入特定的历史场景和社会结构中，追述其起源和发展脉络，从而使之具有历史的维度。吉登斯就认为社会理论作为一门批判性的科学，离不开历史学的视野，通过意识到我们已经失掉的东西，才能把握住现代社会以及人们在

① 张一兵：《社会理论论丛卷首语》，载张一兵、周晓虹编《社会理论论丛》，南京大学出版社 2001 年版，第 1 页。
② 苏国勋：《社会理论：性质、问题与趋势》，载苏国勋《社会理论与当代现实》，北京大学出版社 2005 年版，第 6 页。
③ ［英］布赖恩·特纳：《Blackwell 社会理论指南》，李康译，上海人民出版社 2003 年版，第 1 页。

其中的生活所具有的独特性，通过历史的想象，我们可以从观念上重构失去的世界，从而对现代社会保留一种批判的眼光。① 再次，社会理论不仅以更好地理解那些社会争论为取向，而且还以影响社会后果、变革社会现实为目的，具有鲜明的实践性：“与其说社会理论是指导生产可积累事实和控制未来实践的工具，不如说它们是反身性行动者变得知道他们的环境和怎样才能改变它们的手段。一旦行动者开始说明和批判他们的社会世界，他们就同发生在这个世界中的历史过程有了一种不同的实践关系。”② 复次，社会理论不是为那些狭隘的学理兴趣所推动，而是为那些道义的、政治的和社会的关怀所推动。社会理论大师们的一个终极价值指向就是现代社会中的人的自由与解放。因此，它具有鲜明的价值论立场，反对那种片面强调客观性和价值中立的所谓科学性。总而言之，社会理论的一般标准至少包括三个方面：“一是以社会及其人类行为为研究对象；二是对社会的研究方法既是哲学的，又是科学的；三是其理论目标往往是功能性的和批判性的。”③ 它是吉登斯所谓的充满“历史感受力”“人类学感受力”“批判感受力”的一种知识形态。④

从思想史上看，社会理论起源于现代早期，是对形塑现代性的各种社会、经济、文化和政治力量的兴起所作出的一种反应。社会理论包括两个传统：一个传统分析那些大的、宏观的社会结构和关系；另一个传统则聚焦于日常生活的微观要素。黑格尔、马克思、滕尼斯、西美尔、涂尔干、韦伯、吉登斯、哈贝马斯是前一种传统的主要代表。他们主要从宏观上把握经济、国家、制度、资本、阶级、社会和文化等因素的相互作用，分析现代社会的基本结构、制度构成和发展轨迹。后一种传统则以福柯、利奥塔、鲍德里亚、德里达、罗蒂、鲍曼等为代表。这种社会理论带有很强的后现代主义色彩，偏重于文化批判、精神分析和话语解构。它是通过文化批判从微观层次上去解构现代社会，以便把人从社会制度、结构、系统、体系、组织的压制中解放出来。

---

① 参见［英］吉登斯《社会的构成》，李康等译，生活·读书·新知三联书店1998年版，引言。

② ［美］詹姆斯·博曼：《社会科学的新哲学》，李霞等译，上海人民出版社2006年版，第323页。

③ 文军：《西方社会学理论：经典传统与当代转向》，上海人民出版社2006年版，第8页。

④ ［英］吉登斯：《批判的社会学导论》，郭忠华译，上海人民出版社2007年版，第10页。

目前，社会理论正在世界学术圈中成为一种重要的知识形态和言说形式。它之所以兴起，原因是多方面的。首先，社会理论是对学院化、制度化、操作化的美国式社会科学体制的反叛。这种学术体制所具有的科学主义、基础主义、整体主义、本质主义和偏狭性，使社会科学逐渐失去了对生活的敏锐反应和深度思考。① 社会理论正是要打破这种学院化体制的束缚。它旨在和广阔的社会运动保持密切的联系，改变社会科学的经验分析绝缘于社会价值、利益和政治的做法，从而进入更加复杂的和多元的历史场景和社会论争中，"它的基本特征是关注历史中的社会结构；而且它的问题是与紧迫的公众论题和持续的人类困境直接关联的"②。

其次，社会理论的兴起也是对社会科学中的实证主义的纠偏。社会科学研究大多采用自然科学的实证方法研究社会现象，崇尚自然科学的精密性。许多社会科学研究以数学和统计学为取向，侧重于社会调查、统计数据、数学建模、个案访谈等技术—方法操作。这一倾向在提高社会科学研究精确程度的同时，也因其零散、琐碎被指责为"社会工具学"，陷入"只见树木不见森林"的偏狭中。社会理论在坚持经验研究的基础上，引入历史分析、哲学思辨和价值立场，将具体论题放入整体社会历史发展图景中，从而使零碎的经验描述获得了一种理论整全性。

最后，社会理论的兴起也是对现代社会转型的回应。20 世纪 80 年代以来，人类社会处于巨变中。其中的一个突出特征就是人类社会的结构正在变得日益跨国化和全球化。当代世界的许多问题是全球性的问题。那些以民族国家为中心而形成的具体社会科学中的一系列概念体系、理论观点对于新的社会转型过程中出现的全球化现象解释乏力。因此，用阿尔布劳的话说，我们需要建立的就是"适合整个世界的社会学"（a sociology for one world）。③ 社会理论以社会世界来概括自己的研究对象，以多学科、跨学科、开放性、多元性的视角观察社会现象，为全球社会研究提供了一个较为全面、较有解释力的理论框架。

---

① ［美］乔治·瑞泽尔：《后现代社会理论》，谢立中译，华夏出版社 2003 年版，第 16—18 页。

② ［美］米尔斯：《社会学的想象力》，陈强、张永强译，生活·读书·新知三联书店 2001 年版，第 20 页。

③ Albrow M. , "Sociology for One World", *International Sociology*, 2, 1987.

2. 货币的社会理论研究优势

社会理论的本质、缘起、历史传统和现状都表明了其对具体社会世界的实际参与。它使我们能够认识到基本的社会关系、组织、实践、话语及制度；社会的整体性及相互依赖性；社会的权力结构及其统治模式。在此基础上，社会理论还通过分析统治与剥削的基本关系、不平等以及压迫等现象是如何被熔铸到社会关系和日常实践中的，从而寻求改造现存社会的可能途径，以便建立一个更美好的社会世界。社会理论作为一种具有"实践智慧的社会科学"的知识形态，"更深刻地介入它所立足的社会或生活世界，在历史性的境遇中把握大众或人们实际的生活过程，理解人们的期望和理想，在客观性地理解现实或生活境遇的基础上，批判和超越现实"[1]。因此，社会理论的本质及其理论优势有助于我们深入思考和研究货币与现代社会世界的关系问题。具体说来，货币的社会理论研究具有以下理论优势。

首先，从研究对象看，与从其他角度研究货币相比较，从社会理论层面研究货币具有自己的研究对象和问题域。货币的哲学本质、社会属性、历史生成、形态嬗变、文化关联、人性特征是货币的社会理论研究的主要问题。当前人们对货币的研究多局限在表层特征，即较多关注货币的经济功能、现实状态和社会作用，而很少关注货币的内在深层本质、货币与人的本质力量的关系，很少从社会实践及其历史发展出发深入探讨现代货币的社会历史生成、货币与社会文化的内在相互作用机制。

其次，从理论范式看，货币研究要突破经济学范式，必须更新研究立场和研究方法，采用新的研究范式。实践证明，传统的哲学、经济学、社会学、心理学、人类学等学科的研究方法都不能全面合理阐明货币与现代社会世界的关系。人们的实际社会生活过程是货币与社会世界发生关系的实践基础和现实根据。这是唯物史观的基本观点。但是要说明货币与社会世界的具体的历史生成和发展关系，就不能仅仅停留在纯粹的理论思辨框架内，而必须深入社会历史和现实中人们的生产和社会文化活动的深处，探究货币与现代社会世界中的社会结构、精神文化、人的意识结构相互作用的内在机制。

再次，从分析层次看，货币的社会理论研究涵盖了货币与现代社会世

---

① 朱红文：《走向一种作为实践智慧的社会科学》，《学习与探索》2007 年第 5 期。

界关系的三个抽象层次：社会生产方式、社会形态、具体事态。^① 最高的抽象层次是社会生产方式。这里货币被当作社会生产关系的纯粹形式而加以分析。社会生产方式本身有其内在的发展逻辑。这一发展逻辑意味着社会生产方式本身具有一种依次经历不同阶段的内在趋势。而在每一个阶段，货币都体现为不同的社会生产关系。社会形态来自对作为不同生产方式或生产关系形式的特定组合的社会所进行的分析。货币在不同的社会形态中具有的社会功能、所发挥的社会影响是不同的。具体事态分析指的是针对具体制度的细节和具体社会历史因素而对社会进行的研究。在现代社会世界中，货币与具体的社会制度、机制、结构、文化现象与个体行为的关系需要经验的、实证的研究。

最后，从问题视角看，货币与现代社会世界的关系问题本质上是一个"现代货币经济—社会结构—文化生活—现代人的存在方式"的问题。因此，全面理解货币、社会、历史、文化、人之间的关系是完整把握货币与社会世界关系的基本理论维度。从此出发，可以洞见传统的货币研究视角的根本局限：仅仅从货币与社会世界单维度的线性关系出发来把握货币问题，或是强调社会对货币的决定作用，或是强调货币对社会文化的影响，仅仅把货币当作解释现代社会世界的一个工具。这样，货币与社会世界的关系问题被简单化了。而货币在本质上是一种社会关系，承载着社会、文化和人的属性。只有从现代货币经济—社会结构—文化生活—现代人的存在方式的多维多向互动关系出发，才能深入完整把握货币与社会世界的关系。

二 货币的社会理论研究的方法论基点

本书认为，现代社会，当货币远远超出经济范围而成为社会问题的时候，货币的经济范畴就逐渐涵盖社会的性质。货币不仅仅是经济问题，也是社会问题和文化问题。就货币具有更广泛的社会性质而言，它比生产资本更直接地同社会绝大多数人的利益、生活方式以及生存命运联系在一

---

① 这种分类主要受到赖特对阶级分析的抽象层次的启发，参见［美］埃里克·赖特《阶级》，刘磊、吕梁山译，高等教育出版社2006年版，第11—13页。

起。货币因而具有了一种"社会生活"①。因此，在这个意义上说，在探讨货币的性质时，不能只是从它与生产的关系角度出发，更应从它与社会整体结构的关系，与现代文化发展基本状态的关系，与现代人的生存方式深层变革的关系的角度加以研究。因此，全面地从社会整体结构和人的社会文化活动的角度去探讨货币问题，这是本书的立论根据所在。

　　这一理论主旨决定了本书的方法论基点，即在物质生产实践基础上的历史性生成的双向互动关系。

　　1. 本体论：从物质生产和交往关系出发阐明货币的社会关系本质。

　　物质生产实践是历史唯物主义的逻辑基点，是社会关系生成的本体论基础，也是探究货币内在本质的逻辑起点。人通过对象化的感性实践活动不断创造出自己的生产力，而且在此基础上生成和创造出自己的社会关系、生产和创造出自己的社会存在和社会本质。正是在这个意义上，马克思说："个人怎样表现自己的生活，他们自己就是怎样。因此，他们是什么样的，这同他们的生产是一致的。"② 人类社会的生产方式决定了人、社会和文化的存在方式和发展状况。因此，"社会生活在本质上是实践的"。只有坚持物质生产实践的原则，才能建构真实而深入地理解社会生活的各种社会理论。③ 同时，人类的物质生产活动作为人的本质力量外化、物化的过程，不仅是主体自觉改造客体、形成"周围感性世界"的感性活动，而且也是调整和改造人们之间交往关系的活动。因为任何物质生产活动，任何人的本质力量的发挥，无不是在直接或间接的交往关系中展示的社会存在，都具有交往性。所以，"人在积极实现自己本质的过程中创造、生产人的社会联系、社会本质，而社会本质不是一种同单个人相对立的抽象的一般的力量，而是每一个单个人的本质，是他自己的活动，他自己的生活，他自己的享受，他自己的财富"④。

---

　　① 英国社会经济史家 D. Valenze 认为在现代早期（1640—1770），普通英国人就已经充分意识到他们日常生活中的货币承载着丰富的社会意义，并对个人及其英国社会、文化有着重要影响。他将此称为"货币的社会生活"。参见 Valenze D. , *The Social Life of Money in the English Past*, Cambridge：Cambridge University Press, 2005.

　　② 《马克思恩格斯选集》第 1 卷，人民出版社 1995 年版，第 67—68 页。

　　③ 马克思确立的实践原则已经成为当代各种社会理论的根本原则。最明显的代表是布迪厄的"实践社会学"，参见刘少杰《实践原则在当代社会理论中的复兴与创新》，《社会科学研究》2007 年第 2 期。

　　④ ［德］马克思：《1844 年经济学哲学手稿》，人民出版社 2000 年版，第 170—171 页。

就本题而言，货币与社会世界的现实的、具体的关系深深地根植于一定的社会生产方式，生成于一定的社会历史形态，并体现着一定社会交往关系的特征。首先，货币作为人类社会实践特别是生产实践的产物，它的本质是人类抽象劳动时间的对象化、表征符号和象征，是以物的形式表现的人们自己的社会关系，因而货币同人和社会有着内在的必然联系。物质生产实践是货币内在本质生成的最深刻基础。其次，物质生产实践所形成的社会关系是货币内在本质最根本的规定性。诚如马克思在分析商品、货币等社会客体时所指出的："实物是为人的存在，是人的实物存在，同时也就是人为他人的定在，是他对他人的人的关系，是人对人的社会关系。"① 因此，不同社会中货币的价值、使用、作用体现着不同的社会关系。在"以人的依赖关系"为交往特征的社会中，货币的价值、作用、影响都是相当有限的，受到权力、地位、社会身份、习俗等因素的制约。而资本主义用商品、货币交换造就了一个以物的依赖为中心、以交换价值为枢纽的全面交往关系物化、异化的社会。因此，马克思在《资本论》中留下的"大写的逻辑"不是别的，正是对商品、货币、资本等一系列具有物的外观的社会存在背后的人与人之间交往关系逻辑的深刻分析。

2. 认识论：从关系思维方式出发阐明现代货币及其与社会世界关系的历史性。

主流经济学对现代货币的认识实质上是一种实体性的认识模式。所谓实体性认识方式就是认为复杂多样的现象是同一实体变化不居的属性，都不真实，惟有独立自足的实体真实。② 也即是说，从思维方式看来，"他周围的感性世界"不是"工业和社会状况的产物，是历史的产物，是世世代代活动的结果"，是"某种开天辟地以来就已存在的、始终如一的东西"③。这一认识模式表现在货币问题上，即把货币理解为某种现存的、既定的东西，而把货币的现实存在所依赖的条件、关系和环境都舍弃掉了。例如货币经济学家弗里德曼就假设货币是被直升飞机空投到某一社

---

① 《马克思恩格斯全集》第 2 卷，人民出版社 1957 年版，第 52 页。
② 张曙光：《生存哲学：走向本真的存在》，云南人民出版社 2001 年版，第 102 页。
③ 《马克思恩格斯选集》第 1 卷，人民出版社 1995 年版，第 76 页。

会，然后这笔货币马上就会被这个社会的成员使用。① 现代货币的生成过程及其与社会世界关系的历史性和现实性始终是在这种实体性认识方式的视野之外。

关系主义的认识模式认为，凡是被认定为实体的物，实际上都不过是关系规定的"纽结"。事物或要素总是在相互之间和自身内部进行着动态的相互作用、相互影响，从而呈现出一个变化发展的过程。用日本著名马克思主义哲学家广松涉的话说："历史唯物主义对人类史的东西不是抽象地一次性地看待，而是切合具体的分节编制来加以把握。因此，它从'社会科学'的角度，以'社会构成体'、'生产关系'、'单一经济体'等等被规定和说明的概念，来论述或表述社会存在物这种构成状态的共时的、历时的构造和动态的关系规定态。"② 因此，关系主义认识模式不是把研究对象仅仅当作"实体"般的僵化之物，而是把它放在具体的、一定的过程、关系和历史情境中，不是把事物看成静止的现状，而是看作处在不断发展过程中的现状，从其产生发展的具体过程中来加以研究。从根本上说，货币是一种"关系性实在"，而不是"实体性实在"。货币，这一在人们日常意识中以物的关系、属性、形态出现的存在物，实际上是人们在认识世界、改造世界过程中所形成的历史性的实践关系的"物象"。因此货币这一物象也就是一种"关系存在"。对货币的认识应该从现代货币的生成过程，从货币与政治、经济、社会、文化等诸多因素相互联系、相互作用的过程入手。这一生成过程也决定了现代货币发挥其社会功能和效应的社会历史条件。③

3. 方法论：从经济与社会的相互作用关系阐明货币同社会、文化与人的双向互动关系。

经济因素是推动社会发展的决定力量，是社会发展的轴心；但是，社会制度、文化思想决不是一种消极的堕性因素，它们对经济的反作用不是

---

① ［美］米尔顿·弗里德曼：《货币的祸害》，安佳译，商务印书馆2006年版，第31页。

② ［日］广松涉：《物象化论的构图》，彭曦、庄倩译，南京大学出版社2002年版，第61页。

③ 西美尔货币理论的方法论的一个根本缺陷就在于，"它完全以非历史的方式将资本主义的货币从资本主义背景中抽离出来，将其特有的结构变迁仅仅归咎于货币"。参见戴维·弗里斯比《论西美尔的〈货币哲学〉》，载［德］西美尔《金钱、性别、现代生活风格》，顾仁明译，学林出版社2000年版，第231页。

外在的机械反应，而是一个统一体之中内生的互动作用。① 这种内生的互动不仅表现在对来自决定性方面的要素作出自主的能动的反作用，而且表现在使这种反作用转化为积极的决定作用，进而又引起经济结构的能动的反作用；可以说经济结构的决定力量里面就渗透着社会文化因素，乃至和整个社会世界联系在一起。在这个意义上，社会文化因素绝不仅仅是生产活动的结果，也是影响和制约生产活动的结构之物，正如萨林斯所言："任何物质逻辑都不能脱离于物质利益，而人们在生产中的实践利益则是象征性地建构起来的。与生产形态一样，生产的最终结果也来自文化方面：既来自文化组织方式的物质手段，也来自物质手段的组织方式。……物质力量本身是没有生命力的。它们的特定意向和确定结果只有通过将其与文化社会秩序的坐标联系起来才能得到解释。"②

货币经济影响着社会文化，反过来，社会文化也形塑着货币。货币同现代社会世界的关系是双向的。这表现为：货币对现代人和社会文化的发展产生重要影响。它或者催化旧的社会制度的瓦解和新的社会结构的产生，或者影响和塑造现代文化的发展方向，或者改变人们的交往方式和意识结构。但是货币任何社会作用的发挥，也只有在特定的现实的社会条件中才得以可能。同时，货币起作用的范围大小和程度深浅受到特定社会文化环境的影响和制约。为什么"家长制的、古代的（以及封建的）状态随着商业、奢侈、货币、交换价值的发展而没落下去，现代社会则随着这些东西一道发展起来"？为什么"资本主义精神和前资本主义精神之间的区别并不在于赚钱欲望的发展程度上"？这是因为，在传统社会形态中，还缺少货币、交换价值的充分发展，以及相应的社会文化条件的充分发展，而现代社会则具备了这些前提。由此可见，尽管货币具有重大的社会作用，但并不是"绝对""封闭"的存在，而是在一定的社会文化条件内发挥着功能，并由此不断地变化、发展。总而言之，货币作为一种"因变量"，是社会、政治、经济、文化等因素共同作用的结果，作为一种"自变量"，对社会结构、文化发展、意识结构具有独特影响。货币与社会文

① 萨林斯借助于人类学视角，强调改变那种将经济与社会文化分为下层与上层的等级划分法，重新理解经济与文化之间错综复杂的关系。参见［美］萨林斯《文化与实践理性》，赵丙祥译，上海人民出版社2002年版。

② ［美］萨林斯：《文化与实践理性》，赵丙祥译，上海人民出版社2002年版，第267—268页。

化的双向互动机制，"并不意味着我们要采取一种唯心主义的解释，把文化想象成漫步于虚无缥缈的象征之中；也不是要把物质力量和物质制约排除在解释之外，或者说它们对文化社会秩序没有什么真正的影响。而是说，影响的实质不可能从物质力量的实质上得到解释，因为物质力量的影响结果依赖于它们的文化包容程度。物质力量的社会存在形式本身是由它在文化系统中的整合程度决定的"①。

总而言之，以物质生产和交往关系为出发点，以关系主义为认识模式，以经济与社会的内生互动为方法论，将货币的哲学本质、货币的社会文化属性、货币的社会历史前提、货币的发展轨迹以及货币与社会世界的历史的、共时的相互作用机制纳入社会理论考察的范围。这样一来，货币与现代社会世界的关系全景，各个部分和方面、各个过程和阶段，才可能客观真实地以其本来面目有机地联结在一起，犹如一幅动态的、不断展开的优美完整的图画，具体地、历史地、生动地展现在我们面前，从而力求真正形成一门有关现代历史与社会生活的总体性"历史科学"。

4. 问题意识与文章布局

围绕着上述立论根据和方法论的选择，本书提出的基本问题是："货币对于现代社会世界究竟意味着什么？"其中包含的设问有三个：其一，货币是如何进入现代社会，如何受到社会结构制度、文化生活形塑的？其二，反过来，货币又是如何引发现代社会、文化价值观念的转变并对现代个体意识结构施加影响的？其三，现代货币经济—社会结构—文化生活—现代人的生存方式是如何共生共契的？在此基础上，结合前文所阐述的方法论，本书基本框架如下：

第一章主要从社会理论思想史上论述有关货币与社会世界的关系，为后续研究提供思想资源和理论背景。经典社会理论诞生时期，同时也是货币在现代社会中的影响和地位逐渐彰显时期。马克思、西美尔、韦伯、涂尔干、凡勃伦等社会理论家开始从不同的侧面和角度感知和捕捉到货币与现代社会世界的微妙复杂关系。随着当代全球化和金融的发展，货币越来越成为现代社会世界的中心。这种趋势也引起了当代各种社会理论思想流派的极大关注。从经典社会理论到当代社会理论，货币与社会世界的关系日益呈现出三个主题关联，即货币与社会、货币与文化、货币与人的生

---

① 〔美〕萨林斯：《文化与实践理性》，赵丙祥译，上海人民出版社2002年版，第266页。

存。下文将围绕这三个主题，深入探讨货币与现代社会世界的复杂关系。

第二章主要以马克思的货币哲学为基点，审视货币的本质与属性问题。货币的本质与属性问题是货币与现代社会世界关系的哲学基础，是货币社会理论研究的内涵所在。探讨货币与社会、文化、人的意识结构的关系都离不开对货币本质的哲学探讨。就这个问题，历来的研究存在许多误区与误解。马克思所提出并深入阐释的货币是一种社会关系的思想，正确、深刻地解释了货币的本质。货币的社会关系本质蕴含着货币的社会属性、文化属性和属人性。货币的社会关系本质及其内在属性为具体探讨货币与社会、文化、人的意识结构奠定了坚实的理论基础。

第三章主要以货币的社会属性为出发点，研究货币与现代社会相互影响、相互形塑的关系。其分为两个方面：一是货币的社会化，即现代货币的历史生成及其社会基础，包括作为货币经济基础的资本、作为货币社会权力来源的国家、作为货币社会组织基础的市场、作为货币信任基础的社会关系以及作为货币物质条件基础的科技；二是社会的货币化，即货币的社会意义，包括货币标识的社会结构的分化、货币的社会整合功能、货币引发的社会行动的理性化，以及货币发挥的社会时空效应。

第四章主要以货币的文化属性为出发点，研究货币与现代文化的相互作用、相互形塑。其也分为两个方面：一是货币的文化生产，主要从婚姻、家庭、消费、交往等现代文化生活层面具体阐释货币在现代社会世界中被赋予的不同的符号、文化意义；二是货币的文化效应，主要探讨货币化带来的对现代价值观念的影响、货币在建构现代意识形态过程中的作用等。

第五章主要以货币的属人性为出发点，研究货币与现代人的个性自我的关系。首先从货币经济的角度探讨现代个体的生成历程。在此基础上，从个性自我的内在心理结构，即人的知、情、意三个方面和外在人格行为模式探讨货币对现代人个性自我的深刻影响。包括货币与现代人的认知结构和风格、货币对现代人情感体验结构的影响、货币与个体意志自由的关系，以及货币在不同人格类型中所呈现的不同意义。

余论部分结合全文的基本思路与结构，运用社会理论的视角分析货币与现代社会世界的冲突与矛盾的表现及其根源。在此基础上，从社会发展模式、财富价值观念与人格塑造三个层面提出重构货币与现代社会世界和谐互动的路径与思路，构成与全书在结构与论点上的呼应。最后以超越货币、走向自由作为本书的研究旨归。

第四节　货币的社会理论研究的意义

货币是把人们联系在一起的"黏合剂",可生成对广义的社会与文化结构的承诺。从本质上来讲,货币不仅使得社会结构和文化符号系统成为可能,而且也能导致人与人的彼此疏离,动员人们打破社会结构,挑战社会文化传统。因此,经验、行为、互动、组织与货币的运动和表达便联系起来。人类的独特特征之一就是在形成社会纽带和建构复杂社会结构时对货币的依赖。因此,从货币这一现代社会的纽带来切入现代社会结构,折射现代精神文化、反思现代人的生存困境,从更深层次上探讨货币与社会世界的相互形塑关系,具有十分重要的理论价值和现实意义。

一　货币的社会理论研究与当代人文社会科学发展的前沿紧密相关,与当代学术思潮的内在精神相契合

在经济学帝国主义化的过程中,人们逐渐认识到其自身存在的许多问题:在研究内容上,排挤了伦理学的内容而显得越来越狭隘化;在前提假设上,抽象为原子经济人而撇开了对真实人性的探讨;在意识形态上,崇尚单一的个人主义而窒息了思想自由;在工具运用上,机械地走数理化道路而离现实越来越远;在知识结构上,强调统一的专业训练而忽视了作为一门社会科学所需要的知识多样性。[①] 经济学的危机要求经济学研究必须向其他学科开放,借鉴其他人文社会科学的理论与方法。同时,经济学的帝国主义化也启示其他人文社会科学主动将自身的理论与方法运用到经济学研究中。自1985年格兰诺维特提出经济行动的社会结构嵌入问题以来,以社会学的方法研究经济学问题的新经济社会学得到极大发展,用社会网络、社会结构去分析传统经济学的主题例如金融、市场、保险、信用等,成为理论热点。人类学家波兰尼(K. Polanyi)的分析方法和理论价值在经济学中重新被发现。人们逐渐认识到人类的经济活动及其各种制度历来就是与各种文化活动及其制度(包括宗教、礼仪、神话等)嵌合在一起

---

① 朱富强:《经济学帝国主义的神话》,《当代经济研究》2003年第3期。

的。只有从整体上考察人类社会，深入不同社会各自的深层结构（包括心理结构、象征结构等）中去才能洞见经济的本原，再现"人—文化—社会—经济"的系统关联，从而揭示经济活动背后真正的本质。2002 年度诺贝尔经济学奖授予美国普林斯顿大学心理学教授丹尼尔·卡尼曼（Daniel Kahneman），以表彰他将心理学的前沿研究成果引入经济学研究中，特别侧重研究人在不确定情形中进行判断和决策的过程。心理学对经济学的贡献得到充分肯定。语言学对经济学的影响同样明显。经济学的措辞研究表明："经济学也用了很多人文学科上的比喻和故事。有赖于此，事实与逻辑才堪配推崇。"① 古老的哲学依然对经济学发挥着重要作用。除了传统的经济伦理学外，现代科学哲学为经济学认识论和方法论研究奠定了理论基础。因此，当代人文社会科学研究出现了学科交叉、学科互涉、学科融合的大趋势。

在这样的理论背景下，突破货币经济学的狭隘视野，从哲学、社会学、心理学、人类学、语言学等多学科的广阔视野中分析和研究货币犹显必要。正如经济人类学家栗本慎一郎指出的："对于那些以全面地解读文化与社会（当然也包括本来意义上的经济）为目的的科学来说，考察货币理应是其研究的主线之一。"② 其实，货币作为社会的产物，本身就决定了货币问题不仅牵涉经济层面，而且涉及人类的行为方式、人际关系、价值观念、社会结构等层面。在现代经济学垄断货币话语霸权之前，社会思想家们大多从社会、文化与人性的角度审视货币。在古希腊，柏拉图是从社会分工和交换角度理解货币的起源，货币作为货物交换的媒介便利了人们的分工合作。亚里士多德是从伦理学角度考察货币的。货币使用应该符合德性与自然。启蒙时期，洛克认为货币承载着人们的社会认同关系，它是"基于人们的相互同意"。康德在《实用人类学》中将贪财视为与声誉、权力并列的人的三大情欲能力表现之一。

特别是 19 世纪的经典社会理论家都坚持认为货币不单单是一个经济现象，而且是复杂的社会、文化、政治关系建构的产物，本身承载着深刻的人性的、形而上学的精神意义。马克思在《资本论》中就认为货币拜

---

① 麦克洛斯基：《经济学专业的措辞》，载［美］麦克洛斯基编《社会科学的措辞》，许宝强等译，生活·读书·新知三联书店 2000 年版，第 136 页。

② ［日］栗本慎一郎：《经济人类学》，王名等译，商务印书馆 1997 年版，第 107 页。

物教充分体现了资本主义社会关系的物化现实。西美尔在《货币哲学》中深刻洞察到货币与现代文化客观化的深层关联。韦伯在《经济与社会》中也指出货币是社会理性化最强有力的工具。在他们的分析中，货币都是被植入广阔而复杂的社会结构、历史进程、文化氛围中，从而深刻彰显出货币与现代社会世界的有机联系。

　　通过以上的分析，我们大致可以得出这样的判断：摆脱货币经济学的束缚，从社会理论的视野去挖掘货币的社会、文化和精神意义，透析货币与现代社会世界的互动关系，既是对经典社会理论的货币思想的现代承续，又是现代人文社会科学前沿发展趋势的需要。

　　二　货币的社会理论研究是以重大个案研究对马克思主义哲学的深化和丰富，对于拓展马克思主义哲学的理论空间具有重要意义

　　目前，国内马克思主义哲学研究取得了许多重要进展，例如文本研究持续深入，基础理论研究继续深化，马克思主义哲学的中国化与当代形态研究备受关注，国外马克思主义研究继续拓展。但是也存在一些问题。其中，一个重要问题是马克思哲学如何切入现实社会世界，体现出马克思哲学的实践性。哲学如何介入现实，在社会世界的变革中发挥哲学的力量，一直是自马克思以来的现代西方哲学的一个重要主题。以"改变世界"为历史使命的马克思哲学就以其革命性、实践性、批判性终结了传统的形而上学。正如杨耕先生所言："马克思哲学不是'学院派'，更不是以往的哲学主题延伸的产物。马克思哲学的创立同对时代课题的解答是密切相关，融为一体的。"[1] 可是就我们的马克思主义哲学研究而言，似乎仍然停留在传统的形而上学阶段，无论是 20 世纪 90 年代的"实践观"，还是后来的"回归生活世界"，或是生存论话语的提出，都过于注重概念的建构、文本的思辨、体系的建构，并未对现代社会世界中的重大社会、文化问题提出强有力的回应。[2]

　　因此当前马克思主义哲学研究最紧迫的任务是正确处理学术性与现实性的关系，以现实问题研究带动基本理论研究，不断拓展其理论内容和理论形态，强化问题意识，加强对重大现实个案问题的研究。通过关注现

---

[1] 杨耕：《为马克思辩护》，北京师范大学出版社 2004 年版，第 5 页。
[2] 参见张立波《实践的逻辑：从哲学到社会理论》，《哲学动态》2001 年第 5 期。

实，来确定研究主题、提出研究问题，形成研究视角和方法。在问题的研究中将哲学批判与社会科学研究结合起来，正如哈贝马斯所言："正是历史唯物主义的历史向人们表明，一方面，在纯粹的哲学媒介中缩手缩脚，而另一方面，为了有利于科学的实证性全盘放弃哲学反思，都同样是危险的。"① 马克思本人对货币问题的研究正是处在哲学反思性和科学实证性、学术性与现实性的结合点上。

我们以往对马克思货币理论的研究，只关注货币对经济的作用，不研究货币对社会、文化和人的作用，这在货币理论研究的方法上是一个很大的缺陷。这也片面地曲解了马克思的唯物史观，只强调历史发展中物的因素，忽视人的因素，只研究货币对物的作用，不研究货币对人的作用。货币是存在于一定社会中的，是掌握在人的手中，不研究社会文化、人对货币的观点、态度和动机等，只研究货币对经济的作用，往往是不全面的，也是脱离实际的。

作为人类思想史上的"第一个详尽无遗的货币理论"②，马克思的货币研究贯穿了他的形而上学批判、资本逻辑与总体性、社会批判理论三大哲学主题。③ 青年马克思的货币研究受到赫斯等人的影响，主要从人本主义抽象的人的本质这一视角去研究货币问题，把货币的本质理解为外化的、异化的抽象的人的本质，同时人受自己创造出来的货币所支配和奴役。随着马克思政治经济学研究的开展与推进，马克思对社会现象的认识与分析逐渐建立在经验的、实证的基础上。马克思对货币的批判视角也相应发生了明显的变换：日益从资本主义社会的物质条件和客观经济关系去研究和批判货币问题，从而摆脱货币的形而上学研究视角，将货币纳入商品、劳动、剩余价值、资本的相互关系中。特别是在确立历史唯物主义的科学世界观后，马克思强调要从具体的、历史的、现实的社会物质活动，特别是要从资本主义总体生产方式来理解货币的本质与职能。在此基础上，马克思深刻揭示和批判了货币拜物教的内在本质及资本主义社会物化现实。在方法论上，马克思的货币研究既扬弃了伦理价值批判和经验实证

---

① ［德］尤尔根·哈贝马斯：《重建历史唯物主义》，郭官义译，社会科学文献出版社2000年版，第43页。

② ［德］马克思：《资本论》第2卷，人民出版社2004年版，第22页。

③ 马克思哲学的三大主题，见仰海峰：《形而上学批判——马克思哲学的理论前提及当代效应》，江苏人民出版社2006年版，第26—35页。

方法的局限，也扬弃了抽象思辨方法的局限，真正在实践基础上实现了
"是"与"应该"的统一、哲学批判与社会科学分析的统一；在学科视野
上，马克思货币研究始终融汇着哲学、历史学、人类学、经济学等许多科
学理论与方法。马克思的哲学、政治经济学与科学社会主义是有机的统一
体，实现了哲学、经济学、科学社会主义的统一。因此，马克思对货币的
哲学研究也是他对货币的社会理论研究，"任何一种哲学理论都有来自自
然科学或者社会科学的支持。在马克思的哲学思想之后，是社会理论的支
持"①。我们有理由相信，开展货币的社会理论研究，必将有助于推进马
克思主义哲学向问题、向现实、向纵深方向发展。

**三　货币的社会理论研究对于透析现代社会结构的内在动力机制，把
握现代文化主导精神和发展方向，折射现代人的心灵世界，具有重要的现
实意义**

马克思说："问题就是公开的、无畏的、左右一切个人的时代声音。
问题是时代的口号，……是它表现自己精神状态的最实际的呼声。"② 任
何具有生命力的社会理论要表达时代的精神，就必须准确捕捉和回答时代
性、现实性的重大问题。从古至今，货币作为一个认识客体，也作为一个
现实的人的生存问题，一直是人们高度关注的对象。古代人说："人为财
死，鸟为食亡""有钱能使鬼推磨"；近代的思想家们说："货币是把我同
人的生活，同社会，同自然界和人联结起来的纽带""金钱是现代文化的
世俗之神"；现代人说："钱不是万能的，但是没有钱是万万不能的。"从
古到今，关于货币与社会、与文化、与人的关系的民谣名言是不胜枚举。
这些民谣名言充分体现了货币、金钱、财富对于社会文化生活，对于人的
思想观念的重大影响。正如金钱心理学家林德格瑞所说："货币与环境对
人们都有影响力，这与其他发明，诸如语言、习惯、仪式、社会规范、政
府等相类似。当然，人们也可以根本不相信货币，以诋毁它对人们的力
量。可是看花容易绣花难。货币与多种社会结构有着千丝万缕的联系。除
非逃离社会而隐遁，才能逃出金钱的影响。即使是未开化民族，也不可能
摆脱货币的影响，因为他们必然要依赖某些形态，包括货币的社会经济性

---

① 张立波：《实践的逻辑：从哲学到社会理论》，《哲学动态》2001年第5期。
② 《马克思恩格斯全集》第40卷，人民出版社1982年版，第289—290页。

利益与现代社会相结合。"①

当前，我们正在进行社会主义市场经济建设。市场经济从某种意义上说就是货币经济。货币在现代社会、文化生活中的作用日益突出。现代中国人的社会地位、权力等级、声誉威望、福利资源、教育水平、医疗条件、居住状况等与货币的关系越来越紧密。因此，现代中国人迫切需要一种成熟的、健康的货币价值观。除了懂得怎样赚钱、怎样用钱、怎样理钱以外，还要深刻认识和理解货币与社会发展、货币与文化生活以及货币与人的价值、自由等关系。特别是在中国这个对金钱货币有着种种禁忌与情结的国度，树立一种健康成熟的货币社会观、文化观和价值观，对于社会主义市场经济体制的正常、有序、健康运行，具有特别重要的意义。

总而言之，现代社会的发展伴随着工业化、城市化、市场化、货币化、资本化，对现代社会的政治经济分析不能脱离认识货币经济生活的特点；马克思主义的发展与货币问题有着密切的联系，马克思主义经典作家对资本主义生产方式中货币问题的丰富论述，我们应当予以总结和发展；研究货币与现代社会世界的关系问题是认识现代社会、文化与人的生存方式和马克思主义基本原理的重要环节，有助于理解现实与理论之间矛盾、发展的过程；目前中国现代化建设尤其是货币、金融发展处在一个重要的变革时期，深入探讨货币与现代社会世界的关系问题为分析当代中国的经济、社会、文化发展提供了重要的参照。因此，货币与现代社会世界的关系问题是认识现代社会的一个重要途径。对马克思主义货币理论的梳理、总结，有利于沟通马克思主义理论与社会现实之间的联系，加强学术交流，加强多学科研究的互补性、交叉性与共通性。

---

① ［美］林德格瑞：《金钱心理学》，宿久高、小筠译，吉林人民出版社 1991 年版，第62 页。

第一章

货币与现代社会世界：
社会理论思想史的考察

恩格斯说过，科学的认识应该"建立在通晓思维的历史和成就的基础上"①。从货币诞生以来，货币对人类社会文化生活产生了越来越重要的影响。而对货币与社会世界关系的自觉反思却是在人类理性思维能力有了一定程度发展的基础上才产生并逐步丰富和深化的。随着资本主义市场经济的出现和社会结构的现代转型，货币与社会世界的关系问题成为经典社会理论大师们关注的一个重要问题。当代，市场经济与贸易的全球化将货币与金融推向了人们社会文化生活的中心位置。货币的一系列重要社会文化效应引起了现代以及后现代社会理论家的强烈兴趣。他们从不同的理论视角和思想维度深入探讨了货币与现代社会世界的关系。在此基础上，货币与现代社会结构、货币与现代文化发展、货币与现代人的生活方式成为货币的社会理论研究的三大主题。总而言之，"真实历史生活中的货币，可能远比我们现在所理解的要有力得多，生动得多。在一定程度它可能与其他力量一道对人类文明的进程发挥过特有的不可替代的作用"②。

第一节　经典社会理论中的货币与社会世界

18、19 世纪是传统社会向现代社会急剧过渡和转折的时期，也是经典社会理论形成时期。启蒙运动以理性主义的、科学的世界观取代了宗教

① 《马克思恩格斯全集》第 20 卷，人民出版社 1971 年版，第 552 页。
② 李锦彰：《货币的力量》，商务印书馆 2004 年版，第 4 页。

神学世界观，社会生活日益世俗化。工业革命在英国开始并迅速向西欧各国扩展。在这场巨大的社会变迁中，商品、货币、资本显示了前所未有的影响力，"要求利润的欲望成了起推动作用的动机……人们通过各种复杂的、往往是间接的方法，将大笔大笔积聚起来的资本用于谋取利润。以往在中世纪时期，一个人若试图去赚得比保持在他生来就有的生活地位中舒适的生活所必需的更多的钱，会被认为是邪恶的。但是，随着商业革命的到来，渴望得到财富的精神出现在经济事业的各个方面"①。商品货币经济给人们的社会生活带来了一系列新的变化。例如，货币经济加剧了社会贫富分化和阶级矛盾，货币影响着生活方式的都市化，货币导致了社会文化的世俗化，货币体现了人的理性化等。这些新的问题在资本主义快速发展时期显得更加突出、更加尖锐、更加清晰。经典社会理论家们开始从新的理论视角，系统、深入地探讨货币与社会世界的关系问题。②

一　西美尔：货币与现代文化的发展倾向

西美尔的巨著《货币哲学》是明确研究货币与现代社会世界关系的重要著作。在这部巨著中，马克思的思想对西美尔的影响是显而易见的：《货币哲学》被视为是对马克思的《资本论》"最重要的补充"③。而且，西美尔本人也在《货币哲学》的开篇明确承认，他的《货币哲学》是与马克思对话，"即为历史唯物主义建造底楼"④。实际上，西美尔在《货币哲学》中所做的就是将马克思对货币的政治经济学批判扩展到人们的日常社会生活与精神世界，着重研究货币的社会、文化、心理效应，"试图从诸种价值感、从与事物相对峙的实践、从人的相互关系作为其前提，去发展货币的历史现象、货币的观念与结构，考察这些现象和观念与结构对内在世界的影响：对个体的生命情感、对个体命运的链接、对一般文化的影响"⑤。

---

① ［美］斯塔夫里阿诺斯：《全球通史——1500 年以后的世界》，阿诺斯、吴象婴等译，上海社会科学院出版社 1999 年版，第 281 页。

② 作为经典社会理论家的马克思的货币思想是本书的理论基础，因此，本书将在下一章集中阐释。此节主要探讨其他经典社会理论家。

③ 弗雷斯庇：《论西美尔的〈货币哲学〉》，载［德］西美尔《金钱、性别、现代生活风格》，顾仁明译，学林出版社 2000 年版，第 210 页。

④ ［德］西美尔：《货币哲学》，陈戎女等译，华夏出版社 2002 年版，第 3 页。

⑤ ［德］西美尔：《货币哲学》，陈戎女等译，华夏出版社 2002 年版，第 2 页。

1. 货币与现代文化的两个向度

在 1896 年撰写的《现代文化中的金钱》中，西美尔认为货币经济"同时支撑着两个不同的方向，它一方面使一种非常一般性的、到处都同等有效的利益媒介、联系媒介和理解手段成为可能，另一方面又能够为个体留有最大程度的余地，使个体化和自由成为可能"①。换句话说，西美尔想要探讨的货币的社会、文化、精神效应包括两个方面的内容：一是货币经济引发的社会文化的平均化、量化和客观化倾向；一是货币使之可能的现代社会保存个体自由和内心独立的潮流。

西美尔察觉到现代货币经济的特点是货币交换在社会生活中的普遍和深入。随之，创造价值的货币作为衡量社会经济价值乃至个体价值的标准，以客观化、量化和平均化的导向渗透进经济、文化和精神生活，"在历史心理领域内，货币通过它特有的本性成为整个现代科学中一种认知倾向最完美的载体，即它把质的规定性简化为量的规定性"②。货币成为一切价值的公分母，将所有不可计算的价值和特性化为可计算的量，它平均化了所有性质迥异的事物，质的差别不复存在。身处在这种完全以金钱价值为价值标准的文化中，人们依然忘却了其他价值的存在："我们的时代已经完全陷入这样一种精神状态……一种纯粹数量的价值，对纯粹计算多少的兴趣正在压倒品质的价值，尽管最终只有后者才能满足我们的需要。"③

同时，西美尔也让我们看到货币为人们带来的另一个文化向度：西美尔肯定了货币对于个体自由的积极意义。西美尔认为，前货币经济时代人与人之间是一种打上个人印记的主观性的关系。它束缚了人身自由。而个体自由是随着经济世界的客观化和去人格化而提高的。货币本身的客观化、去人格化的属性使得人们之间的社会关系变得客观化。人也就由此获得了不受外部世界束缚的自由。金钱就正好给予了这种独立性巨大的推动，并且使这种独立性在越来越大的空间里成为可能，"货币使我们从束缚关系中购买自身的自由成为可能，不仅有他人对我们的束缚，还有从我

---

① 西美尔：《现代文化中的金钱》，载［德］西美尔《金钱、性别、现代生活风格》，顾仁明译，学林出版社 2000 年版，第 6 页。

② ［德］西美尔：《货币哲学》，陈戎女等译，华夏出版社 2002 年版，第 205 页。

③ 西美尔：《现代文化中的金钱》，载［德］西美尔《金钱、性别、现代生活风格》，顾仁明译，学林出版社 2000 年版，第 8 页。

们自己的占有物而来的束缚。无论是付钱的还是赚钱的，我们都得到了自由"①。

2. 货币与现代人的理性性格

货币经济与现代人的理性操控是内在相联系的。理智至上是现代人的精神风格。理智是现代人应付瞬息万变的社会现象和高度紧张的生活节奏的有力工具。在人际交往中，现代人多希望进行有逻辑的、理性的交往，而不是情感的交往。因此，用西美尔的话说，现代都市人都是"用脑，而不是用心来作出反应"，"理智能力和抽象思维的发展刻画出我们这个时代的特征"②。而大都市向来就是货币经济的中心。在这里，经济交换的多样化和集中化，赋予货币交换媒介一种在乡村生活中所不可能有的重要意义。货币经济与理智至上息息相关。在待人接物上，它们都讲求实际、务实、就事论事的态度；这种务实的态度在事实上又都呈现为一种形式上的公正和冷酷无情。例如，理智至上的人，对一切真正的个性都不感兴趣。人被视为如同一个数字、一种与他自身无关的因素一样来考虑。只有客观上可以定量的成就才能兑换成利益和价值。

这种理智态度最典型地表现在现代人的计算性格中。西美尔认为，现代精神变得越来越精于算计："现代人们用以对付世界，用以调整其内在的个人的和社会的关系的精神功能大部分可称作为算计功能。这些功能的认知理念是把世界设想成一个巨大的算术题，把发生的事件和事物质的规定性当成一个数字系统。"③ 而之所以如此，西美尔指出，它与货币经济的统治有着密切的因果关系。事实上，它是货币"化质为量"的功能渗透到了现代社会生活各个领域的直接产物，是货币经济从自身出发所产生的在日常交往中进行不间断的数学运算的必要性直接内化于个体的后果。正如西美尔所说："货币经济迫使我们在日常事务处理中必须不断地进行数字计算。"④ 现代人计算能力的准确、精密、严格是与货币经济的发展携手共进的。

---

① [德] 西美尔：《货币哲学》，陈戎女等译，华夏出版社 2002 年版，第 321 页。
② [德] 西美尔：《货币哲学》，陈戎女等译，华夏出版社 2002 年版，第 85 页。
③ [德] 西美尔：《货币哲学》，陈戎女等译，华夏出版社 2002 年版，第 358 页。
④ [德] 西美尔：《货币哲学》，陈戎女等译，华夏出版社 2002 年版，第 359 页。

3. 货币与现代人的生命感觉

不仅如此，西美尔还进一步讨论了现代文化发展趋势以及现代人的理性精神对于个体生命存在的意义与价值、个体生活感觉的深刻影响。西美尔认为，在现代货币经济主导的社会世界中，个体精神质态中以上帝为中心的神性—形而上的品质逐渐消退，而以货币为象征的工商—理性算计特性取而代之。当货币成为个体精神世界和生活感觉的中心时，必然造成个体终极意义的失落和生命感觉的萎缩："货币经济最终让货币价值作为唯一有效的价值出现，人们越来越迅速地同事物中那些经济上无法表达的特别意义擦肩而过。对此的报应似乎就是产生了那些沉闷的、十分现代的感受：生活的核心和意义总是一再从我们手边滑落；我们越来越少获得确定无疑的满足，所有的操劳最终毫无价值可言。"① 因此，一言以蔽之，货币成为现代社会的宗教。金钱成为人们精神世界的上帝。但是这个上帝本身并不具有价值，实际上也无法成为人们实质性的、终极性的目的。金钱终究不过是手段，"金钱只是通向最终价值的桥梁，而人是无法栖居在桥上的"。生命的终极意义和价值若是寄托在这个空洞的手段之上，最终的虚无就是注定的。货币经济生活中人的生存感觉的变化，成了西美尔货币分析的最终落脚点。

由此可见，西美尔的货币批判视角是独特的："它不仅从社会学角度关注货币经济对社会及文化生活产生的作用，而且显示出建立一套文化哲学乃至生命形而上学的努力。"②

二　韦伯：货币与现代社会的理性化

韦伯相当欣赏《货币哲学》，而且当韦伯1899—1900年从第一次崩溃中恢复过来时，阅读的第一批书中就有《货币哲学》。③ 就此，韦伯还写了一篇未完成的文章专门评论西美尔的思想和方法。④ 西美尔在《货币哲

---

① 西美尔：《现代文化中的金钱》，载［德］西美尔《金钱、性别、现代生活风格》，顾仁明译，学林出版社2000年版，第8页。

② 弗雷斯庇：《论西美尔的〈货币哲学〉》，载［德］西美尔《金钱、性别、现代生活风格》，顾仁明译，学林出版社2000年版，第200页。

③ 参见 H Gerth and C Wright Mills, *Introduction：The Man & His Work*, In H Gerth and C Wright Mills（ed）, *From Max Weber*, London 1947, pp. 12 – 14.

④ M Weber, Georg Simmel as Sociologist, *Social Research*, Vol. 39, 1972.

学》中对货币与现代文化的客观化、量化、人的理性化的关系的讨论也影响到韦伯对资本主义社会理性化的分析。美国社会学家莱温（D. Levine）在其所编的西美尔文选的导言中写道："《货币哲学》为韦伯提供了一种既可以深入洞察但又有分寸的社会学分析典范，提供了对现代社会及其文化中的理性化趋势无所不在的影响富有激发性的解释。"① 因此，货币在韦伯对现代社会的理性化趋势的分析中占有重要地位。

1. 货币与资本主义精神

韦伯在其名著《新教伦理与资本主义精神》中，认为资本主义体制的兴起与资本主义精神有密切关系。现代资本主义扩张的动力首先不是用于资本主义活动的资本额来源问题，更重要的是资本主义精神的发展问题，"不管在什么地方，只要资本主义精神出现并表现出来，它就会创造出自己的资本和货币供给来作为达到自身目的的手段"②。所谓资本主义精神是一种综合各种社会现象而建构出来的理想类型。韦伯以本杰明·富兰克林的一些道德箴言作为资本主义精神的最好体现："切记，时间就是金钱""切记，信用就是金钱""切记，金钱具有孳生繁衍性。金钱可生金钱，孳生的金钱又可再生，如此生生不已""切记下面的格言：善付钱者是别人钱袋的主人""假如你是一个公认的节俭、诚实的人，你一年虽只有六英镑的收入，却可以使用一百英镑"③。韦伯认为这些表面上看起来似乎讲的是生财之道、实用致富指南、经商秘诀之类的道理，其实背后隐藏着一套具有强大伦理力量的金钱观。它强调在追求金钱财富过程中"诚实、信用、节俭、成就"的伦理品质。因此，韦伯所谓的资本主义精神本质特征是强调通过一种诚实、有信用、具有伦理属性的方式去赚得金钱。

这种金钱伦理和致富美德又是怎么来的呢？韦伯认为这与富兰克林当时的整个生活背景和清教徒的思想观念有密切联系。马丁·路德宗教改革的一个重要后果就是对世俗活动的道德辩护："上帝应许的唯一生存方

---

① D Levine, *Introduction*, D Levine（ed）, *Georg Simmel：On Individuality and Social Forms*, The University of Chicago Press, 1971.

② ［德］马克斯·韦伯：《新教伦理与资本主义精神》，于晓、陈维纲等译，生活·读书·新知三联书店1987年版，第49页。

③ ［德］马克斯·韦伯：《新教伦理与资本主义精神》，于晓、陈维纲等译，生活·读书·新知三联书店1987年版，第33—34页。

式，不是要人们以苦修的禁欲主义超越世俗道德，而是要人完成个人在现世里所处地位赋予他的责任和义务。这是他的天职。"① 新教教义的这一点使得日常的世俗活动和职业工作具有了宗教意义。而接下来的加尔文教派的预定论则赋予了赚钱致富以道德和神圣意蕴。这种预定论认为，任何人的得救与否，是上帝在他们出生之前就选择并决定了的，任何人都无法去影响上帝的决定，上帝的选民在这个世界上所做的功绩都是上帝用来荣耀其自身的。因此，确定自己是上帝的选民的唯一出路就是世俗的成功。因为世俗的成功为上帝所喜欢。在世俗世界中越成功，金钱积累得越多，你越有可能成为上帝的选民："如果财富是从事一项职业而获得的劳动果实，那么财富的获得便又是上帝祝福的标志了。"② 加尔文教派的教义强调以现世的财富和成就来荣誉上帝，这就使赚取财富不再是一种罪恶，反而有一种荣誉感、道德感和神圣感。这就与资本主义精神相亲和了。在这里，韦伯看到了西方宗教文化对于人们的货币观、财富观的形成所起到的重要作用。

2. 货币与现代社会的理性化

理性是韦伯社会理论的核心概念。韦伯正是以西方社会特有的理性化为视角和发展脉络，来考察西方资本主义的发展过程并揭示西方以资本主义制度为特征的现代社会的发展趋势。如果说新教伦理培育了一种理性的对待货币的资本主义精神，从而促进了现代货币经济的发展的话，那么现代日益成熟的货币经济则反过来进一步促进了现代社会的理性化趋势。

首先，货币强化了现代经济行动的形式理性。韦伯的经济行动指的是行动者依其主观意义，指向以效用的形式来满足需要的社会行动。人类社会自古以来就存在经济行动，我们都会用资源来满足我们的需求。而现代经济行动的特点在于它是以利润导向的形式理性行动。现代经济行动具有突出的形式理性特征，最明显的标志就是行动的"可计算性"："一项经济行动之所以是形式理性的，乃在于其能够以计量的、可计算的权衡思

---

① ［德］马克斯·韦伯：《新教伦理与资本主义精神》，于晓、陈维纲等译，生活·读书·新知三联书店 1987 年版，第 59 页。

② ［德］马克斯·韦伯：《新教伦理与资本主义精神》，于晓、陈维纲等译，生活·读书·新知三联书店 1987 年版，第 135 页。

虑，表现出任何理性经济固有的‘事前准备’。"① 而现代成熟的货币经济则强化了经济行动的形式理性。在韦伯看来，货币是最完美的经济计算手段，在经济行动的取向中是形式上最为理性的手段，"货币制度具有最大可能程度的形式理性"②。货币的形式理性就是最大限度的"计算性"。它对于已实现的或在将来可预期的利润与亏损，具有完全的计算性。

其次，货币加剧社会结构的理性化。韦伯将社会结构划分为共同体关系结构与结合体关系结构。共同体关系结构是指"社会行动的指向建立在参与者主观感受到的相互隶属性上，不论是情感性的或传统性的"。结合体关系结构是指"社会行动本身的指向乃是基于理性利益的动机以寻求利益平衡或利益结合"③。换句话说，共同体关系是基于情感归属的、传统性的社会结构关系，而结合体关系则是基于理性利益计算的、分化的社会结构关系。韦伯认为成熟的货币经济在传统的共同体关系的社会结构向现代的结合体关系的社会结构的转变过程中起了重要作用。货币经济一方面为个人在自己的营利成果和消费上提供了客观的可计算性，另一方面，通过货币媒介的交换功能，开启了自由满足个人需求的可能性。所以，"理性的结合体关系取代个人得以‘天生自然地’参与共同体行动的利益与义务，……此种做法惟有在纯粹的货币经济的基础上方有可能，因此，货币经济的发展在家共同体的内在解体上毋宁是扮演了主导的角色"④。

最后，货币是社会组织理性化的重要表现。官僚制、科层制是现代社会组织理性化的重要表现形式。韦伯认为在近代官僚制的形成和发展中，货币是重要的社会与经济前提条件。韦伯指出，古埃及的新王国、晚期罗马帝国、罗马教廷、古代中国的封建王朝都是带有强烈家产制的国家。它们官僚的收入主要是基于实物报酬，即从君主的库藏或是其经常性的实物收入里，支付官僚的实物配给。在这种体制下，官僚的收入一般被称为"俸禄"。君主的权力一旦衰退，基于实物租税的实物配给即不易保持规

① 《韦伯作品集：经济行动与社会团体》，康乐等译，广西师范大学出版社 2004 年版，第 36 页。

② 《韦伯作品集：经济行动与社会团体》，康乐等译，广西师范大学出版社 2004 年版，第 142 页。

③ 《韦伯作品集：社会学的基本概念》，顾忠华译，广西师范大学出版社 2005 年版，第 54 页。

④ 《韦伯作品集：经济行动与社会团体》，康乐等译，广西师范大学出版社 2004 年版，第 284 页。

则。因此，实物报酬会受到君主权力和收入的很大影响，以实物给付与实物用益的方式作为对官僚的给付，都不免会使得官僚制的机制出现松弛，尤其是层级制的隶属关系。而官僚制作为一个持续性的组织结构，它正常运行的一个前提条件是维持其运作的经常性收入。这种经常性收入的来源就是一个稳固的租税制度。在韦伯看来，只有完全成熟的货币经济才能为此种租税制度提供一个稳固的基础。专制君主制以来的近代西欧各国以及大规模的近代资本主义企业的官僚制最为典型。在官僚制下，官僚的收入则被称为"薪资"。所以，韦伯认为，"只要今天官僚的薪水仍是以货币形式支付，货币经济的发展即为近代官僚制的前提。"①

三 凡勃伦：货币与社会阶级的文化分化

作为经济学制度学派创始人的凡勃伦认为，在人类经济生活中，最主要的是两种制度，一种是有关财产所有权的金钱制度；一种是有关物质生活的生产的工业制度。他的名著《有闲阶级论》就是研究在财产所有权的基础上形成的金钱文化与所谓的"有闲阶级"的关系。在这本书中，凡勃伦深入分析了有闲阶级形成的金钱文化根源、有闲阶级金钱文化的种种表现，以及有闲阶级的金钱文化对社会结构和个体性格所带来的深刻影响。

1. 有闲阶级形成的金钱文化根源

凡勃伦在《有闲阶级论》开篇就提出："本书的主旨在于讨论作为现代生活中一个经济因素的有闲阶级的地位和价值。"② 所谓"有闲阶级"，就是能非生产性地消耗时间，同时还可以借此证明个人的金钱力量可以使他安闲度日、坐食无忧的那一部分人。凡勃伦认为，现代社会存在的有闲阶级是和财产所有权同时出现的。财产所有制出现以后，人与人之间就发生了占有商品和财产的竞争。凡勃伦认为，人们之所以要占有物品即形成所有制，归根到底是出于人们的竞赛动机，也就是博得荣誉和赢得尊重的动机。而人们之所以占有财产、财产之所以有价值，就是因为财产可以证明财产的所有人比社会中其他人占有优势地位，它成为取得荣誉和博得社会尊重的重要手段。因此，"如果要在社会上获得相当地位，就必须保有

---

① 《韦伯作品集：支配社会学》，简惠美译，广西师范大学出版社2004年版，第31页。
② ［美］凡勃伦：《有闲阶级论》，蔡受百译，商务印书馆1964年版，第1页。

相当财产。如果要在社会上获得相当声望，就必须从事于取得财产，积累财产。一旦累积的财物在这样的情况下成为能力的公认标志，财富的保有就必然成为博得尊敬的独立的、确定的基础"①。

财产的保有一旦成为博取荣誉的基础，它也就成为满足人们自尊心的手段，并刺激人们占有新财富的渴望。这就进一步产生了人们对财富永无止境的追求欲望。任何个人在财富的占有方面都想胜过别人。同时，由于自从那时以来，财富的标准就是金钱，所以追求财富的欲望就变成追求金钱的欲望："在任何情形下，总是以现有的金钱标准为出发点去争取财富的进一步增长，这个倾向是永远不会改变的；这一点反过来又引起了满足心情的新的标准，以自己的资力与同级的资力作对比，又引起了金钱上的新的分等分级。"② 由于取得财富和积累财富的动机是在于"企图在金钱地位上力争上游，胜过别人，从而猎取荣誉，赢得同辈的妒羡"，所以金钱竞赛开始了，社会也就有了金钱阶级、富人阶级、有闲阶级的分等分级。

2. 有闲阶级的金钱义化的表现方式

获得了财富、金钱，只是获得荣誉的第一步。只有不断向社会、向别人表明自己的财富和金钱的力量，才能真正保持荣誉。这也有两个方面：避开生产劳动的炫耀式有闲和炫耀式的消费。这样，有闲阶级制度就以完整的形态出现了。这在工业社会表现得尤为明显："在任何高度组织起来的工业社会，荣誉最后依据的基础总是金钱力量；而表现金钱力量从而获得或保持荣誉的手段是有闲和对财物的明显消费。"③

讲究礼节是炫耀式有闲的一种表现方式。因为要懂得礼节、养成习惯，必须经过长期锻炼。而好的教养是需要时间、实践和费用的。那些把时间和精力使用在劳动上的普通人是不能指望的。所以，礼貌的价值在于它是有闲生活的确凿证明。因为有闲是获致金钱荣誉的习惯手段，所以凡是希望得到一个过得去的经济地位的人，就不得不在精通礼节上下些功夫。通过礼节，人们还有计划地造成了一个文化阶级，从而与劳动阶级区别开来。拥有大量专业化的仆役是炫耀式有闲的另一种方式。这些专业化

---

① ［美］凡勃伦：《有闲阶级论》，蔡受百译，商务印书馆1964年版，第25页。
② ［美］凡勃伦：《有闲阶级论》，蔡受百译，商务印书馆1964年版，第27页。
③ ［美］凡勃伦：《有闲阶级论》，蔡受百译，商务印书馆1964年版，第67页。

仆役的作用主要不在于实际服务，而在于外观上的炫耀。

随着社会的进一步分化，人与人交往关系的扩大，以炫耀式消费作为金钱财富证明的有效性得到相当大的强化，"作为金钱力量的证明的对财物的某种特殊化消费，已经逐渐形成了一种精密制度"①。馈赠珍贵礼物、举行豪华宴会、富丽堂皇的装饰工程、对手工艺品的美感追求、对艺术品的高价求购、对各种宠物的爱好、对典型女性美的追求等炫耀式消费都是为了表现金钱阶级的生活标准，达到金钱荣誉原则的要求。

3. 有闲阶级金钱文化的社会效应

当有闲阶级形成自身的一套金钱文化时，这种金钱文化会反过来对社会结构的变迁和个人性格的形成产生重要影响。这是因为凡勃伦认为社会结构的变化和发展，只有通过社会中各个阶级思想习惯的变化，通过构成社会的各个个人的思想习惯的变化才能实现。

有闲阶级是一个保守阶级，因为他们拥有足够的金钱财富，对于生活资料的竞争没有别的阶级那么迫切，对社会变革的反应也最为迟钝。有闲阶级这种保守的金钱文化会在经济上、法律上和社会风气上阻碍社会的革新。从经济上看，有闲阶级造成下层阶级保守性的方式是，尽可能地剥夺后者的生活资料，使之消费缩减，精力消耗到这样的地步，以致更无力从事于学习和采纳新的思想习惯，"赤贫阶级，以及所有那些把全部精力消耗在日常生活斗争中的人们是保守的，因为他们再也没有余力去想明天以后的日子；恰恰跟这些人相同，时运太好，日子过得非常得意的人们也是保守的，因为他们对今天的情况感到不足的机会很少"②。从法律制度上看，"有许多法规和社会上的成规，是对财产安全、契约实施、既得利益、金钱交易的便利等有利的；金钱利益和金钱习性对制度发展的影响如何，从这类法规和成规中就可以看出"③。从社会风气看，有闲阶级的金钱文化往往会成为社会其他成员奉行的行为准则，从而助长金钱荣誉和炫耀式消费的社会风气，以至于其他阶级的人们既没有足够的物质资料，也没有充分的时间和精力来从事社会革新。因此，凡勃伦认为，富裕阶级的一贯示范作用，大大加强了其他一切阶级对任何革新的抗力，使人们的爱

① ［美］凡勃伦：《有闲阶级论》，蔡受百译，商务印书馆1964年版，第55页。
② ［美］凡勃伦：《有闲阶级论》，蔡受百译，商务印书馆1964年版，第160页。
③ ［美］凡勃伦：《有闲阶级论》，蔡受百译，商务印书馆1964年版，第164页。

好固着于历代遗留下来的那些优良制度，而不思进取。

四　桑巴特：货币与新贵族

桑巴特将18世纪以来150年的生活方式的总体特征归纳为"经济时代"，"在这个时代中，经济和经济的以及与其有关系的所谓物质的重要，实已征服一切其他价值而取得霸权的地位，并且经济的特质已经在社会和文化的一切其他疆域上盖上了它的标记"①。这种经济的特质对社会生活的影响，最明显的表现是对于金钱价值的独认，即一切实在价值——美、善、知识、艺术、才能、出身、家世都必须转化为看得见的金钱价值，才能得到承认。在《奢侈与资本主义》中，桑巴特详细追溯了这种社会价值标准的转化过程。

桑巴特指出，在早期资本主义的初始阶段，新兴的资产阶级不仅通过积累金钱，而且以拥有标志社会地位的昂贵附属物为手段，获得上流社会的承认，成为新贵族，并通过与贫穷的贵族结成联盟，进一步改变了时代的精神面貌。

在15世纪至17世纪，欧洲开始掠夺东方，在非洲发现贵金属富矿，美洲的黄金白银大量涌入欧洲，使得英法中产阶级的财富急剧增长。但是这些暴富的中产阶级在社会地位上仍然受到贵族阶层的鄙视。因此中产阶级想方设法地获取爵位封号，以提高自身的政治地位和社会声望。大致途径有两种：一是直接用金钱购买封号头衔；二是与贵族联姻。17世纪初，法国颁布法令规定，用钱购得的官职可以世袭。这意味着体制的变化，"因为穿袍大法官过去大部分是贵族，此后则更多地从金融业富裕人士中吸收新成员"。18世纪还有很多通过购买领主地产这一简单方式来抬高自己社会地位的新型领主，"富人们用领地来为自己贴金"。到18世纪中叶，"由于用钱很容易得到贵族头衔，有钱人无一例外都很快受封为贵族"②。与贵族联姻，是当时中产阶级提高社会地位的另一重要途径。贵族们也希望通过与富有商人的联姻来缓解自己的经济困境。

---

① ［德］桑巴特：《德意志社会主义》，杨树人译，华东师范大学出版社2007年版，第1—2页。

② ［德］桑巴特：《奢侈与资本主义》，王燕平、侯小河译，上海人民出版社2005年版，第24页。

到 18 世纪中期，贵族血统与资产阶级金钱的结合几乎发生在所有资本主义国家。整个西欧的社会风气和思想观念也随之发生了巨大变化。在此之前，人们对经商赚钱大都持贬斥和鄙视态度，认为社会名望与商业活动是格格不入的。但是随着 18 世纪金钱的力量在世俗世界中的无孔不入和新贵族的大量涌现，人们甚至贵族们的观念发生了巨大变化。崇尚金钱之风在社会上蔓延，荣誉、身份至上的旧的价值评价标准被金钱至上的新标准所取代。以至于一些旧贵族对此不无痛恨地抱怨道："现今，人的观念发生了改变，而且每件事情都依据它所带来的金钱作出评价。……当我们看到贵族在这一点上与普通老百姓一般见识，而且无所顾忌地将最高贵的血统与那些除了买卖、店铺、柜台和欺诈外一无所知的肮脏的小商人进行让人汗颜的混合时，还会有什么好结果呢？所有的秩序被破坏实在令人惋惜。"① 当然，旧贵族的抱怨是抵挡不住金钱社会的滚滚潮流的。总而言之，桑巴特认为，在这个经济时代，"只有一种通行的基础与尺度：金钱财富；只有一种等序：按照金钱所有或金钱收入而估计"②。

五　滕尼斯：货币与国家的力量

滕尼斯在《共同体与社会》中，划分了人类群体生活的两种结合类型，即共同体与社会。共同体主要是在自然的基础上的群体，或者说，是建立在人们的本能意志和习惯习俗基础上的群体。血缘、地缘和朋友关系是共同体的主要纽带。与此相反，社会产生于众多个人的思想和行为的有计划的协调。社会是一个目的的联合体。在社会中，契约、交换和计算关系占据主导地位。而货币则是这种关系的直接产物和体现。

在社会中，每个人都是独立的劳动生产者和商品所有者。要满足自己各方面的需要就必须与他人进行商品交换，货币就是人们商品交换关系的产物，"如果说存在一种普遍的商品，它得到所有的人的承认，也就是说，通过社会的意志打上了社会的印章接受为商品，那么这个商品作为普遍追求的商品，就意味着一种支配着任何其他商品的力量……它代表着价

---

① ［德］桑巴特：《奢侈与资本主义》，王燕平、侯小河译，上海人民出版社 2005 年版，第 25 页。

② ［德］桑巴特：《德意志社会主义》，杨树人译，华东师范大学出版社 2007 年版，第 1—2 页。

值的抽象的概念，……所谓贵金属最具有这些特点"①。因此，贵金属货币的产生是人们交换关系的产物，是属于社会的。人们用它来衡量商品的市场价格。滕尼斯还谈到纸币的产生同样是社会关系的产物。纸币本身是毫无价值的，不过是一种"标着符号的纸"。它之所以能作为价值的符号来使用，完全是因为社会的作用，"它不仅因为社会而具有重要性，而且也只有通过社会才获得它的价值，社会决定它不能采取其他方式利用，只能在这种社会的交换中使用。……社会产生着它自己的作为纸币的概念，并使之流通，它给纸币确定牌价"②。

社会产生了货币，货币也维持着社会。在社会中，每个独立的个体之间难免会发生利益冲突，社会就需要一种强制力来支配和控制个人，因此它必须拥有足够数量的金钱作为普遍的支配手段，"倘若社会没有财富或收入，也就是说，（在发达的社会中）没有金钱，面对现实的个人，任何社会将会无能无力。在此之前，必须给它或批准它得到这种金钱，而且它必须能够自由地支配这种金钱。这样一来，它也就支配着人的力量"③。在现实中，这就意味着国家要掌握货币铸造权和发行权。社会越是发展，就越要通过国家的财富和财富的流动即国家的支付能力来实现。在这方面，国家拥有巨大的优越性，即拥有造币权，或者说，制造货币的能力。滕尼斯认为，国家要实现这种能力可以有两种方式：一是货币制度与国家银行相结合；二是国家信贷活动。正是基于这样的考虑，滕尼斯认为，重商主义政策是"欧洲正在形成的国家的第一个伟大的行动"。货币的需求是重商主义政策的核心，"它的目的是在国内聚集尽可能多的货币和把尽可能多的货币带到国内，以便政府支配这些货币"④。因此，正是通过掌握货币与货币交换，国家获得了支配个人、控制经济、稳定社会的能力。社会中分离的个人像在共同体里一样，以和平的方式相互共处地生活和居住在一起。

六　涂尔干：货币与社会秩序的道德重建

在所有经典社会理论家中，涂尔干可能是最少直接提及货币问题的

① ［德］滕尼斯：《共同体与社会》，林荣远译，商务印书馆 1999 年版，第 101 页。
② ［德］滕尼斯：《共同体与社会》，林荣远译，商务印书馆 1999 年版，第 102 页。
③ ［德］滕尼斯：《共同体与社会》，林荣远译，商务印书馆 1999 年版，第 317 页。
④ ［德］滕尼斯：《新时代的精神》，林荣远译，北京大学出版社 2006 年版，第 111 页。

人。涂尔干是将规范社会生活的道德秩序作为社会学研究的主题。因此，他也是从这个角度观察和分析货币与经济生活的。

在博士论文《社会分工论》中，涂尔干主要研究的是随着个体主义的不断兴起，现代社会的团结与整合能力问题。他勾勒了一个从机械团结向有机团结转化的进化论式模式。社会团结性质也由前者的同质性的、可替代的关系向后者的异质性的、功能专门化的关系转变。有机团结的关系主要指的是人们之间的劳动分工，也包括通过货币交换所建立的社会关系。这种交换明显地表现在契约关系中，"契约就是交换的象征"。也因此，在有机团结社会中，规范货币交换的商业法特别发达，"功能的专门化在商业法中表现得更加明显。商业法特别规定了与商业有关的各种契约：汇票持有人与出票人的契约、船主与租赁人的契约、船主与船长和船员的契约、货运代理人与包租人的契约、贷款人与借款人的契约等等"①。在这里，涂尔干触及了货币经济与社会法律制度的关系。但是对于社会稳定团结来说，仅仅有这些经济上的、法律上的契约是不够的，还需要来自社会的、道德的契约。而现代社会的种种失范状态恰恰是社会的道德规范没有跟上经济发展，经济功能过于膨胀的结果，"迄今为止，这种混乱状况从来没有达到这么严重的程度，这主要是由于近两百年来经济功能不断发展的结果"②。要解决社会的失范问题，就必须在现代社会的基础上重建集体意识和社会道德规范，以消除经济世界中的混乱局面。

第二节　现代社会理论中的货币与社会世界

当今世界是经济与贸易全球化的时代。经济全球化的最鲜明、最本质的特征体现为货币与资本的全球流动。德国著名历史学家弗兰克形象地将此称为"货币周游世界，推动世界旋转"③。这表明货币已经成为现代人类活动的中心。它所带来的影响已经远远超出了经济发展领域，"包括了

---

① ［法］涂尔干：《社会分工论》，渠东译，生活·读书·新知三联书店 2000 年版，第 86 页。

② ［法］涂尔干：《社会分工论》，渠东译，生活·读书·新知三联书店 2000 年版，第 15 页。

③ ［德］贡德·弗兰克：《白银资本》，刘北成译，中央编译出版社 2005 年版，第 187 页。

不同的货币体系对于人类交互活动的质量、对于整个社会和对于生态系统的影响。从本质上来讲，货币是生命必不可少的血液，它流经我们自己、我们的社会、我们全球的人类社区，也将被有意识地承认和对待"①。这种对货币与社会关系"有意识的承认和对待"充分反映在现代社会理论家的思想中。

一　空间社会学的视角：哈维与吉登斯

美国马克思主义地理学家哈维坚持列菲伏尔有关空间的社会生产的基本理论，认为时间和空间的概念是通过服务于社会生活再生产的物质实践活动与过程而创造出来的。各种独特的生产方式和社会构成方式，都将体现出一系列独特的时间和空间的实践活动和概念。目前，全球资本主义已经成为一种新的生产方式，社会再生产的物质实践活动过程发生了巨大变化，其结果必然是时间与空间的社会意义也在变化。因此，哈维认为："在一般的金钱经济中，尤其在资本主义社会里，金钱、时间和空间的相互控制形成了我们无法忽视的社会力量的一种实质性的联结系列。"② 哈维的目标就是要研究货币、资本与现代时间、空间的相互关系。

从早期资本主义开始，控制时间和空间在资本家追求金钱和利润的过程中就是一个关键性的要素。在西方，对时间尺度的安排一直是中世纪的宗教寺庙为加强宗教纪律而做出的。到了近代早期，资本家们为了有序地从事生产经营活动，建构了一种新的时间尺度："商人们和雇主们以召唤工人去劳动、商人去市场的钟和铃为象征，分开了农耕生活的自然节律，并脱离了宗教的含义，创造出一种可以抓住日常生活的新的年代学网络。"③ 同样，描制世界地图开辟了把空间看作追求金钱财富的道路，良好的地图是殖民者掠夺财富、资本家开拓市场、国家扩张领土的有力帮手。人们都渴望获得良好的地图，以至于"地图变成了金钱，而渴望力量的神秘代理人为了得到被葡萄牙人仔细看守的好地图则支付黄金"④。

在工业资本主义时期，加快资金的周转速度、克服商品与货币交换的

---

① ［美］贝尔纳德·列特尔：《货币的未来》，林罡、刘姝颖译，新华出版社2003年版，第9页。

② ［美］戴维·哈维：《后现代状况》，阎嘉译，商务印书馆2003年版，第282页。

③ ［美］戴维·哈维：《后现代状况》，阎嘉译，商务印书馆2003年版，第284页。

④ ［美］戴维·哈维：《后现代状况》，阎嘉译，商务印书馆2003年版，第285页。

空间障碍刺激着人们不断改进生产技术和经济组织。从流水线生产到利用基因工程加快自然过程，从调动时尚广告手段加快商品更新到信用系统、电子银行，从劳动记时器到工作打卡机，从福特制到后福特制，所有这些技术创新和组织改进都是追求金钱和利润的结果。谁创造了空间、掌握了时间，谁就能获得金钱和利润，"这就意味着谁能影响运输和交通、物质和社会基础设施方面投资在空间上的分布，或者说谁能影响管理、政治和经济力量在地域上的分布，谁就能经常获得物质上的回报"①。

在全球资本主义时代，全球股票市场的形成、全球商品期货市场的形成、货币与利率交易机制的成熟、金融市场的发达都加速了货币和资本在全球地理上的流通。因此，货币不再单独依赖于特定空间里的生产活动，"我拥有哪种货币的问题，与我把信任寄托于哪个场所有着直接的联系"②。而这种信任又与不同国家制度竞争性的经济地位和政治力量有关。这些变化都表明，货币、时间和空间的关系已经成为影响现代政治经济力量变化的要素。总而言之，对于货币与时空的关系，哈维的结论是："金钱可以被用来控制时间和空间。反过来，控制时间和空间可以反过来变为对金钱的控制。"③

与哈维相似，英国著名社会学家吉登斯也是将货币与现代性的时空特征联系起来分析，详细说明了发达的货币经济对现代社会制度的实质性作用。不同的是，吉登斯更多的理论资源来源于西美尔的《货币哲学》。

吉登斯从关于社会发展的非连续性的"断裂论"理论立场出发，粗略地将现代性定义为17世纪以来出现在欧洲的那种社会生活方式和经济组织模式，并且以欧洲为发源地，不断地向世界其他地区蔓延。因此，现代性是一种具有世界历史性影响的行为制度与模式。吉登斯认为，现代性的出现和发展与三大动力性机制密不可分：一是时空分离及其不断重新组合；二是与时空重构相关的社会体系从局部性情景中脱离，即"脱域"机制；三是通过知识对社会关系和行动的反思性监控和调整。而货币与前两个动力性机制有着内在联系。

吉登斯认为，脱域机制有两种类型：象征标志和专家系统。所谓象征

---

① ［美］戴维·哈维：《后现代状况》，阎嘉译，商务印书馆2003年版，第291页。
② ［美］戴维·哈维：《后现代状况》，阎嘉译，商务印书馆2003年版，第372页。
③ ［美］戴维·哈维：《后现代状况》，阎嘉译，商务印书馆2003年版，第282页。

标志就是指能传递信息并且不用考虑特定场景下处理这些信息的个人和团体特殊品质的交流媒介。货币就是重要的象征标志之一。吉登斯在引证西美尔观点的基础上，讨论了货币的空间含义。借助于货币的作用，个体与其财产之间的空间化、距离化有了可能。因为只要一个企业的利润能够以一种轻而易举的方式被转移到任何地方，这就保证了财产和财产所有者可以在空间上彼此分离，保持高度的独立性。货币的距离化作用使得所有者与他的金钱财富彼此相隔遥远又独立生存。如果说这还限于前现代的实物形态的商品货币的话，那么"同任何一种存在货币的前现代文明相比较，现代货币经济中的脱域程度要高得多"[1]。因为，今天的货币已经独立于它所代表的商品，像存储在电脑里的数据一样，以纯信息的形式显现出来。它的流动已经克服了商品货币的空间限制，在电子回路里，以时间的形式来表现。在世界任何地方的人们都能借助现代通信和信息手段进行商品和货币的交易，"货币是时空伸延的工具，它使时间和空间中分隔开来的商人之间的交易成为现实"[2]。货币对于脱域机制的另一个关键之处在于货币与信任的关系。因为所有的脱域机制，包括象征标志和专家系统都依赖于信任。而任何一个使用货币符号的人依赖于这样一种假设：那些他或她从未谋面的人也承认这些货币的价值，并且货币的运作得到政府、银行等专家系统的支持和保证。货币危机往往是信任的危机。因此，吉登斯认为，"货币当然是现代社会生活的一个内在组成部分，是象征标志的一种特殊类型。它对从总体上现代经济生活之脱域是极其关键的。"[3]

二 历史社会学的视角：布罗代尔与迈克尔·曼

布罗代尔研究了 15 世纪至 18 世纪这一"长时段"中，资本主义的兴起与社会结构变化的关系。他将这四百年的社会经济活动划分为三个层次：第一层即最基层，涉及人们最基本的物质生活，人口、粮食、食品和饮料、居住与衣着、能源与技术、货币与城市等；第二层是市场经济，涉及生产与交换机制；第三层是资本主义，即少数大商人组成的垄断经济。他认为资本主义兴起的基础必须在人们千百年来长时段的日常物质生活中

---

①　[英]安东尼·吉登斯：《现代性的后果》，田禾译，译林出版社 2000 年版，第 22 页。

②　[英]安东尼·吉登斯：《现代性的后果》，田禾译，译林出版社 2000 年版，第 21 页。

③　[英]安东尼·吉登斯：《现代性的后果》，田禾译，译林出版社 2000 年版，第 23 页。

寻找。货币就是日常生活结构的重要组成部分。

在布罗代尔看来，货币渗透到人们日常生活的方方面面，对人们的思想观念造成极大影响，"货币莫不介入全部经济关系和社会关系；因此它是极为灵敏的指示器：根据货币的行市起落和盈余短缺，我们可以相当有把握地判断人的全部经济活动，直至他们生活中最不起眼的角落……它还造成一些无法理解的关系，以至于人们既认不出自身，也认不出自己的习惯和原有的价值观念"①。不仅如此，货币对于整个社会结构的冲击和影响也是巨大的，"任何一个旧式结构的社会一旦向货币敞开大门，迟早要失去它原有的平衡，不能控制从中释放出来的能量……在货币的冲击之下，任何社会都要脱胎换骨"②。因此，要弄清楚资本主义的历史兴起，货币是一个需要深入分析的重要社会因素。

布罗代尔把15世纪至18世纪存在货币交换的社会结构划分为三个层次。首先，许多地区在经济活动中使用原始货币。特别是在经济落后的农村地区，"当时在广大地区仍有几百万人生活在荷马时代，用牛的数目来计算亚契里斯的盾牌的价值"。在非洲一些地区使用盐、马、贝壳等。布罗代尔认为，原始货币确实是一种货币，它具有货币的一切形态和习性。它的使用多是与当地的社会习俗和经济发展程度相适应的。其次，是日本、伊斯兰国家、印度和中国。它们多有自成一体的货币体系。但是此时，这些地区的货币经济并不活跃、发达。例如，日本的货币经济在17世纪开始繁荣，但是金币、银币和铜币的流通与平民百姓很少发生关系。印度的币制混乱，而且金银等贵金属货币"只和上层经济生活发生关系，下层流通的是铜币和苦杏仁——一种来自波斯的奇特的原始货币"。最后是欧洲。15世纪至18世纪欧洲的货币体系相当庞大，而且货币经济比较活跃、繁荣。它具备货币流通所经历的从低到高的各个层次：底层有物物交换、自给自足、原始货币；在这之上，有金、银、铜币，金属货币相当充裕；最上一层是多种形式的信贷活动。布罗代尔认为18世纪欧洲银行制度的扩大、信贷业务的繁荣对于资本主义的发展起了重要作用，"这些

---

① ［法］费尔南·布罗代尔：《15至18世纪的物质文明、经济和资本主义》第1卷，施康强、顾良译，生活·读书·新知三联书店2002年版，第515页。

② ［法］费尔南·布罗代尔：《15至18世纪的物质文明、经济和资本主义》第1卷，施康强、顾良译，生活·读书·新知三联书店2002年版，第516页。

倡导银行的先驱者逐渐领悟到这一发现在经济上带来的可能性，根据这一发现，货币以及作为货币的资本是可以随心所欲地生产，或者创造的"①。

布罗代尔认为，这三个层次的货币结构是由各自所处的社会经济发展程度所决定的。一个社会的经济越发达，这个社会拥有的货币手段和信贷工具种类越多，"如果说在这（指 12 世纪的欧洲）以后相继出现签票人有义务兑现的票据以及背书、交易所、银行、贴现等等，这是因为定期举行的交易会既不够灵活，又次数不多，不能适应正在加速发展的经济需要"②。因此，每一种货币体系都反映了各自社会的发展面貌。它是"一种统一的语言，每个社会都以自己的方式讲这种语言，每个人都必须学会这种语言"③。

历史社会学家迈克尔·曼认为各个社会及其历史发展都是四种社会权力相互作用的结果，即政治权力、经济权力、军事权力和意识形态权力。社会不是区域性的、封闭性的、单一性的、整体性的政治组织或地理单位，而是由多重交叠、相互交织的社会权力构建的动态网络。在不同的历史时期和社会发展阶段，这四种社会权力有着不同的地位。占据主导地位的权力形态会对当时的社会发展留下自己的烙印。货币作为经济权力的重要内容，在不同的社会时期也有不同的作用与影响。

在迈克尔·曼看来，货币权力的出现及其作用发挥的前提条件是存在两个独立的权力行为者，一个是集权的中央国家，一个是分权化的权力持有者阶级，例如独立的商人、自耕农、工匠等，他们有能力进行自主的社会和经济生产。迈克尔·曼以希腊和罗马为例阐述了货币权力在不同地区，是如何与其他社会权力相互交织的。

迈克尔·曼根据他所提出的货币出现的前提条件和考古学资料认为，可确认的最早货币出现在公元前 7 世纪中东的支配性帝国和西北部地区的农民贸易者之间，即小亚细亚的吕底亚王国（Lydia）及一些希腊城邦国家。货币的正反面都印有王国或城邦国家的标记，以确保它的重量和质

---

① ［法］费尔南·布罗代尔：《15 至 18 世纪的物质文明、经济和资本主义》第 1 卷，施康强、顾良译，生活·读书·新知三联书店 2002 年版，第 565 页。

② ［法］费尔南·布罗代尔：《15 至 18 世纪的物质文明、经济和资本主义》第 1 卷，施康强、顾良译，生活·读书·新知三联书店 2002 年版，第 567 页。

③ ［法］费尔南·布罗代尔：《15 至 18 世纪的物质文明、经济和资本主义》第 1 卷，施康强、顾良译，生活·读书·新知三联书店 2002 年版，第 566 页。

量。最早的货币通常是高面值的，因此，并非用于普通生产者和消费者之间的交换。它大概是用于向雇佣兵支付报酬和向富人收取税金和贡品。此时原始货币经济渗入了两个领域：首先是作为国家与强有力的贸易中间人之间的一种信用形式，其次是作为国家与其士兵之间的一种信用形式。在这里，货币的出现和发挥作用都与两个权力行为者的相互作用密不可分。

由这一区域开始，货币沿着雇佣/贸易的路线传开了，向东到达了波斯，向西到达了希腊。希腊拥有民主化的城邦国家和大量的商品贸易活动，因此它把货币权力的两个基础结合起来了，从而拥有了最早的货币经济。在货币经济的支持下，希腊大力发展对外贸易，"希腊人把已耕地同海洋结合在一起，他们在地理上处于可利用货币制度发展的地位"①。同时扩张的贸易需要海军的支持，而希腊丰富的银矿及其货币经济的发展又可以支持希腊强大的军事力量。

如果说，希腊帝国是民主政治主导下的货币经济，那罗马帝国则是军事权力主导下的货币经济，即"军团经济"。罗马帝国很大程度上就是一支军队，"国库开支每年总计大约4亿塞斯特斯（罗马的基本货币单位），其中70%是用于武装力量"②。军费支出占支配地位。这种支出揭示了罗马国家的军事主义。这种国家领导的经济就是军队领导的经济。因此，罗马帝国不是把货币视为其臣民之间进行交换的媒介，而是将其视为一种集聚岁入、支付费用和进行储备的手段，"货币经济对于领土型帝国的发展有着实质性的贡献"③。反过来，罗马帝国的军事扩张和军事开支又刺激了货币经济的发展。商品、贸易的扩大和大量的税金共同促进了罗马帝国货币经济的发展。

三 理性行动理论视角：科尔曼

科尔曼的理性行动理论认为社会理论的目标就是解释以个人行动为基础的社会系统的活动。理解个人行动就意味着理解以"合理性"（rational-

---

① ［英］迈克尔·曼：《社会权力的来源》第 1 卷，刘北成、李少军译，上海人民出版社2002 年版，第 280 页。

② ［英］迈克尔·曼：《社会权力的来源》第 1 卷，刘北成、李少军译，上海人民出版社2002 年版，第 372 页。

③ ［英］迈克尔·曼：《社会权力的来源》第 1 卷，刘北成、李少军译，上海人民出版社2002 年版，第 378 页。

ity）为基础的广义上目的性的行动。"合理性"这一概念的含义"是指对行动者而言，不同的行动（在某些情况下是不同的商品）有不同的'效益'，而行动者的行动原则可以表述为最大限度地获取效益"①。它构成理性行动者的基础。在社会中，基于效益最大化的理性行动者相互作用，共同构成了社会关系和社会结构，例如交换关系、权威关系、信任关系等。货币在建构社会交换关系和信任关系中都扮演了重要角色。

科尔曼认为现实生活中的社会交换，不是发生在两个与世隔绝的行动者之间，而是发生在人们为稀有资源进行竞争的交换系统之内。从事交换的社会市场在某些方面与经济市场十分相似，"尽管使用货币是经济交换的主要特征，但是通过研究货币的作用，不仅可以了解社会交换与经济交换的差别，而且可以理解两类交换的共同之处"②。科尔曼首先分析了货币在自物物交换以来的各个经济交换发展阶段中的作用。最初阶段是商品和劳务的直接交换，交易成功的基础是某种双重巧合：甲和乙不仅有对方期望得到的物品，而且数量上相等。这使得交易非常困难。下一个阶段是包括付款承诺的交换，即一方作出付款承诺，使得原来同时进行的买卖过程在时间上分离。再下一阶段就是商品货币阶段的交换，一方的付款承诺转让给第三方，即本身有价值的商品（金、银）。这就完全克服了双重巧合性，使得交换对象范围进一步扩大。第四阶段是纸币阶段，人们把付款承诺由金银本身转向国家或中央银行发行的纸币，"政府发行的纸币的基础是一种明确的承诺：即纸币价值应与商品货币（金银等）价值持平"③。这种交换关系将扩大到一个国家的所有领土范围。最高阶段是无现金社会，社会上没有现金流通，仅有在理论上代替货币的中央信息交换所，所有交易中的欠款信息都集中于中央信息交换所的电脑里。在利率、汇率等金融制度的帮助下，商品、货币交换完全克服时空阻隔，交换关系将覆盖全球。

货币作为人们的交换媒介，极大地方便了人们的交换行动，满足了人

---

① ［美］詹姆斯·科尔曼：《社会理论的基础》，邓方译，社会科学文献出版社 1999 年版，第 18 页。

② ［美］詹姆斯·科尔曼：《社会理论的基础》，邓方译，社会科学文献出版社 1999 年版，第 139 页。

③ ［美］詹姆斯·科尔曼：《社会理论的基础》，邓方译，社会科学文献出版社 1999 年版，第 140 页。

们对各种效益的追求。同样，在社会和政治系统中，科尔曼认为也存在类似货币这样本身无价值，但在交易过程中起着重要媒介作用的手段，例如美国的政党组织。人们参与政党组织是因为"政治机构向选民提供金钱和职业，作为他们选举议员的报酬"。政党组织将来自选民的选票交付给议员，以报答他们通过了对公司有利的法律制度。政党使公司置于有利发展的立法保护下，进而从公司获得新的收买选票的资金。因此，就像货币一样，政治机构把三方联结在一起，为各自获得自身利益提供了保证，从而使交易顺利进行。

货币交换阶段的变化同时也是社会信任结构的变化。货币诞生以来的四种交换形式，即商品货币、信用货币、不兑现的纸币以及电子货币，反映了不同的社会信任结构。商品货币阶段，人们信任的是具有价值的货币本身。信用货币与纸币阶段，人们信任的是第三方的保证：法律、中央银行与国家，"参与交易的任何一方都以信任与交易无关的第三方，取代了信任交易对象。今天的商业票据、债券和政府公债，都是这类性质的货币；而纸币本身就是一种付款承诺，与过去不同的是，纸币的发行者不是商人或银行，而是政府。接受纸币的前提是信任政府"①。电子货币的无现金社会的信任结构与纸币社会相同，卖主信任的不是顾客本人，也不是他的付款承诺，而是来自中央交换所的付款承诺，"因此，在无现金社会，受托人以及信任的本质与应用纸币社会的相应状况完全一致"②。

四 结构功能主义视角：帕森斯与卢曼

在帕森斯看来，货币是一种"符号性的普遍化的沟通媒介"，本质上"是一个符号现象。……所以它的分析需要的参照框架接近于语言而不是技术"③。对货币的本质需要从语言符号的角度进行理解，正如语言学所表明的，所有媒介都可以从语言中的符号构成来解释。那么对帕森斯而言，什么是符号呢？货币是如何成为"符号性的普遍化的媒介"呢？帕森斯根据行为科学中的认知理论认为，符号化与普遍化是密切相关的。符

---

① ［美］詹姆斯·科尔曼：《社会理论的基础》，邓方译，社会科学文献出版社1999年版，第217—218页。

② ［美］詹姆斯·科尔曼：《社会理论的基础》，邓方译，社会科学文献出版社1999年版，第141页。

③ Parsons T, *Sociological Theory and Modern Society*, New York：The Free Press, 1967, p.345.

号（symbol）是在人类行动中发展起来的信号（sign），根源于人的普遍化能力，它被独立于具体场景而使用。对帕森斯而言，符号化、普遍化是人类沟通行动的前提条件，它们也构成了从具体场景中抽象出"意义"并转换到其他场景中的能力。符号就是某种能够传递意义的方式。就货币而言，在什么意义上货币被符号化、普遍化？帕森斯认为货币是符号是因为它能衡量和代表经济价值或效用，它本身并不具有效用，没有使用价值，只有交换价值，可以交换到其他有效用的事物。货币的普遍化就在于货币能够在不同的社会情景中起作用。

在界定了货币的本质之后，帕森斯讨论了货币的社会功能。帕森斯对货币功能的讨论是与他的社会系统理论密切相关的。帕森斯的社会系统理论认为，任何一个社会系统，为了生存和维持下去，都必须实现四大基本功能：目标达成（goal attainment）、适应（adaptation）、整合（integration）、模式维持（lattern maintenance），即 AGIL 功能模式。这四个功能分别通过政治活动、经济组织、社会规范、社会文化价值来实现。四个系统对于社会所起的基本功能就是为社会的运作生产不同的必要产品。经济活动的产物就是金钱或财富；政治活动的产品是权力；社会整合的产品是影响；模式维持的产品是价值。这些产品的意义还不止于此，因为实际上各个系统生产出来的产品，对于其他系统来说，也是它们生存和运作的必要条件。因此，系统之间需要互动和产品交换。但是帕森斯注意到高度分化的现代社会复杂系统中的各个功能系统之间的产品交换并不是直接进行的，而是通过一系列的"普遍化的交换媒介"——货币（对应经济系统）、权力（对应政治系统）、影响（对应社会系统）和价值（对应文化系统）实现的。普遍化的交换媒介是真正专门化的、按照一个规则、有严格意义的功能语言，是各个社会单元之间的象征媒介。在帕森斯看来，一切交流都必须以行动者之间或社会单元之间的信息交流为前提，或是通过一种直接的物理联系，或是通过某些方式实现。在社会系统的分析中，借助于普遍化的交流媒介，交流显示出相互作用主要过程的特征，而不同社会单元的行动既受到这些过程的控制，也通过这些过程相互影响。

卢曼是帕森斯的学生，帕森斯社会系统理论对卢曼的影响是显而易见的。与帕森斯类似，卢曼也认为，任何一个社会都是由诸多系统构成的，其中包括：政治系统、经济系统、法律系统、科学系统、宗教系统、艺术系统等。这些系统全都以总体的社会系统已经存在为先决条件，我们可以把它们看作社会总系统的分支系统或子系统。这样一种存在关系以一个中心程序为依据，卢曼称之为沟通（communication）。沟通的实现需要通过媒介，像语言、文字、货币、权力、艺术、真理等，都可以作为沟通的媒介。不同的沟通媒介构成不同的社会子系统。

要深入认识社会系统，就要对社会的沟通过程进行分析，而首先应该分析的是沟通赖以实施的媒介。它们是使社会凝结在一起的沟通黏合剂。那么究竟什么是沟通媒介呢？简单地说，"媒介"就是"由象征性的各种符码和符号所构成，而其中的每一种象征性符码，都确立了它们自己的特定规则作为相互连接的手段"①。货币就是这样的一种沟通媒介，它是构成经济系统的基本符码，"经济系统功能上的分立是通过创建一种它自身的自我创生的再生产形式来实现的。它运用货币这种流通媒介，并且根据是否进行了某种（可能的）货币支付而编写该系统运行程序的代码"②。经济系统的符码就是货币。货币的意义、用途、价值都由经济系统自身决定，两者相互依存，缺一不可。经济系统经由货币而得以自我组织起系统边界及其内在结构，与其他系统和环境相区分。"如果人们把这个意义上的货币经济看作自我创生的系统，那么这个系统对理解系统与环境的关系，也就是说对理解经济与社会的关系具有重要后果。"③ 这里，卢曼开始进一步阐释货币对于经济系统与社会环境关系的重要功能。

卢曼认为，每个社会系统都面临着极其复杂的、多面向的、充满偶然性因素的"环境"。任何系统的运作与适应性都依赖于其环境中各种难以预见和无法控制的偶然因素的复杂活动。因此，社会系统为了生存和发展，总要发展其本身的"简化复杂性"的基本机制。在现代社会，货币、权力和真理就是社会系统简化复杂性的基本社会机制。货币作为普遍化的交往媒介，是以人们过去的使用经验为基础的，并相信它在未来的状态下具有同样的效力。人们相信货币，就是相信当拥有货币符号的时候，他实际上拥有了该符号所许诺的未来使用的各种可能性，于是他能够自信地推迟有关货币最终使用的决定，并能够最佳地利用它以抽象形式表现出来的复杂性。信任货币，不是信任人，而是信任货币背后的社会系统，或者说

---

① 高宣扬：《鲁曼社会系统理论与现代性》，中国人民大学出版社 2005 年版，第 144 页。
② 卢曼：《经济系统中的双循环》，《世界哲学》2005 年第 5 期。
③ 卢曼：《经济系统中的双循环》，《世界哲学》2005 年第 5 期。

专家系统，例如银行、保险、金融制度等。货币信任是一种系统信任，"每当这种对货币的信任制度化了，而且一般说来，维持下来了，一种等价的确定性就被创造出来，谁拥有了货币，谁就掌握了一种解决问题的普泛化手段"①。

五 批判社会理论视角：哈贝马斯、德波与鲍德里亚

"系统—生活世界"是哈贝马斯分析和理解现代社会世界的理论框架。现代社会的发展过程就是系统与生活世界的分化过程。现代社会的危机表现为系统对生活世界的殖民化。而作为系统沟通媒介的货币和权力，对于生活世界的殖民化起了重要作用。

哈贝马斯所谓的生活世界是生活在一起的社群所共享的，作为沟通行动的背景的文化资料的储存库。系统则是制约人们行动的社会制度和组织，主要表现为政治和经济系统。货币与权力是现代社会建构政治经济系统的两个主要媒介，"它的形成（指资本主义的经济体系）依仗于一种新的机制，即控制媒体货币。这个媒体执行出国家所赋予的整个社会的经济职能，并且构成超出规范关系的从属体系的基础……这种经济体系不仅使企业之间的内部交往，而且也使非经济环境的交换，例如私人家务与国家之间的交往，都通过货币的渠道"②。换句话说，在资本主义社会中，货币对于经济系统的形成和运作起着根本性的作用。

货币和权力作为交往过程中的缓解机制在交往中发挥着越来越大的作用。这是因为货币和权力作为普遍化的媒介，消除了在话语交往中对有效性、真实性、真诚性的要求，大大简化了交往过程。换句话说，在使用货币这样的交往媒介时个人不需要为这种交往媒介负责。这个责任是由系统来承担的，就是说，当一个人拿出钱来购买东西的时候，货币的购买力不是由他个人来说明的，而是由这个系统来说明的。哈贝马斯说："行动协调从语言改置为控制媒体，意味着内部活动与生活世界关系相脱节。货币和权力的媒体设置在经验动机的联系上；它们规定了一种目的合理，与可计算的价值量的交换，并且促使一种一般化的策略的其他内部活动参与者

① ［德］卢曼：《信任》，翟铁鹏、李强译，上海人民出版社 2005 年版，第 66 页。
② ［德］哈贝马斯：《交往行动理论》第二卷，洪佩郁、蔺青译，重庆出版社 1994 年版，第 227 页。

的决断的影响，并与语言的意见形成过程相交往。因为它们不仅简单化语言交往，而且通过一种象征性一般化损失和补偿来代替。"① 按照他的分析，当人们用货币等控制媒介来代替语言上的交往的时候，就不再从生活世界的基础通过语言交往而达到社会的整合。人们之间的交往过程在很大程度上脱离了生活世界，而被纳入系统领域。因此，货币和权力作为缓解机制实际上导致了系统与生活世界的分裂。所谓生活世界的殖民化就是生活世界中语言的交往媒介被货币和权力所取代，"经济和国家的媒体控制的下属体系，借助货币和官僚政治的手段，渗入到了生活世界的象征性再生产"②。在生活世界的殖民化过程中，人们之间用以相互交往的不是语言，不是相互之间的理解，而是金钱和权力。当人们之间的交往关系逐渐受到金钱和权力的交往媒介控制的时候，人们之间的相互理解也越来越困难。

德波在《景观社会》中断言马克思所面对的资本主义物化时代已经过渡到他所指认的视觉性的表象、表征、影像成为社会本体基础的颠倒世界，即一个景观社会。在德波这里，景观是一种由感性的可观看性建构起来的幻想，它的存在由表象所支撑，以各种不同的影像为其外部表现形式。现代商品、货币、资本都是作为景观而呈现的。现代资本主义社会最显著的特征就是交换价值完全控制了使用价值，并将自身转化为统治社会的景观，"根据交换价值的有效性，使用价值变得纯粹是被观看的，并且现在它已完全被交换价值所摆布"③。作为交换价值代表的货币自然成为一种主宰社会的景观。德波认为，景观是货币的另一面，也是全部商品的一般抽象等价物。货币作为一般等价物的代表，作为其使用价值无法比较的不同商品的可交换性的代表统治着社会。当商品世界总体表现为一个整体的时候，景观作为整个社会所能成为和所能做的东西的一般等价物，便成为货币发展了的现代补充物。在景观社会中，人们因为对景观的迷失而丧失自己对本真生活的渴望和追求，而资本家则依靠控制景观的生成和变换来操纵整个社会。景观的意识形态就是遮蔽了社会本真的存在，"景观

---

① ［德］哈贝马斯：《交往行动理论》第二卷，洪佩郁、蔺青译，重庆出版社1994年版，第241页。

② ［德］哈贝马斯：《交往行动理论》第二卷，洪佩郁、蔺青译，重庆出版社1994年版，第457页。

③ ［法］居依·德波：《景观社会》，王昭风译，南京大学出版社2006年版，第16页。

是意识形态的顶点，因为它充分曝光了和证明了全部意识形态体系的本质：真实生活的否定、奴役和贫乏"①。人们狂热地追求作为景观的货币，迷恋它的交换价值而忘记了货币背后真正所代表的人们的本真的需要和社会生活，德波在此转引马克思在《巴黎手稿》中的话说："对金钱的需要因而是政治经济学所创造的真正的需要，并且是它创造的唯一需要。黑格尔在《耶拿时期的真正哲学》中将金钱描述为'无生命东西的自动的生命'的特性，现在已经被景观扩展延伸至全部社会生活中。"② 货币景观遮蔽了人们真实的、多样化的需要，造成了需要与社会生活的对抗。

后现代社会理论家鲍德里亚延续了德波的货币思想，分析了后现代条件下货币的特征。他认为后现代社会是仿真、影像主导的社会。仿真就是所有的符号自身相互进行交换，但不与真实进行交换。符号的能指方面获得了解放：它摆脱了过去那种指称某物的古老义务，可以按照一种随意性和不确定性展开组合游戏。在鲍德里亚看来，在后现代社会，工资、劳动、货币等这些政治经济学范畴都成为空洞的能指。后现代货币已经与一切社会生产关系相脱离，既不具有使用价值，也不再具有交换价值，成为了一种自由浮动的能指："货币被掏空了生产的目的性和生产的情感，它成为思辨性的。它从金本位到流动资本和普遍浮动制，从参照符号变为结构形式。这是浮动能指特有的逻辑。"③ 后现代社会中的货币不再是一种媒介，不再是一种商品流通的手段，它摆脱了商品、市场，成为被卸载了所有信息和意义的自主仿象，自身成为信息并且在进行自身交换。作为这种空洞能指的后现代货币，最显著的形式就是"热钱"，即游资。它以无限自我繁殖为目的，在全世界漂移、浮动、流通。它能造成狂热的金融投机和通货膨胀，对一个国家具有巨大影响，"一次简单的浮动游戏就可能摧毁任何国家的经济，因此，所有领域都按照一种差别转速，受到这种最高层浮动的支配，这种浮动远不是附带的、怪异的过程，它是系统最纯粹的表达"④。货币成为社会世界最纯粹的符号表达。

---

① ［法］居依·德波：《景观社会》，王昭风译，南京大学出版社 2006 年版，第 99 页。
② ［法］居依·德波：《景观社会》，王昭风译，南京大学出版社 2006 年版，第 100 页。
③ ［法］鲍德里亚：《象征交换与死亡》，车槿山译，译林出版社 2006 年版，第 29 页。
④ ［法］鲍德里亚：《象征交换与死亡》，车槿山译，译林出版社 2006 年版，第 30 页。

第三节　货币的社会理论研究凸显的三大主题

可以看出，从经典社会理论到现代社会理论，货币一直是思想家们分析现代社会世界的重要切入点和参照系。思想家们在一个广阔的社会空间中深入探讨了货币与社会结构、组织、文化、阶级、人的精神世界等诸多社会现象的密切关系，呈现出与货币经济学完全不同的具有独特视角的思想路径。他们都从不同的角度展示了货币的社会意义。哈贝马斯等人揭示了货币所体现的社会关系的异化和物化；西美尔、桑巴特突出了货币对现代文化发展趋向的影响；韦伯、科尔曼分析了货币对社会理性化的推动作用；凡勃伦显示了货币与阶级社会区分的关系；哈维、吉登斯阐释了货币的社会时空特性；帕森斯、卢曼强调了货币在社会系统中的功能运作；迈克尔·曼指出了货币背后的权力斗争。我们可以发现货币社会学研究已经逐渐摆脱了单纯货币经济学的藩篱，进入到广阔的社会、文化的视野中。这些研究围绕着货币与现代社会世界的关系主题凸显出三大问题关联。

一　货币与现代社会

首先是货币与现代社会的关系问题。韦伯、桑巴特、吉登斯、帕森斯等人的货币研究表明货币构造出来的社会结构与社会关系在不同的时代具有不同的特点。

韦伯、科尔曼等人指出，理性化是现代社会的根本特征。在社会行动的理性化过程中，货币起着重要作用，例如货币的可计算性强化了现代经济行动的形式理性。同样，货币也有助于建构社会结构的理性化，例如货币瓦解了基于情感、血缘的传统共同体，促进了基于利益交换的结合体关系的形成，例如官僚科层制、城市生活、现代信任结构。桑巴特则指出货币经济的繁荣促进了社会阶层的分化，带来了新的社会阶级的形成。滕尼斯、迈克尔·曼注意到了货币与权力的关系，认为货币是经济权力的重要内容，是国家主权的重要标志。哈维、吉登斯阐释了在现代性条件下货币的时空效应。帕森斯和卢曼研究了在现代社会系统中货币所起到的沟通、交换、稳定、简化复杂性的重要功能。

因此，货币的社会理论研究表明，传统社会的货币经济关系是嵌入整体社会结构中的，现代社会中的货币从社会结构的依附中独立出来发挥作用，并且在经济全球化的过程中，以资本的形式表现自己的强大力量，从而构造出"以物的依赖性为基础的人的独立性"的新的社会关系和社会结构。因此，现代社会中，货币无疑是具有极其重要地位的交往和评价手段，对于塑造和理解现代社会关系和社会结构都具有重要意义。

二 货币与现代文化

其次是货币与社会文化生活、价值观念的关系问题。韦伯、西美尔、凡勃伦等人的货币研究揭示出货币对于现代文化发展的重要影响。现代发展成熟的货币经济会使一个社会的文化风貌、价值观念发生剧烈改变。

西美尔在《货币哲学》中着重研究了货币在人们的日常社会生活与精神世界中的作用。他深刻地指出，一方面，发达的货币经济强化了现代文化的客观化、量化、平均化的趋向。另一方面，货币也有助于个体自由、个体能力的扩展。韦伯延续了西美尔的理性化思路。在他看来，新教对待金钱、财富的理性态度是资本主义精神的重要组成部分。它构成了现代资本主义兴起的文化精神动力。凡勃伦在《有闲阶级论》中结合西美尔、韦伯的思路，将货币与阶级、文化、社会分层结合起来，研究在财产所有权的基础上形成的金钱文化与所谓的"有闲阶级"的关系，深入分析了有闲阶级形成的金钱文化根源以及有闲阶级通过金钱消费所展示的文化区隔。涂尔干则指出了成熟、理性的货币财富观念是建构良好的社会秩序的重要道德氛围。

因此，货币的社会理论研究表明，现代文化发展受到货币的强烈影响，"如果我们把文化看成是网罗进社会价值与意义传达的代码之中去的符号和意义的那种复合物的话，那么我们至少就可以着手解开今天条件下它的复杂性之任务，认识到货币和商品本身就成为文化代码的主要承担者"①。传统的精英文化、高雅文化日益受到金钱、市场的侵蚀。大众性的、消费性的、商业性的文化也在金钱、市场的推动下蓬勃发展。社会的价值观念体系日趋世俗化、实利化、货币化。"金钱面前人人平等"的价值观在破除了传统身份权力等级观念束缚的同时，也带来了拜金主义、唯利是图的消极后果。因此，我们必须深入研究货币与社会文化生活的关

---

① ［美］戴维·哈维：《后现代状况》，阎嘉译，商务印书馆2003年版，第375页。

系，以便树立一种成熟的、健康的、适时的货币价值观和文化观。

三　货币与现代人

最后是货币与现代人生活方式的关系问题。西美尔、桑巴特、哈贝马斯等人的货币研究表明，货币的存在与流动正在加速改变着现代人的生活方式，影响着现代人的精神状态。

西美尔深刻地指出，货币经济与现代人的理智性格是内在相联系的。现代人的情感冷漠、理智至上、计算性格是货币"化质为量"的功能渗透到现代人生活各个领域的直接产物，是货币经济从自身出发所产生的在日常交往中不间断的数学运算的必要性直接内化于个体的心理后果。桑巴特则表明随着金钱力量在世俗世界中无孔不入，人们的观念发生了巨大变化。崇尚金钱之风在社会上蔓延，荣誉、身份至上的旧的价值评价标准被金钱至上的新标准所取代。人们逐渐陷入追求金钱财富的狂热之中。而在哈贝马斯等社会批判理论家看来，正是这种对金钱的崇拜与狂热导致了人们在社会交往和沟通中的种种异化，使得人们被种种货币景观所迷惑，无法正确清醒地认识和理解现代社会世界及自我。

因此，货币的社会理论研究表明，货币在现代人的生命价值系统中的意义已经得到了空前的提升。正如社会心理学家林德格瑞指出："在社会金钱竞争中，濒临失败、垮台的人，最初还只是扫兴（欲望得不到满足），继而是忧郁，最后干脆变得麻木不仁了。人们很清楚，一旦没有钱，便削弱了奋斗的基础，这种心理上的影响会降低自我价值感。"[①] 拥有尽可能多的货币，以求得社会的认同，确立自我价值与尊严，是一种普遍的社会心理。在此过程中，如何摆正货币价值、社会价值与自我价值的关系，避免在追求金钱的过程中，迷失自我，陷入货币拜物教的泥淖，就成为一个紧迫的现实问题。因此，在某种意义上说，理解货币就是理解人，理解人性，理解我们自己。

---

① ［美］林德格瑞：《金钱心理学》，宿久高、小筠译，吉林人民出版社1991年版，第96页。

第二章

货币是一种社会关系

从货币诞生以来，众多社会理论从不同的理论视角阐释了货币与社会结构和制度、货币与文化观念、货币与人的生活方式的关系，极大丰富了我们对货币与社会世界关系的认识和理解。但是当我们进一步思考货币与社会世界的关系问题时，不免要提出这样一个问题，即货币与社会世界的关系是如何可能的？换句话说，货币何以能够与社会世界产生如此复杂多样的相互联系呢？要澄清这个问题，我们就不能仅仅停留在对货币与社会世界关系的表层阐释上，而是要上升到对货币本质的哲学追问层面，即货币到底是什么。

第一节 货币本质的困惑

货币在日常社会生活中是如此的熟悉、平凡、普通，以至于我们似乎对它不再有什么好奇心。但是它对人们的生活和思想观念的影响又是如此的重要、复杂。正是这个最平常、最让人觉得是天经地义、最不值得述说的东西同时又隐藏着最深奥的秘密，最让人不可理解，以至于直到今天，人们也不能说完全搞清楚了货币的真谛。远有格莱斯顿，他在 1845 年就说，"因恋爱而受愚弄的人，甚至还没有因钻研货币本质而受愚弄的人多。"[①] 近有凯恩斯，他提出"货币之所以异于他物者，其特征何在"，

---

① 转引自《马克思恩格斯全集》第 31 卷，人民出版社 1998 年版，第 458 页。

"为什么住在疯人院外面的人会愿意把货币作为财富来储存?"① 这些问题都表达了人们在探究货币本质时的困惑。

一　货币本质的古典争论

在货币形态的演进过程中,人们对货币的本质提出了种种观点和看法。大致说米,思想史上就货币本质问题的探讨,可以归结为两种相互对立的学说,即货币金属论(Metallism)和货币名目论(Nominalism)。

货币金属论的基本观点认为,货币就是金银,金银就是财富,所以货币等于财富。将货币的本质等同于财富,这种观点相当古老。亚里士多德就把货币看作是一种社会财富。他从至善的伦理原则出发,谴责将赚钱致富作为生活目标的金钱人生观。熊彼特认为"他至少隐含地承认货币在价值储藏上的用处",因此将他列为货币金属论的"最先为人所知的倡导人"②。

当然货币金属论只是到了资本主义生产方式出现的近代才获得了比较完整的理论形态,并在重商主义中得到充分体现。重商主义是欧洲资本原始积累时期代表商业资产阶级利益的一种经济学说和政策体系。其基本观点认为,金银货币是财富的基本形式,要增加一国的财富总量,必须通过对外贸易,利用贸易出超使得金银流进国内。例如英国重商主义的重要代表人物托马斯·孟认为,货币只能是具有实质价值的并可以作为一般商品价值尺度的金银,是测量其他社会财富的价值尺度,一个国家所拥有的货币数量的多寡决定着这一国的经济、军事和政治实力的大小。③ 因此,马克思在《政治经济学批判》中把重商主义称为"货币主义",并认为这批人是"现代世界的最初解释者",是他们在现代资本主义社会的"童年时期","驱使各国人民和王公组织远征重洋的十字军去追求黄金的圣杯"④。

货币名目论是与货币金属论相对立的一种有关货币本质的学说。其主要观点认为,货币不是财富,它只是便于交换的一种技术工具,是换取财

---

① 转引自〔英〕布赖恩·摩根:《货币学派与凯恩斯学派》,薛蕃康译,商务印书馆1995年版,第116页。

② 〔美〕约瑟夫·熊彼特:《经济分析史》第1卷,朱泱等译,商务印书馆1991年版,第92页。

③ 郑先炳:《西方货币理论》,西南财经大学出版社2001年版,第7页。

④ 《马克思恩格斯全集》第31卷,人民出版社1998年版,第553页。

富的要素,是一种价值符号。货币只是一种名目上的存在,这种名义上的价值不是货币本身所具有的,而是由国家规定的。这种货币本质论也可以追溯到古希腊时期的柏拉图。柏拉图在《理想国》中就将货币看作是为了便利交换而设计的一种"符号"。货币价值原则上与货币材料无关,因此国内货币拿到国外是无用的。熊彼特也由此将柏拉图视为货币名目论的"最先为人所知的倡导人"①。

不过,理论形态的货币名目论是在反对重商主义的货币本质论过程中发展起来的。货币名目论的主要代表有巴本、孟德斯鸠、克拉普等人。巴本(N. Barbon,1640—1698)在《铸币论》中认为货币由国家创造,货币的价值是由国家法律所赋予的,铸币也是因为国家的权威才有价值。孟德斯鸠则直接提出货币不过是商品价值的符号,"货币为表示一切商品价值的符号,如银币为商品价值的符号一样,纸币则为银币价值的符号"②。德国新历史学派经济学家克拉普(G. Knapp,1842—1926)与巴本类似,主张货币国定论。他认为无论是从本质上还是主要功能上看,货币都是一种支付手段,这种手段是法制的创造物。国家可以自由地选择支付手段,自由决定支付手段的名称、价值以及新支付手段与旧支付手段的折合比例。③

货币金属论与货币名目论的交替起伏构成重商主义与古典学派时期货币理论的重要内容。它们各自代表不同的货币本质观。

二 货币本质研究的现代进展

以边际革命开始的现代西方经济学,在货币本质观上,占据主流的是货币名目论。凯恩斯是典型的名目主义代表者。他认为,货币是用于债务支付和商品交换的一种符号。这种符号是由"计算货币"(Money of Account)的关系而派生的。计算货币是一种观念上的货币,是货币的基本概念。它表现为一种计算单位,这种计算单位用符号或名称来表示,例如美元、英镑等。经济生活中的债务和一般购买力就是通过这种计算单位的

---

① [美] 约瑟夫·熊彼特:《经济分析史》第 1 卷,朱泱等译,商务印书馆 1991 年版,第 92 页。

② [法] 孟德斯鸠:《论法的精神》,许明龙译,商务印书馆 1970 年版,第 322 页。

③ 郑先炳:《西方货币理论》,西南财经大学出版社 2001 年版,第 49 页。

符号来表现的："计算货币，即债务、价格、一般购买力所赖以表现的计算货币，是货币理论的基本概念。"① 那么计算货币这个符号或称号从何而来呢？凯恩斯对这个问题用货币国定论来解释。凯恩斯说："提到契约和订价，我们就引入了它们借以强制实现的法律和风俗习惯；换句话说，这样就引入了国家和社会的因素。……国家或社会不但强制实现其交割，而且还会决定以合法或合乎习惯的方式清偿按计算货币订立的契约时必须交割什么东西。因此国家首先是作为法律当局出现，强制支付符合契约所载的名义或表征的东西。……只有当货币发展过程达到这一阶段后，克纳普的货币国定说才得到了充分的体现。"② 在这里货币本身只是一种便于交换的计算单位，是没有实质价值的符号，所以国家才能凭借权力创造它，并有权随时更改。货币只是国家的产物。

从凯恩斯的货币本质论出发，一些后凯恩斯学者试图寻找信用货币存在的更广泛的社会历史基础。雷（L. R. Wray）认为，债务和信用关系是货币的本质所在，任何货币在本质上都是信用货币，是债务支付和结算手段。在货币的形成和发展史中，以货币的形式征收赋税的权力使得政府有能力决定经济体系中的基础货币，并按照社会性的方式构建货币秩序。今天的资本主义货币经济是信用货币体系不断演化的产物。随着资本主义金融体系和私有产权关系发展到更高级的信用货币环境，各种金融机构的存款负债成为主要的交易媒介，商品货币和法定货币逐渐演化成信用货币。③

货币信用论认为货币的本质是普遍为人接受的信用工具。货币的本质是信用，源于货币从一开始就具有内在的或外在的信用担保。这种信用担保使货币能成为价值比较的尺度，并让人们相信无论在现在还是将来它都具有购买力，从而能执行价值尺度、流通手段和贮藏手段的职能。所谓内在的信用担保，指货币以自身的价值量作为担保；所谓外在的信用担保，指以货币发行机构的信誉为担保。前者主要包括实物货币、金属货币；后者主要包括纸币与电子货币。④

---

① ［英］凯恩斯：《货币论》，蔡谦等译，商务印书馆 1986 年版，第 5 页。
② ［英］凯恩斯：《货币论》，蔡谦等译，商务印书馆 1986 年版，第 6 页。
③ Wray L R, *Modern Money*, in Smithin, J（ed）. *What is Money*? London：Rouledge, 2000.
④ 骆玉鼎：《交易货币化与货币的信用本质》，《财经研究》1998 年第 9 期。

　　货币问题在西方政治经济学中沉寂多年以后，最近出现了复兴的趋势。带有马克思主义色彩的当代西方政治经济学，对于货币问题，既坚持马克思主义的一些基本观点，同时又根据当代实践提出了一些新的观点。特别是关于货币的本质、货币的起源和存在条件等有关货币本体论的问题，在西方的政治经济学家们中间引起了热烈的讨论。

　　剑桥大学的政治经济学教授英厄姆（G. Ingham）在 1996 年一篇名为《货币是一种社会关系》的文章中严厉批判主流的新古典经济学的货币理论。主流经济学将货币仅仅看作是经济活动中一种可有可无的"面纱"，一种中性的润滑剂，从而导致许多内在理论矛盾以及对经济现实的错误解释。英厄姆认为这是由于主流经济学缺乏对货币存在的社会结构条件的分析。由此，英厄姆重新强调马克思主义的货币观点，即货币不仅仅是通过社会创造的，它本身就是一种社会关系。货币的存在和发挥功能是需要一系列社会条件的。货币体系是社会关系结构和实践长期发展的历史产物。但是英厄姆又反对马克思将货币与商品分析联系起来，而是追随克纳普（Knapp）和凯恩斯的货币国定论，认为这种社会关系主要是一种信用关系，即体现着国家、银行对人们的承诺支付（promises to pay）。① 其后英厄姆又在一系列论著中反复重申货币信用论，并进一步批评马克思的商品货币论，认为马克思的商品货币论未能理解现代国家和银行发行的信用货币的社会生产的相对自足性。②

　　英厄姆的观点引起了伦敦大学的拉帕维查斯（C. Lapavitsas）的积极回应。他认为，英厄姆将货币界定为一种社会关系，这是对主流经济学货币理论的纠偏，对于正确评估货币在当代社会中的作用具有积极意义。但是他又不同意英厄姆将这种社会关系界定为一种承诺支付关系或信贷关系。他认为构成货币的社会关系存在于商品所有者的商品交换过程中。这种关系源于商品所有者之间最初的契约关系，以要求直接交换的形式呈现出来。货币垄断了这种直接交换的能力和关系。这样货币就作为商品所有者之间的社会纽带而起作用。因此，拉帕维查斯认为商品货币和信用货币的共同内容在于它们的绝对购买力，而非想象性的承诺支付。在此，他重

---

① Ingham G, Money is a Social Relation. *Review of Social Economy*, （54）1996.

② Ingham G, On the Underdevelopment of the 'Sociology of Money'. *Acta Sociologica*, （41）1998.

申了马克思的货币是一般等价物理论。[①]

从古典经济学到现代经济学，在货币本质问题上，虽有进展，但是存在着以下问题。

从理论内容看，货币金属论和名目论都是从货币的某些个别职能来认识货币本质的。货币金属论只是看到货币发挥价值尺度、储藏手段的职能，要求有现实的货币。而货币名目论则仅仅从流通手段和支付手段来认识货币，忽视了货币作为价值尺度、储藏手段时必须具有实质价值。

从学科视野看，对货币本质的研究还仅仅局限于经济学或政治经济学中。这些理论观点主要是从货币在经济活动中的作用出发来研究货币的本质，而没有从货币在社会、文化以及人的生活方式中的整体作用的高度来全面分析货币的本质。

从研究方法看，这些理论都是从物或实体的角度来研究货币的本质。无论是将货币的本质界定为金银财富，还是交换媒介、信用符号，都是货币本质在物的层面上表现出来的规定性，而没有从关系的角度深入货币所体现的社会的、文化的、人性的因素，因而未能充分揭示货币的本质。新政治经济学虽然触及了这个问题，却将这种关系归结为承诺支付关系，转回了名目论的老路，对于货币所体现的社会关系的具体内涵的分析，并未达到科学的高度。

从理论逻辑看，货币金属论和名目论都存在本身难以解释的理论矛盾。随着货币形态的演进，货币金属论无法解答这样的问题，即人们为什么接受不具有内在价值的纸币？虽然货币名目论认为货币不必具有内在价值，它的流通是由交换过程之外的权威机构规定的，却不能解释货币是如何出现的。

上述货币本质学说存在内在的理论缺陷，因此都无法对货币与社会世界丰富而又复杂的关系给予充分有力的解释。货币与社会世界是如何可能的问题对于它们来说，仍然是一个未解之谜。要充分解答这一问题，新政治经济学的货币本质论启示我们需要"回到马克思"。

---

① Lapavitsas C, The Social Relations of Money as Universal Equivalent: A Response to Ingham. *Economy and Society*, 34 (3) 2005.

第二节　马克思货币本质思想的启示

作为人类思想史上的"第一个详尽无遗的货币理论"①，马克思的货币理论批判性地汲取了前人的货币研究成果，从历史唯物主义的高度对货币的起源及其本质作出正确理解。马克思通过对社会世界生产结构的研究，揭示了货币世界人的对象化劳动的生存意义、性质以及物化与异化的本质，表现了马克思从社会生产关系的角度对货币本质进行分析和批判的历史唯物主义态度。马克思对货币本质的哲学研究为正确解答货币与社会世界的关系问题奠定了坚实的思想基础。

一　马克思货币本质思想的历史进程

对于马克思的货币本质思想，我们应该坚持运用马克思的方法来解读。也就是说，我们在确定马克思思想理论视界中的任何一个规定、概念、范畴时，都应该坚持历史性的原则，不应该把马克思思想中一些处于历史变动中或特设的理论范畴标注为某种一成不变的普适性的抽象定律。著名马克思研究专家奥尔曼在谈到马克思的一些关键概念时就指出，"它们表面上的含义因背景不同而发生着变化，而且通常是相当大的变化。"②马克思的货币概念同样如此。马克思对货币的理解与批判，前后经历了不同的思想视角和理论逻辑，在连续性中也存在着差异与区别。因此，我们应该从历史的、动态的角度去分析和理解马克思的货币本质思想。依照马克思在货币本质问题上的真实探索历程划分，我们以为，马克思的货币本质思想大致经历了四个发展阶段。第一阶段是青年马克思时期，即从早期著作到 1844 年。这一阶段的马克思在思考货币本质问题时，基本上受到黑格尔、费尔巴哈、赫斯的人本主义价值立场的影响，但是已经开始出现一些新思维方式的火花，这些火花引导着马克思进入新的阶段。第二阶段是货币本质思想的唯物主义视角初步显现时期。这一阶段与前一阶段存在

---

① ［德］马克思：《资本论》第 2 卷，人民出版社 2004 年版，第 22 页。

② ［美］伯特尔·奥尔曼：《辩证法的舞蹈——马克思方法的步骤》，田世锭、何霜梅译，高等教育出版社 2006 年版，第 6 页。

着重合交叠。这个阶段的马克思开始摆脱人本主义异化史观，从现实社会经济活动的唯物主义的立场研究货币的本质。第三阶段是科学的货币本质思想的初步建立时期，即 1845 年到 1857 年。在这个阶段，马克思以新的世界观——唯物史观考察社会历史，通过对资本主义经济活动和资产阶级政治经济学的集中批判，正确揭示了货币的内在本质。第四个阶段是马克思货币本质思想的完善和发展时期，即 1857 年之后。在这个阶段，马克思将哲学的批判理性与现实的经济学的实证研究有机结合，深入阐释了资本主义社会中货币本质的具体表现，提出了有关货币拜物教的科学理论。

1. 人本主义异化逻辑的货币批判

从人本主义抽象的人的本质这一视角去研究货币问题，把货币的本质理解为外化的、异化的、抽象的人的本质，同时人受自己创造出来的货币所支配和奴役。这是青年马克思研究货币本质的主导逻辑。

在青年马克思一系列关于现实问题的研究中，这种基于人本主义异化逻辑而对货币的哲学批判就已经有所显露。在 1843 年的《论犹太人问题》中，马克思在探讨犹太教和现实的犹太人的关系、犹太教的世俗基础上阐述了他对货币与异化关系的看法。犹太教同市民社会是相适应的。犹太教的基础并不在于宗教本身。它有世俗基础，这就是实际需要，自私自利。犹太教的世俗偶像是做生意，而他们的世俗上帝是金钱。而实际需要、自私自利同时也是市民社会的原则。而实际需要和自私自利最集中表现为对金钱的需要，因此马克思着重分析了金钱，把金钱的统治看成是人的自我异化的极端表现。马克思明确指出，在经济生活中，金钱是一种外在于主体的物，又是人类主体本质外化的表现。金钱明明是人创造的东西，现在却以"一切事物的普遍价值"的身份剥夺了主体自身和整个世界的价值，更重要的是异化了的主体又不得不拜倒在这个人造物面前："钱是从人异化出来的人的劳动和存在的本质；这个外在本质却统治了人，人却向它膜拜。"① 这是主体的人与自己的创造物关系的颠倒。

这种立足于主客体颠倒异化的对货币本质的哲学批判在《1844 年经济学哲学手稿》中得到了进一步阐发。马克思申明他为手稿规定的中心任务之一就是"弄清楚……全部异化和货币制度之间的本质联系"②。货币

---

① 《马克思恩格斯全集》第 1 卷，人民出版社 1956 年版，第 448 页。
② ［德］马克思：《1844 年经济学哲学手稿》，人民出版社 2000 年版，第 51 页。

在本质上是人的产物，是人的本质的对象化、物化形式。但是在私有制的条件下，人的本质异化了。作为人的本质对象化产物的货币不仅同人相分离，而且反过来奴役和支配人。在货币中，人的本质的异化获得了最极端的表现。在手稿中，马克思形象地揭露了现代资本主义社会中的货币异化：不是人的力量决定货币的力量，而是货币的力量有多大，我的力量就多大；不是人的特性决定货币的特性，而是货币的特性就是我的特性。货币颠倒黑白、混淆是非，使一切自然的品质和人的品质颠倒、混淆，"货币的这种神力包含在它的本质中，即包含在人的异化的、外化的和外在化的类本质中"①。货币体现着人的异化了的类本质。

这一时期，马克思对货币异化哲学批判的主要特点就是认为作为主体的人在其发展过程中，由于自己的活动而外化出自己的对立面——货币，把自己的本质力量给予它；这种对立面（货币）作为一种外在的、异己的力量转过来反对、愚弄、支配、统治主体本身；主体的人成为它的奴隶。显然这种对货币批判的哲学基础是这一时期马克思从先验主体出发的人本主义异化史观的主体辩证法，并且受到赫斯的经济异化思想的强烈影响。②

2. 唯物主义的货币本质思想的初步显现

然而，由于此时的马克思是站在人本主义的价值立场上来从事哲学批判的，他把作为人的本质的劳动和作为财富的一般形式的货币联系起来，确认货币的本质是外化的、异化的和外在化了的人的本质。这无疑是脱离社会现实条件的人本主义的抽象观点。正如陈先达先生所言："马克思还缺乏深刻的经济学研究，对货币的起源、本质、职能，对货币在商品经济中的地位和作用还不能进行科学的概括，而是沿用了异化的概念。"③

随着马克思政治经济学研究的开展与推进，马克思对社会现象的认识与分析逐渐建立在经验的、实证的基础上。马克思对货币的批判视角也相应地发生了明显的变换：日益从资本主义社会的物质条件和客观经济关系去研究和批判货币问题。

---

① ［德］马克思：《1844 年经济学哲学手稿》，人民出版社 2000 年版，第 144 页。
② 赫斯的《论金钱的本质》对青年马克思经济异化思想产生过直接影响。参见侯才《青年黑格尔派与马克思早期思想的发展》，中国社会科学出版社 1994 年版，第 2 章。
③ 《陈先达文集》第 1 卷，中国人民大学出版社 2006 年版，第 83 页。

有学者已经指出在《1844年经济学哲学手稿》中马克思思想的双重逻辑，即在人本主义异化史观的主导逻辑下隐含着一条从现实描述出发的客观唯物主义线索。① 马克思对于货币本质的探究也是处于复杂的多重语境中。除了立足于主客颠倒的人本主义异化批判这一主导逻辑外，马克思还从资本主义经济生活出发，对货币提出了一种实证的唯物主义批判。他一开始就强调他的研究结论"是通过完全经验的、以对国民经济学进行认真的批判研究为基础的分析得出的"②。例如，马克思在《1844年经济学哲学手稿》中认为货币是联结人与人、人与社会、人与自然的"纽带"，并指出，货币是联系一切纽带的纽带。作为货币，它还是社会"地地道道的黏合剂"和"社会的电化学势"③。在这里马克思已经从人的现实社会生活来分析货币的功能，包含着后来马克思关于货币的职能和社会关系的分析的萌芽。马克思还通过对国民经济学的批判力图揭示货币异化的现实基础，即私有制。他认为货币是私有财产的"特定的、展开了的表现"。在前资本主义社会，"地产是私有财产的第一个形式"。但是随着工业和资本主义经济的发展，货币战胜其他形式的私有财产成为私有财产完全的、纯粹的形式。显然，马克思是从现实的社会历史发展的角度对货币展开分析与批判的。这与抽象的人本主义的异化批判有明显不同。

其后的《神圣家族》也同样体现着立足于经济现实的货币本质分析和批判的社会唯物主义逻辑。在讨论政治经济学问题的"批判性的评注2"中，马克思注意到，"私有制在自己的经济运动中自己把自己推向灭亡，但是它只有通过不以它为转移的、不自觉的、同它意志相违背的、为客观事物的本性所制约的发展"，才能做到这一点。这是经济现实的客观逻辑。要消灭私有财产的完全表现形式的货币，也要遵循同样的客观逻辑："财产、资本、金钱、雇佣劳动以及诸如此类的东西远不是想象中的幻影，而是工人自我异化的十分实际、十分具体的产物，因此也必须用实际的和具体的方式来消灭它们。"④ 与前面那种基于人的类本质自我异化的货币批判逻辑不同，在这里，我们看到马克思强调的是在客观经济运动

① 参见张一兵《回到马克思》，江苏人民出版社1998年版，第3章，"人本学劳动异化史观与走向客观经济现实的复调语境"。
② ［德］马克思：《1844年经济学哲学手稿》，人民出版社2000年版，第3页。
③ ［德］马克思：《1844年经济学哲学手稿》，人民出版社2000年版，第144页。
④ 《马克思恩格斯全集》第2卷，人民出版社1957年版，第66页。

的现实发展中分析和批判货币。

这一时期，马克思之所以能逐渐摆脱对货币本质的人本主义异化批判的思辨逻辑，开始从现实的客观的社会经济活动出发考察货币，是与他致力于古典政治经济学研究与批判密切相关的。古典政治经济学的经验性质与实证方法，其认识论中所包含的唯物主义前提，都使得马克思在研究货币的过程中自觉不自觉地开始采用一种唯物主义的视角。① 而马克思越是深入研究政治经济学，对货币的分析也就越是接近历史唯物主义。

3. 货币本质探究的历史唯物主义视角的初步确立

对货币本质的唯物主义视角的确立，为马克思最终克服和超越人本主义异化货币观，扬弃其抽象的人及抽象的货币本质等概念，在理论上奠定了重要基础。1845 年春，马克思写下《关于费尔巴哈的提纲》这一马克思思想革命的"天才提纲"，继而与恩格斯一起又撰写了《德意志意识形态》，实现了哲学的革命，初步形成并阐述了自己的新世界观，即历史唯物主义。从历史唯物主义的视角去研究货币问题，就是要从具体的、历史的、现实的社会物质活动，特别是要从资本主义生产方式来理解货币的本质与职能。

马克思强调历史唯物主义把每个人和每一代当作现成的东西承受下来的生产力、资金和社会交往形式的总和，理解为历史及其发展的"现实基础"，"不是从观念出发来解释实践，而是从物质实践出发来解释观念的东西"②。由此，他批判施蒂纳将现存社会关系的一切罪恶归结为"市民和工人相信金钱的真理"这种唯心论。相反，马克思从现实社会的经济生活、物质生产和社会交往出发，认为"货币是一定的生产和交往关系的必然产物并且只要这些关系存在时货币总是'真理'"③。货币、地租、利润等"这些私有财产的现实存在形式是与生产的一定阶段相适应的社会关系"④。就是说，货币所表现的关系也像其他经济关系如分工等一样是一种生产关系，这种关系正如个人交换一样，是和一定的生产方式相适应的。

---

① 关于古典政治经济学的唯物主义特性及其对马克思的影响，可参见刘永佶《马克思经济学手稿的方法论》，河南人民出版社 1993 年版，第 3 章。
② 《马克思恩格斯全集》第 3 卷，人民出版社 1960 年版，第 43 页。
③ 《马克思恩格斯全集》第 3 卷，人民出版社 1960 年版，第 221 页。
④ 《马克思恩格斯全集》第 3 卷，人民出版社 1960 年版，第 255 页。

　　《哲学的贫困》延续了马克思对货币的历史唯物主义批判。马克思指出货币是一个历史范畴，它是与资本主义社会生产方式密切相关的。马克思指出，在以往的政治经济学研究中，所有资产阶级"经济学家都把分工、信用、货币等资产阶级生产关系说成是固定不变的、永恒的范畴"。这些"经济学家向我们解释了生产怎样在上述关系下进行，但是没有说明这些关系本身是怎样产生的，也就是说，没有说明产生这些关系的历史运动"①。

　　马克思从资本主义生产方式入手研究货币的视角在批判蒲鲁东的货币观中进一步深化。首先，针对蒲鲁东颠倒经济与法律的关系，认为贵金属能成为货币是由于君主们打上了自己的印章，马克思批判："在蒲鲁东先生看来，君主的专横就是政治经济学中的最高原因！""其实，只有毫无历史知识的人才不知道：君主们在任何时候都不得不服从经济条件，并且从来不能向经济条件发号施令。"② 而"金银之所以在法律上具有交换能力，只是由于它们具有事实上的交换能力，而它们之所以具有事实上的交换能力，那是因为当前的生产组织需要普遍的交换手段。法律只是事实的公认"③。针对蒲鲁东关于习惯赋予贵金属作为交换手段的特殊职能是纯粹契约职能的观点，马克思指出："为什么在目前已经形成的这种交换中，必须创造一种特殊的交换手段来使交换价值个别化呢？"这是因为货币不是东西，而是"一种生产关系"，"是和一定的生产方式相适应的"④。就是说，货币所表现的关系也像其他经济关系如分工等一样是一种生产关系，这种关系正如个人交换一样，是和一定的生产方式相适应的。所以马克思反复说："黑人就是黑人。只有在一定的关系下，他才成为奴隶。纺纱机是纺棉花的机器。只有在一定的关系下，它才成为资本。脱离了这种关系，它也就不是资本了，就像黄金本身不是货币，沙糖并不是沙糖的价格一样。"⑤ 蒲鲁东从"意志"出发，企图通过将一切商品都变成金银那样的货币，从而消灭货币的主张，只能是脱离现实经济关系的主观幻想。

① 《马克思恩格斯全集》第4卷，人民出版社1965年版，第139页。
② 《马克思恩格斯全集》第4卷，人民出版社1965年版，第121页。
③ 《马克思恩格斯全集》第4卷，人民出版社1965年版，第124页。
④ 《马克思恩格斯全集》第4卷，人民出版社1965年版，第119页。
⑤ 《马克思恩格斯全集》第6卷，人民出版社1965年版，第486页。

4. 唯物史观中的货币本质思想的完善和发展

可以说，《德意志意识形态》以及《哲学的贫困》对蒲鲁东货币观的批判拉开了马克思从历史唯物主义的视角研究货币的序幕。此后，马克思将哲学的批判理性与现实的经济学实证研究有机结合，进一步深化了从社会历史的经济发展过程中批判货币的历史唯物主义视角，并在他的《1857—1858 年经济学手稿》和《资本论》中把这种理论创新活动推到了高潮。这是马克思在他"一生黄金时代的研究成果中"给我们留下的最精彩的理论遗产之一。

在《1857—1858 年经济学手稿》中，马克思分析了蒲鲁东主义者由于不了解生产、分配和流通之间的内在联系以及生产关系的首要作用，把货币流通和信贷错误地等同起来，对"劳动货币"概念进行了错误的解释，因而不能对货币的起源及其本质作出正确理解的原因。马克思指出货币存在的前提是社会联系的物化，货币是产品的商品形式发展的必然结果。在交换过程中，产品转化为商品，商品价值转化为货币。货币就是同商品本身相分离的、物化的交换价值。马克思指出："同各种商品本身相脱离并且自身作为一个商品又同商品并存的交换价值，就是货币。"① 本来，作为交换价值的物的形态的货币只是商品在社会交换中实现的手段和工具，可是在商品经济和资本主义社会的发展中，原来作为手段出现的货币越来越成为生产的目的。交换关系本身也开始成为人与人的关系中占有支配性的东西，货币成为经济关系中真实的权力因素，"随着生产的社会性的增长，货币的权力也按同一程度增长，也就是说，交换关系固定为一种对生产者来说是外在的、不依赖于生产者的权力。最初作为促进生产手段出现的东西，成了一种对生产者来说是异己的关系"②。人的工具成为人的目的。一切社会关系都转化为货币关系，"实物税转化为货币税，实物地租转化为货币地租，义务兵转化为雇佣兵，总之，一切人身的义务转化为货币的义务"③。这是手段与目的的颠倒，是人的社会存在与金钱关系的异化，是发生在现实经济关系中的颠倒和异化。相对于过去那种人与人的直接交往关系，现在资本主义社会人与人的关系经过交换中介（货

---

① 《马克思恩格斯全集》第 30 卷，人民出版社 1995 年版，第 94 页。
② 《马克思恩格斯全集》第 30 卷，人民出版社 1995 年版，第 95 页。
③ 《马克思恩格斯全集》第 30 卷，人民出版社 1995 年版，第 96 页。

币）的物化就不可避免。马克思写道："活动的社会性，正如产品的社会形式以及个人对生产的参与，在这里表现为对于个人是异己的东西，表现为物的东西……在交换价值上，人的社会关系转化为物的社会关系；人的能力转化为物的能力。"① 所以，货币存在的前提正是社会关系本身的物化。

接着，马克思深刻批判了货币所体现的资本主义社会人与人关系的物化与颠倒。在资本主义市场交换中，货币"从它表现为单纯流通手段这样一种奴仆身份，一跃而成为商品世界的统治者和上帝"，似乎成了一种"先验的权力"，"一种先验的形成的观念的实现"，而个人则完全受到这种抽象观念的统治。"人们信赖的是物（货币），而不是作为人的自身"，"人的产品或活动必须先转化为交换价值的形式，转化为货币，并且个人通过这种物的形式才取得和证明自己的社会权力"②。货币赋予个人对社会、享乐和劳动等世界的普遍支配权。货币的拥有使一个人能从别人那里取得商品的"社会的抵押品"，由于各个人让他们自己的社会关系作为物同他们自己相异化，所以货币拥有了社会的属性。这样，"在货币（交换价值）上，个人的物化不是在其自然规定性上的物化，而是个人在一种社会规定（关系）上的物化，同时这种规定对个人来说又是外在的"。货币以物的形式表现着经济活动中人与人的社会关系。所以马克思形象地说，"他（生产者）在衣袋里装着自己的社会权力和自己同社会的联系"③。

需要注意的问题是，与《1844 年经济学哲学手稿》等青年马克思人本主义货币异化逻辑不同，马克思这里所讲的物化、异化和颠倒不再是一种抽象的主观价值判断，而是客观的历史性研究。这表现在货币所表现的人的关系的物化与颠倒上，相对于过去第一大社会形态中的那种人对人的直接关系，是历史的进步。因为"在货币关系中，在发达的交换制度中……人的依赖纽带、血缘差别、教育差别等等事实上都被打破了，被粉碎了"④。这种通过货币建立起来的普遍性联系与交换可以"超越一切宗教、政治、民族和语言的限制。他们的共同语言是价格，他们的共同体是

① 《马克思恩格斯全集》第 30 卷，人民出版社 1995 年版，第 107 页。
② 《马克思恩格斯全集》第 30 卷，人民出版社 1995 年版，第 108 页。
③ 《马克思恩格斯全集》第 30 卷，人民出版社 1995 年版，第 106 页。
④ 《马克思恩格斯全集》第 30 卷，人民出版社 1995 年版，第 113 页。

货币"①。货币本身是世界主义的。货币消解了以地域和超经济力量形成的经济体系，冲破了用特权和血缘等伦理观念粘合起来的传统社会，使人们摆脱地域、血缘、宗法关系的束缚，在市场经济中与他人进行自由的交往。因此，货币在一定程度上解放了人性，使人们在社会交往中获得了自主性、独立性和能动性，这是货币为人的解放和发展带来的巨大历史进步。可以看出此时马克思是站在历史唯物主义的视角分析和批判货币的。这种科学认识与《1844 年经济学哲学手稿》中的伦理价值批判有很大的异质性。

在《资本论》中，马克思将这一对资本主义社会中货币物化的历史唯物主义批判上升为对货币拜物教的批判。马克思认为货币是一切商品的价值体现，在商品交换日益发展的社会里，作为商品交换的媒介被赋予了尤为神秘的吸引力。货币成为社会财富的直接化身，能够购买一切商品，似乎一从地下出来，就具有神奇的魔力。由此，人们误以为货币就是纯粹的价值。特别是金属货币直接成了价值（社会关系）的化身。马克思辨识出这是一种假象："当一般等价物专门同一种特殊商品结合在一起，即结晶为货币形式的时候，这种假象就完全确立起来了"，因为"正是商品世界的这个完成的形式——货币形式，用物的形式掩盖了私人劳动的社会性质以及私人劳动者的社会关系，而不是把它们揭示出来"②。货币本身表征着凝结在商品中的抽象人类劳动，它的本质就是人们通过劳动交换所发生的社会联系。货币形式在人们面前把人们本身劳动的社会性质反映成劳动产品本身的物的性质，反映成这些物的天然的社会属性，从而把生产者同总劳动的社会关系反映成存在于生产者之外的物与物之间的关系。这就是货币的拜物教性质。《资本论》就科学历史地说明了资本主义经济现象中这种颠倒是如何历史地形成的，揭露了资本主义生产方式中颠倒的社会关系，并最终揭露了资本主义经济剥削的秘密，从而完成了马克思的两个伟大发现。

从青年马克思开始进行政治经济学研究到他思想成熟时期的《资本论》，货币本质问题一直是马克思分析资本主义社会矛盾的一个重要切口。从将货币视为人的本质的异化的人本主义异化逻辑，到从资本主义现

---

① 《马克思恩格斯全集》第 31 卷，人民出版社 1998 年版，第 547 页。
② ［德］马克思：《资本论》第 1 卷，人民出版社 2004 年版，第 93 页。

实经济关系中分析货币的客观唯物主义逻辑，再到从资本主义生产方式中研究货币的历史唯物主义的科学视角，马克思对货币本质的探究经历了一个螺旋式的上升过程。对于马克思从货币本质研究的人本主义逻辑到货币拜物教的科学分析和哲学批判，戈德利尔的评价是准确的："马克思之所以伟大，就在于他通过对商品、货币、资本等的分析，真实地再现了在资本主义生产方式中以颠倒的形式表现在人们日常生活中或观念上的各种事实，阐明了社会关系所带有的那种虚幻性。"[①]

二 马克思货币本质思想的逻辑线索

从上面对马克思货币本质思想历史进程的总体审视可以看出，货币问题既是马克思理论体系的重要组成部分，更是他研究社会经济、历史，追求人类解放的一种视角。马克思在不同历史时期对不同学科的研究，都包含着对货币本质问题的思考。当然，历史的"追踪"已经意味着一种逻辑的先行介入，而逻辑的勾勒只是对内容的抽象，思想的历史性与结构性之间应该确立一种内在的联系。因此，如果只是一种历史的追溯，那么，马克思货币本质思想的总体性本身还处于我们的视域之外，我们还没有本质性地揭示马克思货币本质思想的内在逻辑。事实上，渗透在马克思一系列著述之中的货币本质思想，具有完整的内在逻辑线索。

1. 物质生产活动：马克思货币本质思想的一般前提

马克思货币本质思想的基本出发点就是物质资料的生产与再生产。马克思指出："我们首先应当确定一切人类生存的第一个前提，也就是一切历史的第一个前提，这个前提就是：人们为了能够'创造历史'，必须能够生活。但是为了生活，首先就需要吃喝住穿以及其他一些东西。因此第一个历史活动就是生产满足这些需要的资料，即生产物质生活本身。"[②]在马克思看来，社会的现实基础就是人类为了生活而必须每时每日进行的物质资料的生产活动。正是在物质生产活动中，人们得以建立起各种社会关系、政治关系、精神关系。

而货币的形成与本质恰恰就根源于私有制下商品生产的基本矛盾即私人劳动和社会劳动的矛盾。通过货币媒介的商品交换，商品生产者的私人

---

① ［日］栗本慎一郎：《经济人类学》，王名译，商务印书馆1997年版，第23页。
② ［德］马克思：《德意志意识形态》（节选本），人民出版社2003年版，第22—23页。

劳动的社会性质得到表现和确证，从而实现他们之间的社会联系。正是从物质生产活动的前提出发，马克思才得以正确深刻阐释货币的本质。而以往货币理论的根本缺陷正好忽视了这一前提。例如在评论穆勒的《政治经济学原理》一书时，马克思在称赞穆勒把货币称为"交换的中介"的见解后，同时指出穆勒由于没有越过事物的表面现象，因而没有阐明货币的本质。马克思认为："货币的本质，首先不在于财产通过它转让，而在于人的产品赖以互相补充的中介活动或中介运动，人的、社会的行动异化了并成为在人之外的物质东西的属性，成为货币的属性。"① 在这里马克思以带有人本主义色彩的用语指出了货币是人的活动、社会的产物，具有物质东西的属性。在《哲学的贫困》中，马克思在批判蒲鲁东的所谓"经过君主的神圣化以后就产生了货币"的说法时提出："只有毫无历史知识的人才不知道：君主们在任何时候都不得不服从经济条件，并且从来不能向经济条件发号施令。无论是政治的立法或市民的立法，都只是表明和记载经济关系的要求而已。"② 显然，马克思对蒲鲁东的批判是立足于经济决定政治，立足于物质生产活动的唯物主义观点，因此在这里马克思得出了货币体现的关系是一种经济关系即生产关系的结论。在《1857—1858年经济学手稿》中，马克思开篇再次批判了蒲鲁东主义者的"劳动货币"观，认为在"不触动现存的生产关系和建立在这些关系上的社会关系"的情况下，企图仅仅在流通领域，用调节货币制度来消除根本不是由交换关系导致的社会矛盾，显然是一种可笑的空想："只要它们仍然是货币形式，只要货币仍然是一种重要的生产关系，那么，任何货币形式都不可能消除货币关系固有的矛盾，而只能在这种或那种形式上代表这些矛盾。"③

2. 社会关系：马克思货币本质思想的理论内核

思想史上对货币本质问题产生了分歧的一个重要问题是对货币本质这一概念的解释。人们在货币本质问题上之所以没有取得多少理论进展，与对这一概念的理解有偏差不无关系。那么，什么是对货币本质概念的科学理解呢？辩证法大师黑格尔对"本质"这一范畴首先进行了哲学分析。在黑格尔对"本质"这一范畴的论述中，最值得我们注意的有下列两点：

① ［德］马克思：《1844年经济学哲学手稿》，人民出版社2000年版，第164—165页。
② 《马克思恩格斯全集》第4卷，人民出版社1958年版，第121—122页。
③ 《马克思恩格斯全集》第30卷，人民出版社1995年版，第69—70页。

（1）本质是"实存的根据"，即一事物作为该事物而现实存在的根据，"根据就是内在存在着的本质，而本质实质上即是根据"①。（2）本质通过关系而得到揭示，"凡一切实存的事物都存在于关系中，而这种关系乃是每一实存的真正性质。因此实际存在着的东西并不是抽象的孤立的，而只是在一个他物之内的。惟因其在一个他物之内与他物相联系，它才是自身联系；而关系就是自身联系与他物联系的统一"②。它阐明了一个基本的方法论原则，即本质就是事物特有的存在根据，认识一事物的本质，就是一方面要分析该事物与其他事物的联系及由此而获得的相应属性；另一方面要分析该事物从与他物联系中所获得的多种属性之间的联系。

马克思批判性地继承和改造了黑格尔的思辨本质观，将其发展成社会关系的本质观。在马克思看来，本质指事物的内在联系和内部关系，在经济学研究方面，经济现象的本质就是指人与人之间的社会关系。毫无疑问，黑格尔以及马克思所阐述的本质范畴的含义同样适用于对货币本质的理解。因此，所谓货币的本质，就是货币作为现实的货币而存在的根据，而要寻找这种根据，就必须一方面分析货币同生产者、劳动、价值、商品之间的关系，另一方面分析货币自身的关系，即由这种关系所形成的货币的各种属性之间的关系。马克思在《资本论》第一篇第一章揭示了商品价值的社会存在的本质之后，就着手对价值形态进行分析，这些分析就是要考察商品、货币的社会存在的内在本质是通过什么方式表现出来的，它们与其表现形态的关系是怎样的，进而揭示货币的社会本质如何演变成假象，以及如何隐蔽货币交换的真实的内关系，如何隐蔽货币作为社会关系本质的。这是马克思以前的经济学家从来没有做过的工作。

3. 现代资本主义社会：马克思货币本质思想的社会背景

虽然货币在历史上早已出现，商品交换关系早为人所知，但只要商品交换关系没有在经济和社会生活中占据统治地位，只要生产活动仍然以自给自足的小农经济形式为主，为解决社会劳动交换问题而产生的货币，就不能算是真正发挥了它应有的作用，不能算是体现出了它的本质和功能。那么在什么样的情况下，货币才能真正成为货币，真正解决社会范围内的

① ［德］黑格尔：《小逻辑》，贺麟译，商务印书馆1980年版，第259页。
② ［德］黑格尔：《小逻辑》，贺麟译，商务印书馆1980年版，第281页。

劳动交换关系，真正体现社会关系本质呢？

马克思认为，只有货币转化为资本、雇佣劳动制度和资本主义经济制度建立之后，这才可能，这才是货币发挥历史作用，体现社会本质的真正开端。因为货币"只有在资本的基础上流通才能掌握一切生产要素"[①]，使生产变成为了交换进行的生产，为了追求交换价值最大化的生产；只有在雇佣劳动制度下，一切消费才必须通过货币来实现。所以资本与雇佣劳动结合起来并成为社会生产的基础时，"每一个产品在一开始就是为卖而生产"，才能使"生产出来的一切财富都要经过流通"，使一切生产成为商品生产，交换价值成为使用价值的媒介，通过货币进行的交换成为一种有规则的、重复的社会活动。正如价值概念虽然先于资本概念，但是"价值概念的纯粹展开又要以建立在资本上的生产方式为前提"，货币"只有在资本的基础上才能得到充分发展"。正是在这个意义上，马克思说："资产阶级社会是最发达的和最多样的历史的生产组织。因此，那些表现它的各种关系的范畴以及对于它的结构的理解，同时也能使我们透视一切已经覆灭的社会形式的结构和生产关系。"[②] 现代资本主义社会构成了马克思研究货币本质的社会语境。

4. 异化的扬弃：马克思货币本质思想的实践追求

马克思对货币本质的探究历程不仅具有洞悉资本主义社会生产方式的理论品格，而且具有反对和改变现存世界的实践品格。从《论犹太人问题》对资本主义社会金钱崇拜现象的揭露，到《1844 年经济学哲学手稿》对人的本质、需要、感觉的货币异化的批判，再到《1857—1858 年经济学手稿》和《资本论》对物化和货币拜物教的深刻批判，都表明马克思作为一个以"人的自由全面发展"为最高价值理念的伟大思想家[③]，始终在努力寻求扬弃货币异化、货币拜物教的途径。

要改变货币化的社会世界，不能像蒲鲁东、空想社会主义者那样仅仅限于对货币本身、对交换媒介的道德义愤和价值谴责，不能以为仅仅取消货币本身就可以完全消除所有矛盾。"资产阶级社会的弊病不是通过改造

---

① 《马克思恩格斯全集》第 31 卷，人民出版社 1998 年版，第 180 页。

② 《马克思恩格斯全集》第 30 卷，人民出版社 1995 年版，第 46 页。

③ 吴向东：《重构现代性：当代社会主义价值观研究》，北京师范大学出版社 2006 年版，第 75 页。

银行或建立合理的货币制度所能消除的。"因为"交换价值这一前提决不是从个人的意志产生，也不是从个人的直接自然产生，它是一个历史的前提，它已经使个人成为由社会决定的人了"①。所以，马克思所谓的改变既不是逻辑的批驳也不是道德的抨击，而是"实际地反对和改变事物的现状"，"物质力量只能用物质力量来摧毁"。

货币异化、货币拜物教的根源是私有制和雇佣劳动结合的资本主义生产方式。它是资本主义社会本身的一种意识结构。正如巴利巴尔对拜物教本质的指认："拜物教的形成机制在某种意义上是一个世界的构成，这是一个由交换关系构成的人类社会的世界，于是它就理所当然地代表了人类赖以生活、思考、活动的世界的本质。"② 因此，要真正扬弃异化，"把人的世界还给人"，就必须以革命的实践彻底改变资本主义生产方式：发展生产力，在公共占有基础上重建个体所有制，创造实现这一切的政治条件和社会条件。在私有制和劳动时间作为财富尺度的社会里，货币及其异化是不可能被消除的。只有在以自由时间为财富尺度的社会里，货币异化才会被扬弃。这是一个历史过程。建立一个在生产力充分发展和交换价值充分发展基础上的以人的自由全面发展为基本前提的未来社会，是马克思货币本质思想的实践追求。

三　马克思货币本质思想的方法论

任何理论上的突破与创新，往往依赖于研究方法上的变革。马克思之所以能够深刻揭示货币的哲学本质，重要的一点就在于他所运用的研究方法与以往的理论大为不同。马克思探究货币本质的思想历程同时也是他创立和完善唯物史观的过程。马克思的唯物史观对人类社会历史的理解既是唯物的又是辩证的，它实质上就是研究人类历史和社会的方法论。③ 马克思把研究社会历史的辩证方法成功地运用于对货币本质问题的考察中，从而深刻揭示了货币的社会关系本质。

---

① 《马克思恩格斯全集》第 30 卷，人民出版社 1995 年版，第 203 页。
② ［法］埃蒂安·巴利巴尔：《马克思的哲学》，周小珊译，中国人民大学出版社 2007 年版，第 95—96 页。
③ 关于马克思社会研究方法论的概括性研究，参见瞿铁鹏《马克思社会研究方法论》，上海人民出版社 1991 年版。

1. 马克思坚持以历史的、发展的眼光来考察货币的本质。

在黑格尔哲学中，每一个概念都是流动的、发展的，每一个概念在其最初出现时都体现简单的直接同一性，随着意识的自我展现，概念从直接同一性走向具有丰富内容的同一性。这使得黑格尔的概念具有强烈的历史感。马克思也认为本质不是一成不变的东西。任何经济范畴的本质都具有历史性，每一个概念的产生都基于特定社会历史条件，每一个概念都有其特定的社会历史内涵。它们的意义根据它们所指称的对象的历史发展而变化。马克思曾经在批判蒲鲁东时指出，"政治经济学范畴"是"实在的、暂时的、历史的社会关系的抽象"，并且它们"仅仅在这些关系存在的时候才是真实的"[1]。因此，马克思在《政治经济学批判导言》中揭示了货币范畴所表达的社会经济关系在历史上各种不同的社会整体中所处的地位与作用。

马克思认为在资本存在之前，在银行出现之前，在雇佣劳动出现之前，货币就能够存在。例如在斯拉夫公社的社会，货币以及以货币为条件的交换只是出现在它们的边界上，出现在与其他公社的交往中，出现在不同公社的相互关系中。因此，货币体现的社会关系表达的是不发达社会整体的、片面的、部分的关系。另外，虽然货币很早就全面地发生作用，但是在古代它只是在片面发展的民族即商业民族中才是处于支配地位的因素，例如希腊和罗马民族。因此货币也能"表现一个比较不发展的整体的处于支配地位的关系或者一个比较发展的整体的从属关系"[2]。最后，以货币为条件的交换是资本主义社会的前提，它在资本主义社会得到充分发展，因此货币这个简单范畴只有在最发达的社会状态下才能表现出它的充分力量。货币拜物教就是资本主义社会关系的充分表达。所以货币本质所表达的社会经济关系在现实社会整体中所处的地位是不同的。

2. 马克思坚持运用抽象上升到具体的方法来研究货币本质。

马克思在《政治经济学批判导言》中首先批评以往的政治经济学家对于经济现象的研究方法是从具体到抽象，即"从实在和具体开始，从现实的前提开始，……17 世纪的经济学家总是从生动的整体开始，从人口、民族、国家、若干国家等等开始；但是他们最后总是从分析中找到一些有

---

① 《马克思恩格斯全集》第 27 卷，人民出版社 1972 年版，第 482 页。
② 《马克思恩格斯全集》第 30 卷，人民出版社 1995 年版，第 43 页。

决定意义的抽象的一般的关系，如分工、货币、价值等等"①。事实上，以往人们对货币本质的研究就遵循着这种研究方法，总是从具体货币形态和货币交易现象中，抽象出货币的一般本质来。马克思认为这是错误的。

而从抽象到具体的方法才是"科学上正确的方法"。具体之所以具体，是因为它是许多规定的综合，因而是多样性的统一。因此它在思维中表现为综合的过程，表现为结果，而不表现为起点，虽然它是实际的起点，因而也是直观和表象的起点。人们只有从最简单的抽象出发，才能在思维的行程中导致具体的再现。因为一方面，最抽象的范畴由于其抽象性而适用于一切时代，"但是就这个抽象的规定性本身来说，同样是历史关系的产物，而且只有对于这些关系并在这些关系之内才具有充分的适用性"②。另一方面，"最一般的抽象总只是产生在最丰富的具体的发展的场合，在那里，一种东西为许多东西所共有，为一切所共有。这样一来，它就不再只是在特殊形式上才能加以思考了"③。马克思以交换价值为例阐述了这种方法。他认为，交换价值是以人口即在一定关系中进行生产的人口为前提；也是以某种家庭、公社或国家等为前提的。交换价值只能作为一个具体的、生动的既定整体的抽象的单方面的关系而存在。而作为交换价值体现的货币同样也是以人们在生产中的社会关系为前提的。因此研究货币的本质必须从这个抽象开始。所以马克思始终强调他对货币、生产、资本的研究都是从"货币一般""生产一般""资本一般"开始的，"生产一般是一个抽象，但是只要它真正把共同点提出来，定下来，免得我们重复，它就是一个合理的抽象"④。在此基础上，马克思还从抽象回到思维具体，也就是把对货币的本质研究与货币在资本主义社会中的具体运行机制结合起来，全面揭示货币的本质与属性。

3. 马克思坚持运用透过现象看本质的方法来研究货币本质。

马克思认为，社会存在的本质必然通过其现象表现出来。但是这并不意味着本质与其表现形态就是直接合而为一的，"如果事物的表现形式和事物的本质会直接合而为一，一切科学就都成为多余的了"⑤。科学就是

---

① 《马克思恩格斯全集》第30卷，人民出版社1995年版，第41—42页。

② 《马克思恩格斯全集》第30卷，人民出版社1995年版，第46页。

③ 《马克思恩格斯全集》第30卷，人民出版社1995年版，第45页。

④ 《马克思恩格斯全集》第30卷，人民出版社1995年版，第26页。

⑤ 〔德〕马克思：《资本论》第3卷，人民出版社2004年版，第925页。

要透过事物的现象形态，把握事物本身的内在联系，把握事物本身的性质。马克思曾经以古典经济学与庸俗经济学的区别说明了这一点，认为古典经济学在研究经济生活现象时还研究了资产阶级生产关系的内部联系，"而庸俗经济学却只是在表面的联系内兜圈子，它为了对可以说是最粗浅的现象作出似是而非的解释、为了适应资产阶级的日常需要，一再反复咀嚼科学的经济学早就提供的材料"①。这就是说，庸俗经济学之所以庸俗，就在于它满足于对经济现象的描述和整理，不能从表层的联系中揭示出深层的本质联系。

马克思的货币研究，就是要透过资本主义社会存在的种种货币现象，揭示其中隐藏的社会经济关系整体的内在本质结构，并用概念体系展示这种社会存在的内在本质结构，进而说明货币的本质结构与其表现形态的种种联系。相反，资产阶级学者总是不自觉地把事物的内在联系与其表现形态混淆起来，执着于货币现象的外部联系，只是看到"作为货币的货币"，"因为货币是使制度表现得非常明显的一种最引人注目、最矛盾、最尖锐的现象。于是有人就在货币上费尽心机，企图消除对立，其实货币只是这些对立的明显的现象"②。所以无论是蒲鲁东、达里蒙，还是其他庸俗经济学家的货币研究，"他们原则上仅只尽忠于假象"。马克思对商品、货币、价值的研究，就是要"指明这种货币形式的起源，就是说，探讨商品价值关系中包含的价值表现，怎样从最简单的最不显眼的样子一直发展到炫目的货币形式，这样，货币的谜就会随着消失"③。也就是说，他的研究程序是，商品的价值如何通过商品的价值关系表现出来，最简单的价值形态如何发展到其完成形态——货币形态，货币形态又如何取得了迷人视觉的效力，即价值的现象形态如何成了迷惑人的假象。其目的就是要分析资本主义社会中人与人之间的社会关系如何通过物与物的关系表现出来。马克思的《资本论》揭示了在商品的资本主义生产方式中，价值的表现形态——货币是如何隐蔽了价值的社会关系本质，成了迷惑人们视觉的假象的，揭示了货币拜物教的谜。这是马克思分析事物的本质如何通过其现象形态表现出来，事物的现象形态如何在一定的条件下转化为隐藏

---

① ［德］马克思：《资本论》第1卷，人民出版社2004年版，第99页。
② 《马克思恩格斯全集》第30卷，人民出版社1995年版，第194页。
③ ［德］马克思：《资本论》第1卷，人民出版社2004年版，第62页。

事物本质假象的典型。

4. 马克思坚持哲学的价值批判与科学的实证分析相结合来研究货币本质。

马克思所创立的唯物史观，是对社会发展过程特别是对资本主义社会发展所做的科学描述，更是对资本主义社会的哲学批判，是对资本主义社会哲学的价值批判与科学实证分析的有机统一。在对货币本质的研究中，马克思也贯彻着这一方法论原则。

青年马克思的货币研究受到赫斯等人的影响，主要从人本主义抽象的人的本质这一视角去研究货币问题，把货币的本质理解为外化的、异化的抽象的人的本质，同时人受自己创造出来的货币所支配和奴役。随着马克思政治经济学研究的开展与推进，马克思对社会现象的认识与分析逐渐建立在经验的、实证的基础上。马克思对货币的批判视角也相应发生了明显的变换：日益从资本主义社会的物质条件和客观经济关系角度研究和批判货币问题，从而摆脱货币的形而上学研究视角，将货币纳入商品、劳动、剩余价值、资本的相互关系中。特别是在确立历史唯物主义的科学世界观后，马克思强调要从具体的、历史的、现实的社会物质活动，特别是要从资本主义总体生产方式来理解货币的本质与职能。在此基础上，马克思深刻揭示和批判了货币拜物教的内在本质及资本主义社会的物化现实，从而实现了由对货币单纯的外在价值批判转换到立足于资本主义经济现实对货币拜物教的科学分析和价值批判的结合。这是马克思后来的货币批判理论同早期货币批判理论的根本不同之处，也是马克思超越英法空想社会主义者货币思想的根本之处。

因此，在方法论上，马克思的货币研究既扬弃了伦理价值批判和经验实证方法的局限，也扬弃了抽象思辨方法的局限，真正在实践基础上实现了"是"与"应该"的统一、哲学价值批判与科学实证分析的统一。正如张雄先生所言，"马克思坚持历史哲学的分析态度，把价值目标和科学研究结合起来，正确地看待货币异化、货币拜物教的历史过程性：既看到货币是交换扩大的结果，它的出现会导致交换的进一步扩大；另一方面，货币的出现标志着社会关系的物化、异化，导致货币拜物教和拜金主义的盛行。……货币的出现与发展，对人类历史的进步和文明的提升有着重要的推动作用，所有人为地、过早地废除货币、市场经济等行为，都必然背离历史发展的客观规律。"①

第三节 货币的社会关系本质的现代内涵

马克思货币理论的重大贡献之一就是揭示了"货币不是东西,而是一种社会关系","是隐藏在物后面的人的关系的表现形式","是社会联系的物化"②。那么货币为什么是一种社会关系,它究竟是如何体现这种社会关系的呢? 在讨论了马克思探究货币本质思想的历史、逻辑与方法之后,我们将进一步阐释货币社会关系本质的具体内涵。即马克思所谓的货币是一种社会关系,其理论意味到底是什么?

一 从货币的社会起源看货币的社会关系本质

马克思对货币本质的研究,并不仅仅是从通常所属的经济学领域来思考的,更多的是从货币内在的属人性质方面和社会整体方面来检视它的内在规定性。具体说来,马克思是从"直接社会劳动"的"化身"和"劳动的社会联系"的"中介"两个方面深入剖析了货币、商品背后的社会规定以及人与人之间的社会关系。③

马克思历史唯物主义的出发点是现实的个人及其生产实践活动。马克思发现了一个"简单事实":人们首先必须吃喝住穿,然后才能从事政治、科学、艺术、宗教等活动。因此人们必须从事生产劳动,以创造出满足自己需要的物质条件。但是人们在从事生产劳动时,并不是孤立的,而总是处在一定的社会关系中,总是处在人与人的关系中。这样,人们原有的个人劳动同时具有社会劳动的意义。人的劳动就分化为两个方面,一是人在现实的层面与自然打交道的私人劳动,一是私人劳动都潜在地是人类一般劳动的一种客观表现,即社会劳动。人们生产劳动的社会性在其劳动产品中凝结为价值。价值作为抽象劳动的凝结,作为劳动产品的社会规

---

① 张雄:《货币幻象:马克思的历史哲学解读》,《中国社会科学》2004 年第 4 期。
② 《马克思恩格斯全集》第 30 卷,人民出版社 1995 年版,第 110 页。
③ 参见王峰明、牛变秀《超越货币本质"一般论"与"特殊论"的对立》,《教学与研究》2004 年第 11 期。

定，体现的是人类劳动无差别的社会性。劳动的社会性决定了价值的社会性，价值的社会性决定了表现和显示价值等价物的社会性。等价物就是这种同质的社会劳动的表现，"充当等价物的商品的物体总是当作抽象人类劳动的化身"。但是，在等价物的个别形式下，劳动的同质性只是在两个不同的商品之间表现出来；在等价物的特殊形式下，劳动的同质性在一个较大的数量和范围内即一些商品上表现出来；只有在一般等价物上，"才表现为一切商品共有的、无差别的性质"，才"把一切实在劳动化为它们共有的人类劳动的性质，化为同样的人类劳动力的耗费"。因此，一般等价物是"直接的社会的形式"①。也就是说，只有在一般等价物出现后，人类劳动无差别的社会性才在商品交换和价值关系中真正体现出来。而货币则将这种显现进一步固定下来，成为无差别的直接的社会劳动的化身。

生产过程同时也是劳动和劳动产品的交换过程。但是私人劳动必须转化为社会劳动，转化为为社会所承认的劳动才能建立与他人劳动的联系，才能实现交换过程。这种转换和联系只有借助于货币这种一般等价物才能建立和实现，"商品首先必须转让，就是说个人受到强制，他的直接产品对他来说不是产品，而只有在社会的生产过程中才成为这样的产品，它必须采取这种一般的、并且是外在的形式；特殊劳动的产品必须通过社会来证实自己是一般劳动的对象化，即必须采取那种唯一地事先被认定为一般劳动的直接对象性的物——货币——的形式"②。如前所述，等价物意味着一种直接的交换性或能力，"一种商品作为任何另一种商品的等价物可以直接与之交换"，即一种交换价值的体现。其他任何商品只有通过作为等价物的商品，通过作为交换价值的另一种商品，才能实现交换从而建立与其他商品的联系，其耗费的劳动才能实现从私人劳动向社会劳动的转变，从而建立同其他人的社会联系。但是通过个别和特殊的等价物建立的劳动联系都是有限的、不充分的，都不足以体现人类劳动的社会性。只有通过一般等价物，人与人之间的劳动才建立起不受数量和时刻限制的广泛的和普遍的社会联系。这时交换价值就表现为一切商品都用一种特殊商品来计量它们的交换价值。这种交换价值最适当的存在，这种一般等价物的存在就是货币。通过与货币交换，"商品所有者互相把他们的劳动作为一

① ［德］马克思：《资本论》第1卷，人民出版社2004年版，第85页。
② 《马克思恩格斯全集》第31卷，人民出版社1998年版，第353—354页。

般社会劳动来对待的关系"①，货币就成为商品经济条件下实现人与人之间劳动的社会联系的桥梁和中介。所以"马克思货币观同其他经济学家的货币理论的区别之处在于：通过货币商品表层具有的物的规定和关系，马克思揭示了隐藏于深处的社会规定以及人与人之间的社会关系"②。

二　货币的社会属性：货币表征经济关系和社会形态的变迁

货币源于私人劳动与社会劳动的矛盾。而人们在生产中结成的社会关系是多层面的，既包括人们之间的技术性关系（如分工、协作等），也包括人们之间的经济利益关系，还包括人们共享的思想、精神、观念关系以及人们对自身的自我意识关系。货币一旦进入现实社会，货币的社会关系本质必然会在现实社会的各个层面体现出来。马克思以资本主义社会为例剖析了货币在现实社会中所体现的社会关系。这是因为"资产阶级社会是最发达的和最多样性的历史的生产组织。因此，那些表现它的各种关系的范畴以及对于它的结构的理解，同时也能使我们透视一切已经覆灭的社会形式的结构和生产关系"③。在马克思看来，货币所体现的社会关系包括三个方面：货币的社会属性、文化属性与属人性。

1. 货币表征社会经济关系

从货币的社会起源，我们可以看出，货币社会关系的本质根源于人们的生产活动，"货币力量归根到底，只能是人与人之间经济关系的力量：它由人的经济活动、由人类所创造，在人与人之间流通，负载着传达人与人之间经济关系的职能，引导着人们相互之间的经济行为，构造人与人之间的经济关系、组织社会经济体系"④。

首先，货币体现生产关系。在资本主义生产过程中，作为人类抽象社会劳动结晶的符号——货币集中到少数人手中，而劳动者沦为无产者——这就是劳动者与生产资料的分离。当这些货币拥有者把货币投入社会生产过程之后，劳动者原来通过货币表达的对社会关系的依赖，集中表现为对这些货币拥有者所掌握的生产资料的依赖。这样就实现了两种转化：一方

---

① 《马克思恩格斯全集》第 31 卷，人民出版社 1998 年版，第 442 页。
② 王峰明、牛变秀：《超越货币本质"一般论"与"特殊论"的对立》，《教学与研究》2004 年第 11 期。
③ 《马克思恩格斯全集》第 30 卷，人民出版社 1995 年版，第 46 页。
④ 鲁品越：《货币力量的深层本体论》，《学术月刊》2003 年第 8 期。

面，货币由此转化为资本，成为支配社会资源的工具；另一方面，劳动者为了获得生存所需要的货币，把自己拥有的劳动力转化为商品，成为货币增殖的工具，即剩余价值的生产工具。通过这种转化，货币的力量从生产结构中劳动者相互依存关系的力量，转化为少数人支配他人、支配社会资源、支配社会生产的主宰性力量——也就是说，转化为资本的力量。

其次，货币体现交换关系。马克思认为货币交换中表面上自由、平等的假象遮蔽了生产关系中的对立。货币交换中的自由、平等表现在：第一，货币关系的主体是"平等的交换者"。只要把货币关系看作是等量价值的交换形式，只要把这一过程中的个人看作是单纯的交换者，"那么，在这些个人之间就绝对没有任何差别。每个主体都是交换者……作为交换的主体，他们的关系是平等的关系。在他们之间看不出任何差别，更看不出对立，甚至连丝毫的差异也没有"①。第二，货币关系的客体是等价物。如果在相互估价时发生错误或是欺骗，也只是由于有的人生来狡诈，只是个人的自然优势造成的，而"不是由于他们借以互相对立的社会职能的性质造成的，因为这种社会职能是一样的；他们在社会职能上是平等的"。第三，货币交换行为本身，由于确定了主体间的平等和客体间的等价关系，其内容必然是自由的。马克思因此指出在交换关系中的货币最终支持了资产阶级的意识形态："平等和自由不仅在以交换价值为基础的交换中受到尊重，而且交换价值的交换是一切平等和自由的生产的、现实的基础。"②

再次，货币体现分配关系。资本家占有生产资料，工人除了自己的劳动之外，一无所有，不得不以工资的形式向资本家出卖自己的劳动力。资本家取得了工人劳动力的使用权，将其运用到生产中，创造出大于工人劳动力价值的价值，即剩余价值，并以利润的形式表现出来。以货币形式出现的工资、利润是第一次分配。它体现了生产过程中工人与资本家的对立关系。马克思以银行信贷为例分析了在第二次分配中货币体现的社会关系。如果说工资与利润体现的是工人与资本家的对立，那么信贷的出现似乎扬弃了这种对立，使人重新处在人与人相互信任的关系中。马克思指出，"这种扬弃异化、人向自己因而也向别人的复归，仅仅是一个假象"，

---

① 《马克思恩格斯全集》第30卷，人民出版社1995年版，第195页。
② 《马克思恩格斯全集》第30卷，人民出版社1995年版，第199页。

事实上信贷不仅没有扬弃对立，而且是"卑劣的和极端的自我异化，非人化，因为它的要素不再是商品、金属、纸币，而是道德的存在、社会的存在、人自己的内在生命，更可恶的是，在人对人的信任的假象下面隐藏着极端的不信任和完全的异化"①。

最后，货币体现消费关系。马克思认为消费是人通过需要的满足来再生产自身。而货币是需要和对象之间、人的生活和生活资料之间的"牵线人"。资本主义生产的根本目的不是满足人们的需要，而是追逐最大限度的利润，攫取最大数量的货币。它将人们丰富的需要转变成一种无限制的"致富欲"，"作为财富，作为财富的一般形式，作为起价值作用的价值而被固定下来的货币，是一种不断要超出自己的量的界限的欲望；是无止境的过程"②。一切活动的出发点都是追求货币的增殖。人的丰富多样的需要被货币简单化了。各种各样的需要被化约成了对货币的需要："对货币的需要是国民经济学所产生的真正需要，并且是它所产生的唯一需要。"③同时，货币将人的需要划分成有效需要与无效需要。有效需要以货币为基础，可以从想象的、表象的、期望的存在改变成感性的、现实的存在。与此相对，没有货币基础的需要则是纯粹观念的东西，也就是不存在的需要，因而对于我本人依然是非现实的、无对象的。没有货币，爱尔兰的工人们"只知道有吃的需要，确切地说，只知道吃马铃薯，而且只是感染上斑点病的马铃薯"。而富人们凭借货币能满足一切需要，"它能吃，能喝，能赴舞会，能去剧院，它能获得艺术、学识、历史珍品、政治权力，它能旅行，它能为你占有这一切；它能购买这一切"④。因此，货币标识出消费中社会地位的分化和社会关系的不平等。

2. 货币体现社会形态的变迁

马克思认为社会经济关系是一个社会的基础，它决定着整体社会结构形态。而货币的本质是一定社会关系的物化，它是社会经济关系的产物。因此，不同的货币形态往往表征不同的社会结构形态。货币形式的演进记载着社会结构形态的变迁。例如马克思在谈到作为能够增殖的货币——资

---

① ［德］马克思：《1844年经济学哲学手稿》，人民出版社2000年版，第168页。

② 《马克思恩格斯全集》第31卷，人民出版社1998年版，第387页。

③ ［德］马克思：《1844年经济学哲学手稿》，人民出版社2000年版，第120页。

④ ［德］马克思：《1844年经济学哲学手稿》，人民出版社2000年版，第122—123页。

本时指出，资本不是物，而是一定的、社会的、属于一定历史社会形态的生产关系，"资本是资产阶级社会的支配一切的经济权力"①。因此，马克思认为货币存在不同的"文明形式"——金属货币、纸币、信用货币、劳动货币，"货币的不同形式可能更好地适应不同阶段的社会生产"②。

　　接下来，马克思详细分析了货币与不同阶段社会生产的关系。原始社会末期的公有制决定交换只是部落之间偶然地、间或地进行的活动。货币也是如此，货币仅仅发生在不同部落的相互交往关系中，"金银和交换本身一样，最初不是出现在一个社会共同体的范围内，而是出现在它的尽头，它的边界上，它和别的共同体接触的少数地点上"③。货币的胚胎形式表征着原始公有制关系。随着部落对外交易的扩大，交换也发展到部落内部，货币则由胚胎形式发展为真正的商品货币，"货币现在表现为商品本身，普遍的商品，这种商品在所有地方都保持它作为商品的性质"。商品货币的出现对社会结构起着双重的催化作用，它一方面促使原始的公有制社会的瓦解，另一方面促进奴隶主私有制社会的形成。"货币欲或致富欲必然导致古代共同体的没落。由此产生对立物……但是，这要以交换价值的充分发展，从而以相应的社会组织的充分发展为前提。"④ 奴隶主私有制决定牲畜和奴隶成为最常见的商品货币。牲畜和奴隶这种商品货币所能表征的正是奴隶主私有制关系。并且，这种货币形式的发展产生"对立物"，即奴隶主与奴隶的矛盾，引发了奴隶大量逃跑和奴隶起义，最终促成奴隶主私有制的崩溃和封建私有制关系的建立。

　　地租是封建社会生产关系的表现形式。随着生产力和商品经济的发展，货币经济对封建地租产生严重冲击。马克思认为，货币财产和地产是对立的，他形象地将其表述为："以人身的奴役关系和统治关系为基础的地产权力和非人身的货币权力之间的对立，可以用两句法国谚语明白表示出来：'没有一块土地没有地主'，'货币没有主人'。"⑤ 马克思在分析地租形式的转化过程时，发现从实物地租到货币地租转化的同时也是人们之间新的社会关系的形成，而在这种新的社会关系的形成过程中，货币起了

　　① 《马克思恩格斯全集》第 30 卷，人民出版社 1995 年版，第 49 页。
　　② 《马克思恩格斯全集》第 30 卷，人民出版社 1995 年版，第 69 页。
　　③ 《马克思恩格斯全集》第 30 卷，人民出版社 1995 年版，第 179 页。
　　④ 《马克思恩格斯全集》第 30 卷，人民出版社 1995 年版，第 175 页。
　　⑤ 〔德〕马克思：《资本论》第 1 卷，人民出版社 2004 年版，第 171—172 页。

一个关键性的作用。按照马克思的分析，地租在历史上有劳动地租、产品地租和货币地租等形式，而货币地租是地租的最后形式。而货币地租的采用也是人们之间新的关系的形成。他说："在实行货币地租时，占有并耕种一部分土地的隶属农民和土地所有者之间的传统的合乎习惯法的关系，必然会转化为一种由契约规定的、按成文法的固定规则确定的纯粹的货币关系。"① 传统的按照习惯法形成的关系是由血缘、传统等因素而把农民束缚在土地上的关系，在这里，土地把农民与土地占有者之间紧紧地捆绑在一起，使农民成为依赖于地主而生存的劳动者，"农奴是土地的附属物"。而且土地占有者与土地之间还存在比单纯实物财富的关系更为密切的关系的外观，"地块随它的领主而个性化，有他的爵位，随他而有男爵或伯爵的封号；有它的特权、它的审判权、它的政治地位等等。土地仿佛是它的领主的无机的身体"②。

而当货币作为一种新的中介插入农民和地主之间的时候，农民对于地主传统的依赖关系，即依靠地主的土地而生存的依赖关系不复存在，而摆脱土地的束缚，从而摆脱地主束缚的新的契约关系逐步形成。同时，土地也演变成资本的形式，"大地产就它力求赚到尽可能多的货币而言，已经失去了自己的封建性质，而具有工业的性质"。土地占有者与土地之间的那种个人性的关系，转化为非个人性的货币关系，"把人和地块连结在一起的便不再是人的性格、人的个性，而仅仅是人的钱袋"③。

随着资本主义私有制的确立，"封建贡赋变为货币贡赋，这表现为人身依附关系的解体，表现为资产阶级社会通过现金赎买摆脱其发展的桎梏而取得的胜利"④。在雇佣劳动条件下，作为资本的金银货币突破地域的限制，在世界范围内，在经济、政治、文化、科技、军事和外交各个方面，广泛而充分地发挥着它魔术般的作用，表征着资本主义生产关系的触角伸向世界各个角落和各个领域，在社会生活中发挥着主导性力量："凡是在货币关系排挤了人身关系和货币贡赋的地方，封建关系就让位于资产阶级关系。"⑤ 资产阶级正是通过货币，"在它已经取得了统治的地方把一

---

① ［德］马克思：《资本论》第 3 卷，人民出版社 2004 年版，第 902 页。
② ［德］马克思：《1844 年经济学哲学手稿》，人民出版社 2000 年版，第 44 页。
③ ［德］马克思：《1844 年经济学哲学手稿》，人民出版社 2000 年版，第 45 页。
④ 《马克思恩格斯全集》第 31 卷，人民出版社 1998 年版，第 316 页。
⑤ 《马克思恩格斯全集》第 21 卷，人民出版社 1965 年版，第 450 页。

切封建的、宗法的和田园诗般的封建羁绊，它使人和人之间除了赤裸裸的利害关系，除了冷酷无情的‘现金交易’，就再也没有任何别的联系了”①。由此可见，生产关系决定着货币的形式、性质和作用范围，而货币的各种形式表征着社会结构形态的演进。货币成为表征社会历史进化节度的重要符号。②

三　货币的文化属性：货币、符号与价值世界

马克思认为，文化是人们在改造世界的对象性生产活动中所展现的体现人的本质力量和社会关系的客观精神成果。以语言为核心的符号化能力是人类文化形成的重要内容和标志。马克思曾指出，虽然蜘蛛的结网和织工的劳动相似，蜜蜂制造蜂房的技巧使最高明的建筑师感到相形见绌，但是最蹩脚的建筑师也要比蜜蜂高明，因为他在建造房屋之前在头脑中将房屋的图案设计好了。这表明人类劳动正是借助于语言符号系统的观念力量和自由驱使语言符号的能力，从而超越了人的有限存在，形成文化范畴。货币正是通过其作为人们观念中的一种价值符号的功能，在社会文化中发挥了重要作用。

1. 货币的符号化

马克思认为人们的劳动交换，同时也是一种共享的思想、精神的交换。商品的交换是以对劳动的抽象为前提的，“而在实际交换中，这种抽象又必须对象化，象征化，通过一种符号来实现”③。这样，交换过程使产品成为商品，商品具有交换价值，产品开始在头脑中取得二重性存在。“这种观念上的二重化造成（并且必然造成）的结果是，商品在实际交换中二重地出现：一方面作为自然的产品，另一方面作为交换价值。也就是说，商品的交换价值取得了一个在物质上和商品分离的存在。”④ 这两者之所以能够并存，只是商品取得了二重存在：“除了它的自然存在外，它还取得了一个纯经济存在；在纯经济存在中，商品是生产关系的单纯符号，字母是它自身价值的单纯符号，……作为价值，商品是一般，作为实

① 《马克思恩格斯选集》第1卷，人民出版社1995年版，第274页。
② 宓文湛：《货币：表征历史进化节度的重要符号》，《哲学动态》2003年第8期。
③ 《马克思恩格斯全集》第30卷，人民出版社1995年版，第93页。
④ 《马克思恩格斯全集》第30卷，人民出版社1995年版，第94页。

际的商品，商品是一种特殊性。"可见，产品作为交换价值的规定产生了一个同商品界本身相脱离，而自身作为一个商品又同商品界并存的交换价值。从而，商品作为交换价值的一切属性，在货币上表现为和商品不同的物，表现为和商品的自然存在形式相脱离的社会存在形式。因此，当交换价值逐渐转化为货币，转化为一个象征后，"这个商品本身就可能被它自己的象征所代替"。因此，货币在其完成形态上，是作为"交换价值的被人承认的符号"，"作为商品的象征"而存在的。可以看出，物的价值同物的实体分离，是在货币的符号形式上得到完全实现的。[①]

随着货币的发展，其自身的物质性与功能性逐渐分化，货币呈示为一种纯粹的价值符号。在商品交换发达的资本主义社会里，这种价值符号被赋予了尤为神秘的吸引力。这是因为，"由于货币所交换的是整个对象世界，有着广泛的价值通约性，人们往往将货币符号视为外部感性事物的真正本质，而与它发生实际交换关系的交换对象，反成了货币符号的派生之物。所以，货币持有者往往不经意地将货币符号实体化"[②]。货币符号成为社会财富的直接化身，能够购买一切商品，似乎一从地下出来，就具有神奇的魔力。因为货币具有购买一切东西的特性，具有占有一切对象的特性，所以是最突出的对象。货币特性的普遍性是货币本质的万能，因此，它被当成万能之物。似乎这个纯粹的价值符号是真实世界的真正创造者，"它把我的那些愿望从观念的东西，把那些愿望从它们的想象的、表象的、期望的存在改变成和转化成它们的感性的、现实的存在，从观念转化为生活，从想象的存在转化为现实的存在。作为这样的中介，货币是真正的创造力"[③]。因此，货币在人们观念中的万能魔力使得人类对货币顶礼膜拜，货币成为整个社会核心的价值观念和价值标准。

2. 货币化的价值观念世界

货币是神，货币是上帝，货币在社会的文化象征系统中取得了在宗教中至高无上的神的地位，这就是货币的拜物教现象。货币的符号化、象征化所导致的货币拜物教给整个社会文化价值观念带来了巨大冲击。

第一，社会价值观念趋向日益物欲化、实利化。在资本主义私有制和

---

① 参见陈创生《货币符号的象征意义》，《社会科学家》2002 年第 4 期。
② 张雄：《货币幻象：马克思的历史哲学解读》，《中国社会科学》2004 年第 4 期。
③ ［德］马克思：《1844 年经济学哲学手稿》，人民出版社 2000 年版，第 144 页。

金钱欲的作用下，从动物到植物，从自然界到人类社会，都成为财产，成为人们力图占有的对象，整个自然与社会都成为商品的世界。同样，在这种情况下，人们也蔑视理论、艺术、历史，蔑视作为自我目的的人自身。一切都成为商品，甚至连宗族延续关系、男女关系都成了做生意的对象，妇女也成为买卖的对象。整个社会成为自私自利的动物世界，利己主义成为社会通行的行为准则，"实际需要、利己主义就是市民社会的原则……实际需要和自私自利的神就是金钱"①。

第二，人们对整个世界的理解平均化、同质化、量化。借助于货币，一切参与市场交换的东西都可以按照货币的形式加以计算。在货币面前，一切抽象的和具体的、一切劳动的和非劳动的物品都转化为一种具有象征意义的符号，转化为可以计算的抽象的数字。在市场经济中，与生存和发展有关的一切活动都被抽象化为货币，马克思说："正如商品的一切的质的差别在货币上消灭了一样，货币作为激进的平均主义者把一切差别都消灭了。"②

第三，价值世界的平均化、数量化也带来社会文化的理性化。传统社会文化是建立在血缘伦理情感之上的。它构成维系传统社会的基本组织——家庭、家族和氏族的基本价值观。价值世界的货币化消解了这些情感，使之成为可以理性计算的货币数量，由此导致社会文化的理性化。"资产阶级撕下了罩在家庭关系上的温情脉脉的面纱，把这种关系变成了纯粹的金钱关系。"一个用血缘与亲情结合起来的传统社会，被冷冰冰的对货币数量的理性计算所取代，它"把宗教虔诚、骑士热忱、小市民伤感这些情感的神圣发作，淹没在利己主义打算的冰水之中"③。

第四，人们愈加受到"抽象"观念的统治。商品经济通行的是商品交换原则，而商品交换必须突出劳动一般、价值一般、货币一般等，这就产生了"抽象"的可能性。正是这种抽象，才使商品交换摆脱以往物物交换的局限得以普遍进行。尤其是货币的出现，使"抽象"达到了最为发达的程度。在资本主义商品社会中，"货币从它表现为单纯流通手段这样一种奴仆身份，一跃而成为商品世界中的统治者和上帝"。谁占有了货

---

① 《马克思恩格斯全集》第 1 卷，人民出版社 1956 年版，第 448 页。
② ［德］马克思：《资本论》第 1 卷，人民出版社 2004 年版，第 155 页。
③ 《马克思恩格斯选集》第 1 卷，人民出版社 1995 年版，第 275 页。

币这种抽象的一般财富，谁就能支配世界。因此，"个人现在受到抽象统治，而他们以前是相互依赖的。但是，抽象或观念，无非是那些统治个人的物质关系的理论表现"①。抽象之所以成为统治，就在于货币代表的是一般财富和权力："他在衣袋里装着自己的社会权力和自己同社会的关系。"②

由此可见，货币的拜物教表征着社会文化生活的货币化、社会价值观念的货币化。"货币化生活世界直接影响和关联着人的世界观、人生观和价值观，它使得一种纯粹数量的价值不断压倒品质的价值，从而追求生活意义的平等化、量化和客观化，把人生的消费和积累作为惟一至上的终极追求目标。对此，马克思从历史哲学的角度作了十分重要的分析。"③

四 货币的属人性：人的独立性与人的依赖性

马克思在谈到工业与人的本质力量的关系时指出："工业的历史和工业已经生成的对象性的存在，是一本打开了的关于人的本质力量的书，是感性地摆在我们面前的人的心理学；对这种心理学，人们至今还没有从它同人的本质的联系，而总是仅仅从外在的有用性这种关系来理解……在通常的、物质的工业中……人的对象化的本质力量以感性的、异己的、有用的对象的形式，以异化的形式呈现在我们面前。如果心理学还没有打开这本书即历史的这个恰恰最容易感知的、最容易理解的部分，那么这种心理学就不能成为内容确实丰富的和真正的科学。"④ 现代货币正是一种体现"工业的历史和工业已经生成的对象性的存在"。既然人的本质在现实性上是社会关系的总和，那么作为社会关系物化的货币，必然具有属人的本性。因此，货币本身就是"一本打开了的关于人的本质力量的书，是感性地摆在我们面前的人的心理学"。货币的存在并不是货币自身的单纯物的存在，就货币属人的本性而言，它既作为人的享受对象，又作为人的活动对象，是属人的存在。特别是在货币关系发达的资本主义社会，货币在张扬人的自由与独立性的同时，又带来了人的异化、物化。马克思对此进行

① 《马克思恩格斯全集》第30卷，人民出版社1995年版，第114页。
② 《马克思恩格斯全集》第30卷，人民出版社1995年版，第106页。
③ 张雄：《货币幻象：马克思的历史哲学解读》，《中国社会科学》2004年第4期。
④ ［德］马克思：《1844年经济学哲学手稿》，人民出版社2000年版，第88—89页。

了深入的分析与批判。

1. 货币与人的独立性发展

货币使个人在社会交往中愈益表现出独立性和能动性。正是在对商品、货币的分析中，特别是对货币历史功能的分析中，马克思提出了人的发展的三阶段理论。马克思指出："人的依赖关系（起初完全是自然发生的），是最初的社会形式，在这种形式下，人的生产能力只是在狭窄的范围内和孤立的地点上发展着。以物的依赖性为基础的人的独立性，是第二大形式，在这种形式下，才形成普遍的社会物质变换、全面的关系、多方面的需求以及全面的能力的体系。建立在个人全面发展和他们共同的、社会的生产能力成为他们的社会财富这一基础上的自由个性，是第三个阶段。第二个阶段为第三个阶段创造条件。因此，家长制的、古代的（以及封建的）状态随着商业、奢侈、货币、交换价值的发展而没落下去，现代社会则随着这些东西同步发展起来。"①

在这里，马克思指出，在人类社会发展的早期，人与人之间的交往主要以血缘、地域和等级为媒介进行。个人因无法脱掉自然发生的共同体的脐带，而不具有独立性。个人之间的关系只是"作为具有某种规定性的个人而相互发生关系"。比如，封建主和臣仆、地主和农奴，作为种姓成员，或属于某个等级，处在以人的依赖关系为特征的最初交往形态中。从一定意义上说，是交换和货币把人从狭隘的以人身依附为特征的社会关系中解放出来的。随着交换的发展，货币作为人类交换关系的物化，并逐渐把流通手段、价值尺度和作为目的本身三种规定性统一起来，成为人们致富的对象和源泉。而正是货币欲或致富欲望导致了古代共同体的瓦解。马克思更进一步指出，"封建贡赋变为货币贡赋，这表现为人身依附关系的解体。"② 由此可见，交换和货币的发展，在打破自然经济强加于人的人身依附关系的锁链，在摆脱人们被压制、被奴役的社会地位等方面的作用是十分巨大的。货币消解了以地域和超经济力量形成的经济体系，冲破了用特权和血缘等伦理观念粘合起来的传统社会，使人们不再需要以共同体成员的身份为媒介，而是根据市场的需要，能动地实现自己的价值，并与他人进行平等、自由的交往，"在货币关系中，在发达的交换制度中（而

---

① 《马克思恩格斯全集》第30卷，人民出版社1995年版，第107—108页。
② 《马克思恩格斯全集》第31卷，人民出版社1998年版，第316页。

这种表面现象使民主主义受到迷惑），人的依赖纽带、血统差别、教育差别等等事实上都被打破了，被粉碎了"①。货币在一定程度上解放了人性，使人们在社会交往中获得了自主性、独立性和能动性。这是货币为人的解放和发展带来的巨大历史进步。

2. 货币与人的依赖性

但是必须同时注意到的是，这种自由与独立性仍然是以"物"的依赖性为基础的。个人仍然受到物的统治，"各个人看起来似乎独立地（这种独立一般只不过是错觉，确切地说，可叫作——在彼此关系冷漠的意义上——彼此漠不关心）自由地接触并在这种自由中相互交换。……这些外部关系并未排除'依赖关系'，它们只是使这种关系变成普遍的形式；不如说它们为人的依赖关系造成普遍的基础。……这种与人的依赖关系相对立的物的依赖关系也表现出这样的情形（物的依赖关系无非是与外表上独立的个人相对立的独立的社会关系，也就是与这些个人本身相对立而独立化的、他们互相间的生产关系）：个人现在受抽象统治，而他们以前是相互依赖的"②。马克思以资本主义社会中货币对人的异化、物化作用深入阐释了这种人对物的依赖，以及人受"抽象"统治的生存状态。

货币对人的异化、物化是说作为主体的人在其发展过程中，由于自己的活动而外化出自己的对立面——货币，把自己的本质力量给予它；这种对立面（货币）作为一种外在的、异己的力量转过来反对主体本身。这种人性的扭曲、异化，主要表现在以下几个方面：

第一，货币与人的本质。在《1844 年经济学哲学手稿》中，马克思认为货币不是纯粹的经济学范畴，而是与人的本质相关的哲学范畴。货币在本质上是人的产物，是人的本质的对象化、物化形式。而在资本主义社会中，货币不仅是人的本质的对象化形式，而且在货币中，人的本质的异化获得了最极端的表现。在手稿中，马克思形象地揭露了现代资本主义社会中的货币异化：不是人的力量决定货币的力量，而是货币的力量有多大，人的力量就多大；不是人的特性决定货币的特性，而是货币的特性就是人的特性。货币颠倒黑白、混淆是非，它把坚贞变成背叛，把爱变成恨，把恨变成爱，把德行变成恶行，把恶行变成德行？把奴隶变成主人，

---

① 《马克思恩格斯全集》第 30 卷，人民出版社 1995 年版，第 113 页。
② 《马克思恩格斯全集》第 30 卷，人民出版社 1995 年版，第 113—114 页。

把主人变成奴隶，把愚蠢变成明智，把明智变成愚蠢。也就是说，货币使一切自然的品质和人的品质颠倒、混淆。因此，货币包含着人的异化了的类本质。

第二，货币与人的价值。马克思认为，在主体对客体的价值关系中，人、主体应处在目的的地位、支配的地位。客体是否有价值取决于它对主体是否有意义。人的活动及其产物只有对人有意义或是为了人才是有价值的。因此，人应当具有最大的价值。货币是实现人的目的、人的价值的中介和手段。但是，在资本主义私有制条件下，主体和客体的关系发生了颠倒，即作为主体的人本应该处在他的活动和产品的支配地位上，但是现在却反而处在被奴役、手段的地位上。马克思说："工人生产的财富越多，他的产品的力量和数量越大，……他就越变成廉价的商品。物的世界的增值同人的世界的贬值成正比。"① 换句话说，就是无生命的物质财富的世界统治着有生命的人的世界，作为手段出现的货币取代了人的价值地位，成了"真正的力量和唯一目的"。以"物"、财富为目的的生产代替了以"人"为目的的生产。赚钱成为整个社会的生产目的。人的自身价值必须转化为可以度量的货币，也就是说，"你必须把你的一切变成可以出卖的，就是说，变成有用的"，才能得到体现与实现。这样，占有货币就成为资本主义社会中普遍的甚至唯一的价值观念。货币从而否定了人的价值与尊严。

第三，货币与人的感觉。在《1844年经济学哲学手稿》中，马克思阐发了人的感觉的诸多规定性，并指出了现代资本主义私有制下货币与人的感觉异化的联系。马克思认为，人是感性的存在物。人的感觉是现实的人对于其存在的切身体验，是"对人的本质的真正本体论的肯定"。人的感觉具有对象性、丰富性、多样性等特点。但是在资本主义社会中，人的感觉发生了异化。这在货币中体现得尤为明显。人的全部肉体感觉和精神感觉都绝对地受到货币这一私有财产形式的支配。私有财产制使得人们变得愚蠢、片面，以至于达到这样的程度：一个对象，只有当它被我拥有的时候，或者作为我的资本，或者作为我正在吃、喝、穿、住的对象的时候，我才把它看作是我自己的感觉对象。而货币则成为最突出的对象、对象的对象。这是因为货币本身所具有的特性——购买一切东西的特性，占

_____

① ［德］马克思：《1844年经济学哲学手稿》，人民出版社2000年版，第51页。

有一切对象的特性，所以是最突出的对象。同时，货币也使人丰富的感觉单一化了，"一切肉体的和精神的感觉都被这一切感觉的单纯异化即拥有的感觉所代替"。就是说，在私有制下，人们多种多样的丰富的感觉日益贫乏，而拥有货币的这种感觉成了人们所追求的唯一感觉。这样，"一切情欲和一切活动都必然湮没在贪财欲之中"①。

第四，货币与人的需要。在马克思看来，人的需要应当具有丰富性、全面性、直接性。人不仅有生存、发展的需要，而且还有自我实现的需要。人对外物的占有，不仅表现在吃它、用它、享受它上，更表现在人把自己的本质力量对象化在外物上，使之成为人的自我的确证。而在私有制条件下，人的需要的丰富性、全面性、直接性都遭到货币的侵蚀。人不仅没有了人的需要，甚至连动物的需要也不再有了。这是因为，资本主义生产的根本目的，不是满足人们的需要，而是追逐最大限度的利润，攫取最大数量的货币。一切活动的出发点都是金钱。同时，货币也取消了人的需要的直接性。货币将人的需要划分成有效需要与无效需要。有效需要以货币为基础，可以从想象的、表象的、期望的存在改变成它们的感性的、现实的存在。与此相对，没有货币基础的需要则是纯粹观念的东西，也就是不存在的需要，因而对于个人依然是非现实的、无对象的需要。简而言之，没有货币，就没有需要。

总而言之，马克思从物质生产劳动出发的社会关系思想，是深入货币内部本质的关于货币的深层本体论。马克思在揭示货币的内在运行的动力学机制的同时，还深入剖析了这个动力学机制内部深层的社会、文化、人学价值，对这个体系进行了深入的科学分析和价值批判，"它的伟大理论价值与实践价值，正在于深刻地揭示了货币内在力量的人学来源，以及通过货币增殖与流通过程表现的人与人之间社会经济关系的生成过程"②。货币的哲学本质，归根到底只能是人与人之间的社会经济关系：它由人们的经济生产活动所创造，在人与人之间流通，引导着人们之间的社会经济行动，构造着人与人之间的社会、文化关系，负载着人的存在属性和价值。

① ［德］马克思：《1844年经济学哲学手稿》，人民出版社2000年版，第124页。
② 鲁品越：《货币力量的深层本体论》，《学术月刊》2003年第8期。

五 货币的社会关系本质向社会世界的生成展开

马克思超越黑格尔的一个重要方面就在于将黑格尔的概念辩证法改造为以现实个人的实践活动为基础的历史辩证法。马克思指出,"哪怕是最抽象的范畴,虽然正是由于它们的抽象而适用于一切时代,但是就这个抽象的规定性本身来说,同样是历史条件的产物,而且只有对于这些条件并在这些条件之内才具有充分的适用性。"① 也就是说,概念的逻辑是理解了的历史。逻辑的东西以概念体系反映历史的东西,在其完成形态中再现现实历史东西的本质。概念的逻辑应当反映出现实的社会历史生长、发展、成熟和消亡的过程。现实的一定历史阶段上的社会经济关系整体给各种经济范畴以客观基础,是它们由以产生的现实基础。换句话说,任何概念内涵都必须在社会历史中具体展开才能丰富和完满。这本身就是一个从抽象到具体的过程。马克思所谓的"经济范畴的人格化""经济关系的人格化"都是指概念范畴的内涵在社会历史中的具体展开过程。如果说资本家、雇佣工人是经济关系、经济范畴的人格化,那么私有制、国家、阶级等就是经济关系、经济范畴的外化,而资产阶级意识形态、学说就是经济关系、经济范畴的内化。② 由此,整个现实社会世界展现为一个有机的、动态的、关系的矛盾运动过程,形成了不同角度构图相互交织所产生的关系世界图景。

同样,马克思对货币本质的厘清及其对货币的社会、文化和属人性质的阐释,为具体深入分析货币与现代社会世界的关系奠定了坚实的哲学基础。但是仅仅停留于货币哲学本质这个抽象层面还不够。马克思社会关系方法论的一个基本点是,"对问题的分析,都是从一定历史条件下的社会关系入手,注重的是对现实社会关系做具体分析。……对社会关系的理论定位,还不能代替对社会关系进行现实的具体分析"③。同样,对货币本质的哲学思辨,不能代替对货币与社会世界关系的具体分析。对货币本质的抽象规定必须在现实社会世界中历史地展开,将货币的哲学本质与货币

---

① 《马克思恩格斯全集》第 30 卷,人民出版社 1995 年版,第 46 页。
② 这里的人格化、内化、外化虽然具有黑格尔色彩,但是是在马克思的意义上使用的,主要指的是概念内涵的具体社会历史展开过程。
③ 张一兵、仰海峰:《社会关系本体论,还是方法论的历史唯物论?——马克思哲学思想中社会关系规定的科学理论定位》,《南京社会科学》1996 年第 12 期。

在社会世界中的具体关系结合起来。首先，要正确把握货币与社会世界的关系，就必须先弄清楚货币的本质。弄清货币的本质是正确理解货币与社会世界各种关系的前提和基础。其次，货币与社会世界的关系是货币本质及其属性的具体体现，如果脱离了货币与社会世界的各种具体关系，货币的本质就会变成一个空洞的概念。货币本质的哲学研究构成货币社会理论研究的内涵，货币与社会世界关系的具体研究构成货币社会理论研究的外延。

正是基于上述理由，我们将货币社会关系本质的哲学内涵在现实社会世界的生成展开过程划分为三个方面：第一，货币本质在社会中的外化，即货币与社会的活动化关系；第二，货币在文化中的内化，即货币与文化的符号化关系；第三，货币在个体意识结构中的人格化，即货币与人的意识化关系。接下来，我们将进入对货币与现代社会世界的具体关系的分析之中。

第三章

货币与现代社会

在前一章我们指出，货币体现了一个社会的经济关系及其建立在经济关系基础之上的社会整体结构关系，这还是在一般抽象的哲学层面上对货币本质的理解。在这一章与下一章，我们将以货币的社会属性为基础，深入分析货币与现代社会的相互关系。货币，"这个十分简单的范畴，在历史上只有在最发达的社会状态下才表现出它的充分的力量。……它在深度和广度上的充分发展恰恰只能属于一个复杂的社会形式"①。货币的历史虽然很长，但是只是在现代社会中，货币才发挥着主导性的、基础性的作用与影响。这种作用与影响涉及两个方面的问题：一是货币是如何进入现代社会的？或者说货币在现代社会中起作用的社会条件是什么？二是反过来成熟的货币经济又是如何形塑现代社会的？

第一节　现代货币的历史生成及其特征

一　货币形态的历史蛹化

在人类几千年的历史发展中，随着社会经济形态的更替，货币形态也经历了从原始的实物货币向现代的纸币、电子货币的嬗变和蛹化。

在货币家族几千年的发展史上，最先出现的是实物货币。这是与商品交换的初期阶段相适应的原始货币形态。贝壳、牛、羊、布帛都曾充当过货币。它们本身是有价值的，可以充当价值尺度和交易媒介。各个民族在原始社会末期都普遍地存在过这种货币形式。在奴隶社会和封建社会中，

---

① 《马克思恩格斯全集》第30卷，人民出版社1995年版，第44页。

只要自然经济占据主导地位，商品生产和交换还在形成过程中，就都能找到这种货币形态。

但是随着商品生产和交换的发展，实物货币的缺陷逐渐显现。它们或体积笨重，不便携带；或质地不均，难以分割；或容易腐烂，不易存储；或大小不一，难以比较。实物货币的这些内在缺陷不适应日益频繁的商品交换活动。金属货币由于克服了上述缺陷，从而取代实物货币成为商品交换的主要媒介，"然而，不论在任何国家，由于种种不可抗拒的理由，人们似乎都终于决定使用金属而不使用其他货物作为媒介。金属不易磨损，它与任何其他货物比较，都无愧色。而且，它不仅具有很大的耐久性，它还能任意分割而全无损失，分割了也可再熔成原形。这性质却为一切其他耐久性商品所没有。金属的这一特性，使金属成为商业流通上适宜的媒介"①。金属货币把人们从实物货币交换的困境中解放出来，使商品交换实现了历史性的突破：商品购销超越了时间和地域的局限。金属货币的产生，加快了商品流通的过程，激发了商品生产者的积极性，促进了商品市场的扩张和繁荣，加速了人类社会从自然经济社会向商品经济社会过渡的进程。因此，在货币发展史上，金属货币跨越的时期较长。中国封建社会长期以铜币为主币。明清时期商品经济获得发展，银两逐渐盛行，采用铜银复本位制度。欧洲长期以银为本位币。18世纪的新兴资本主义国家大多实行金银复本位制。

然而，随着劳动生产率的迅速提高、商品市场的日益发达、商品交换范围扩大、商品交换频率加速、对货币数量的需求与日俱增，金、银等贵金属货币在彰显其独特优越性的同时，其弱点也暴露无遗：贵金属毕竟是相对稀有之物，数量有限；金属货币体积小价值大，在小额交易中难以分割；金银的携带很不方便，需要付出高昂的运输费、保险费。因而，在高度发达的商品经济社会，金属货币越发显得力不从心。同时人们在大量的商品交换过程中越发意识到金属货币价值的实际含量可以与名义含量相分离，它的金属存在与它的职能存在相分离。因此可以用其他材料做的记号或象征来代替金属货币执行它的职能。马克思说："既然货币流通本身使铸币的实际含量同名义含量分离，使铸币的金属存在同它的职能存在分

---

① ［英］亚当·斯密：《国民财富的性质和原因的研究》，郭大力、王亚南译，商务印书馆1972年版，第21页。

离，那么在货币流通中就隐藏着一种可能性：可以用其他材料做的记号或用象征来代替金属货币执行铸币的职能。"① 当这一可能性为国家和政府所认识和利用，并且以国家强制力为基础，从法律上规定这种货币记号时，纸币等信用货币随之诞生。纸币等信用货币本身是没有价值的货币符号，是从货币作为流通手段的职能中产生出来的，并且以国家强制力保证流通的货币符号。马克思指出，"这里讲的只是强制流通的国家纸币。这种纸币是直接从金属流通中产生出来的。……国家把印有 1 镑、5 镑等等货币名称的纸票从外部投入流通过程。只要这些纸票确实代替同名的金额来流通，它们的运动就只反映货币流通本身的规律。"②

纸币的广泛流通和使用有效突破了金属货币的稀缺性对不断扩大的商品生产与交换的制约，从而解决了历史上屡见不鲜的"金荒""银荒"等钱荒问题，满足了商品生产与交换再次提速的需要。以国家信用为基础的纸币标志着商品经济向信用经济的过渡。在纸币这种货币的社会存在形式中所表达的"是对作为商品内在精神的货币价值的信仰，对生产方式及其预定秩序的信仰，对只是作为自行增殖的资本的人格化的各个生产当事人的信仰"③。

当代，随着信息网络技术的成熟和现代信用制度的发展，一种新的货币形态即电子货币诞生了。电子货币是在金融系统高度发达的计算机技术的基础上，用数字脉冲等媒体进行传输和显示货币金额，通过芯片进行处理和存储。电子货币的流通及交易是在计算机网络覆盖的虚拟空间中进行的。电子货币是对纸币的扬弃，是对货币"形"的消解，"质"的保留。这种扬弃的结果带来了货币交易方式的革命。从交易时空上来看，由于信息网络技术极大地突破了现实世界的时空限制，资金流在电子网络上传输十分迅速、便捷，只要有电子网络的存在和相互的信用制约，电子货币就能使远隔万里的交易瞬间完成。这种交易方式自然省去了巨额的货币印制、发行、现金流通、物理搬运和点钞等大量的社会劳动和费用支出，极大地降低了有形货币交易的时空成本。从交易过程来看，由于电子货币在使用和结算过程中，不受时间、地点、服务对象的限制，从理论上说，人

---

① ［德］马克思：《资本论》第 1 卷，人民出版社 2004 年版，第 148 页。
② ［德］马克思：《资本论》第 1 卷，人民出版社 2004 年版，第 149—150 页。
③ ［德］马克思：《资本论》第 3 卷，人民出版社 2004 年版，第 670 页。

们可以在任何时间、任何地点借助于通信网络来完成交易，无论实际交易是现场还是远在万里之遥。从交易的市场维度来看，电子货币制度下市场概念的内涵缩小外延扩大，市场既可以是有形的实体存在，也可以是无形的虚拟空间。而且，电子货币的交易通过全球互通的电子网络打破国家和地区等地域贸易壁垒的限制，实现交易自由化、全球化。电子货币的诞生标志着虚拟经济的凸现。①

货币的发展历程是人类社会进步的表征。随着人类社会经济形态的先后演进，货币形态也经历了巨大变革：实物货币、金属货币、纸币、电子货币。社会经济演化与货币变革相互依存、相互促进：一方面，货币变革是社会经济演化的产物，另一方面，社会经济形态的升级与兴盛又得益于货币体制的支撑。

二　现代货币的特征

货币作为社会的产物，在不同的社会历史时期具有不同的特征。货币的特征取决于特定的社会关系、制度、技术、文化等因素的共同作用。货币史家一般认为，以纸币为主要形态的信用货币的普遍使用标志着现代货币时代的到来。② 与前现代社会中的货币相比较，现代货币具有以下几大特征。

第一，现代货币的领土特征。早期的货币大都是金属铸币。铸币的金银形态，决定了其可以在地理空间上进行扩散。吕底亚和爱奥尼亚的铸币是最早的铸币，货币就是从那些中心迅速地扩散到整个希腊。铸币又以希腊（爱琴海）为基地向世界其他地区扩散。在铸币时期，各国货币可以说是同一的，那便是其贵金属的本质内容。因此铸币任意流通，而不需要考虑它们自身的疆界限制。所以，"直到 19 世纪为止，货币实质上是非领土化的，跨境使用竞争是惯例而非例外"③。然而随着 19 世纪民族国家的兴起，现代货币逐渐演变成一种领土货币。在一国管辖的领土范围内，国家或中央银行以强制性的法律制度为基础，垄断了货币的发行，统一货币形态和名称，规范货币的使用，禁止其他货币的流通。因此，"现代货币

---

① 李长虹：《货币变革与经济形态的演进》，《重庆社会科学》2005 年第 7 期。
② 参见［英］约翰·乔恩《货币史》，李广乾译，商务印书馆 2002 年版，第 327 页。
③ ［美］科恩：《货币地理学》，代先强译，西南财经大学出版社 2004 年版，第 40 页。

是'以命令形式宣布'而存在的钱，是银行没有使用任何材料就创造出来的钱，它们有价值只是因为政府说它们有"①。

第二，现代货币的符号特征。从实物货币到纸币的变化表明货币的物质性内容逐渐淡化，而其符号性特征日益明显。纸币本身就是一种没有内在价值的信用符号。股票、债券、期货等金融衍生工具进一步将货币符号化。而电子货币则更是将现代货币转化为电脑屏幕上的数字代码。银行卡、信用卡、智能卡、网上银行的广泛使用使得交易方式也变得非现金化、符号化，数字化。现代货币金融体系已经变成了一种由庞大的全球电脑网络操纵的电子现象。货币不再是金属，而是由一串又一串的字符表示的关于商品和服务的资讯。

第三，现代货币的技术特征。现代纸币制造本身是一项技术含量高并且与防伪措施不可分的加工过程。一般说来，纸币印刷时各国都采用了当时能代表该国的最高防伪技术水平。而从电子货币的技术含量看，它更体现了技术密集型的特点。电子货币是高新技术支撑的结果。它包括电子计算机硬件和软件技术、微电子技术、通信技术、信息材料技术、网络技术等。正是这些高新技术的有机构成，保障了电子货币在经济活动中的有效运作，以实现自身的价值。

第四，现代货币的制度特征。现代货币是通过一系列的制度安排、组织机构创造与维持的一种社会系统。国家、法律、科技、企业、银行、金融机构以及各种经济、社会制度的建立与维持，才保障了现代货币作用的有效发挥。例如，为了避免和防范现代货币在银行交易中出现误差甚至错误，需要制定一系列诸如 ATM 成功交易报表制度、储蓄现金登记制度、取款信息记录制度、储户取款和存款监控录像制度等。因此，正如经济社会学家伯恩斯所言，正是借助于现代社会的"制度点金术"才能将纸和符号变成货币，并使其有效运作："在流通币的发现中，货币当局，或者中央银行，或者政府机构决定或者指定某一材料'X'作为具有某一面值的货币，本来一文不值的一张纸币经过这样一种制度点金术变成了有价值的货币。"②

---

① ［美］戴维·博伊:《金钱的运作》，李阳译，新星出版社 2007 年版，第 141 页。
② ［瑞典］汤姆·伯恩斯:《结构主义的视野》，周长城等译，社会科学文献出版社 2004 年版，第 60 页。

第二节　现代货币的社会构成要素

现代货币的历史生成及其特征是需要一定社会条件做支撑的。但是，经济学的货币研究一般不会追问现代货币的历史生成及其发挥功能的社会条件，而是将货币作为一种既定的、现成的经济范畴，分析其在经济活动中的功能。正如著名经济学家弗里德曼所言："经济学家从来都是假定货币是被直升飞机直接空投下来的，然后分析货币数量变化对价格的影响。"[1] 然而很明显，货币作为社会关系的产物，在不同的社会条件下，其经济功能是不一样的。正如马克思将资本主义视为一个由各种社会要素构成的统一体一样，现代货币同样是由各种社会要素构成的，必须从其全部历史和独特的具体现实中加以考察。正是在资本、国家、市场、信任网络、科技等社会要素的现代发展中，现代货币才得以形成并有效运作。

一　资本：现代货币的社会经济基础

虽然自从货币出现以来，货币就对人们的社会生活产生着重要影响。但是，在前现代社会，这种影响受到政治权力、社会等级制度、血缘亲情、风俗习惯等社会现实的严格限制，"在古代人那里，交换价值不是物的联系；它只在商业民族中表现为这种联系"[2]。因此，货币与社会世界相互影响的程度和范围是相当有限的，"与资本主义社会不同，封建制度下的现金流通因素比资本主义社会中对人们相互作用的影响小得多"[3]。仅仅是在现代社会，货币才在社会生活中发挥了主导性的力量。货币成为"社会形式发展的条件和发展一切生产力即物质生产力和精神生产力的主动轮"[4]。资产阶级正是通过货币，"在它已经取得了统治的地方把一切封建的、宗法的和田园诗般的关系都破坏了。也无情地斩断了把人们束缚于天然尊长的形形色色的封建羁绊，它使人和人之间除了赤裸裸的利害关

---

[1]　[美] 米尔顿·弗里德曼：《货币的祸害》，安佳译，商务印书馆 2006 年版，第 31 页。
[2]　《马克思恩格斯全集》第 30 卷，人民出版社 1995 年版，第 175 页。
[3]　[英] 伊曼纽尔·沃勒斯坦：《现代世界体系》第 1 卷，郭方等译，高等教育出版社 1998 年版，第 18 页。
[4]　《马克思恩格斯全集》第 30 卷，人民出版社 1995 年版，第 176 页。

系，除了冷酷无情的现金交易，就再也没有任何别的联系了"①。货币与社会世界关系的这种变化根源于社会生产力的发展和生产关系的变化。马克思认为："在一切社会形式中都有一种一定的生产决定其他一切生产的地位和影响，因而它的关系也决定其他一切关系的地位和影响。"因此，货币化的现代社会世界诞生的一个根本因素在于货币在现代社会中获得了一种新的社会关系属性，即资本。资本是资产阶级社会中支配一切的经济权力。它是决定社会关系和社会生活的一种"普照的光""一种特殊的以太"。在现代社会，货币正是由于具有了资本的属性，才能真正地将其作用发挥得淋漓尽致，才能成为社会物质生产力和精神生产力的主动轮。所以，资本是现代货币发挥作用的社会经济基础。

1. 货币向资本的转化

从历史发展的角度看，商品流通是资本的起点。商品生产和发达的商品流通即贸易，是资本产生的历史前提。而货币则是资本借以表现自己的最初形态，"资本首先来自流通，而且正是以货币作为自己的出发点。……进入流通并同时从流通返回到自身的货币，是货币借以扬弃自身的最后形式。这同时就是资本的最初的概念和最初的表现形式"②。这也是马克思始终强调的资本概念的"第一个因素"——"从流通中产生的并以流通为前提的价值"，这是"资本的简单概念，是进一步直接规定为资本的货币"。这一界定体现了货币与资本的内在联系。

资本在现象上最初表现为一定的物，即货币。但是货币本身不是资本，必须在一定的社会条件下，货币才能转化为资本。货币和商品，正如生产资料和生活资料一样，开始并不是资本。它们需要转化为资本，但是这种转化本身只有在一定的情况下才能发生，这些情况归结起来就是：两种极不相同的商品所有者必须互相对立和发生接触；一方面是货币、生产资料和生活资料的所有者，他们要购买别人的劳动力来增殖自己占有的价值总额；另一方面是自由劳动者，自己劳动力的出卖者，也就是劳动的出卖者。只有在劳动力作为商品出卖的条件下，货币被用来作为增加剩余价值的手段时才转化为资本。

而劳动力的商品化又是以劳动者同生产资料相分离以及一无所有的自

---

① 《马克思恩格斯选集》第 1 卷，人民出版社 1995 年版，第 274—275 页。
② 《马克思恩格斯全集》第 30 卷，人民出版社 1995 年版，第 208 页。

由劳动者的大量出现为基本条件，"劳动力占有者没有可能出卖有自己的劳动对象化在其中的商品，而不得不把只存在于他的活的身体中的劳动力本身当作商品出卖"①。这些前提条件的形成过程同时就是资本的原始积累过程。对此，马克思总结道："雇佣劳动的前提和资本的历史条件之一，是自由劳动以及这种自由劳动同货币相交换，以便再生产货币并增殖其价值，……而另一个前提就是自由劳动同实现自由劳动的客观条件相分离，即同劳动资料和劳动材料相分离。"②

2. 资本的内在规定性

马克思通过对货币向资本转化过程的分析和比较指出，资本是"自我生产的货币"，是能够"带来剩余价值的价值"。因此，作为价值，资本本质只能是社会生产关系的体现，是一定历史形态的、能够使得人的劳动实现价值增殖的生产关系，即现代资本主义的生产关系："资本也是一种社会生产关系。这是资产阶级的生产关系，是资产阶级社会的生产关系。"③ 在资本主义社会，资本家凭借着对资本的占有，不断地吸收雇佣工人的活劳动，使资本价值不断增殖，进而剥削雇佣工人。也就是说，资本不是物，它体现的是资本家对雇佣工人的剥削关系。因此，在资本主义社会，资本关系的本质是资本主义生产关系的体现。马克思认为，货币是资本的最初表现形式，但货币不等于资本，只有劳动力成为商品，货币才能具备转化为资本的条件。生产资料只有在一定的社会关系下才能成为资本，离开了一定的社会关系，生产资料就不再是资本了，"黑人就是黑人。只有在一定的关系下，他才成为奴隶。纺纱机是纺棉花的机器。只有在一定的关系下，它才成为资本。脱离了这种关系，它也就不是资本了，就像黄金本身并不是货币，沙糖并不是沙糖的价格一样。……资本也是一种社会生产关系。这是资产阶级的生产关系"④。可见，资本的本质不是物，而是一种生产关系，是一种以雇佣劳动为基础的社会生产关系。

资本的本性促进其在不断的运动中不停地吸收活劳动，获得最大的剩余价值，"价值经过不同的形式，不同的运动，在其中它保存自己，同时

---

① [德] 马克思：《资本论》第 1 卷，人民出版社 2004 年版，第 196 页。
② 《马克思恩格斯全集》第 30 卷，人民出版社 1995 年版，第 465 页。
③ 《马克思恩格斯选集》第 1 卷，人民出版社 1995 年版，第 345 页。
④ 《马克思恩格斯全集》第 6 卷，人民出版社 1961 年版，第 486—487 页。

使自己增殖，增大"。资本的生命在于运动，是一种处于不断运动中的价值，"作为资本的货币的流通本身就是目的，因为只是在这个不断更新的运动中才有价值的增殖。因此，资本的运动是没有限度的"①。资本的存在形式——不断地进行运动，是实现资本本质的关键。作为价值，资本总是以使用价值作为物质承担者，因此，资本总是表现为多样化的物的形式。但资本对自己采用什么样的使用价值形式并不感兴趣，感兴趣的是价值增殖。作为不断运动的价值，资本不能静止不动，否则，是作为商品或货币而存在。因此，不断运动是资本的存在形式。价值增殖是在运动中实现的，资本只能被理解为运动，不能被理解为静止，资本一旦停止了运动，价值的增殖也就中断了。资本的实质"在于活劳动是替积累起来的劳动充当保存自己并增加其交换价值的手段"，即资本由于不断交换活劳动而得以保存和增殖。资本是"在流通中并通过流通保存自己，并且使自己永存的交换价值的规定性"。总之，资本的本性是一种不断追求价值增殖的运动过程。

3. 货币化社会世界的资本动力

借助于货币化的资本扩张并不限于社会经济系统，而是广泛渗透到社会生活、文化领域，使得整个现代社会世界货币化。货币化资本就成为现代社会世界的一种根本性建构力量。

在资本力量的驱动下，日常生活资料消费的最终目的不在于满足人类生命自身的需要，而是为了生产出劳动力以实现资本增殖。于是，日常生活资料也间接地成为货币符号，成为资本增殖的工具，"生产相对剩余价值，即以提高和发展生产力为基础来生产剩余价值，要求生产出新的消费；要求在流通内部扩大消费范围，就像以前扩大生产范围一样。第一，要求在量上扩大现有的消费；第二，要求把现有的消费扩大到更大的范围来造成新的需要；第三，要求生产出新的需要，发现和创造出新的使用价值"②。于是整个经济生活，从生产领域到消费领域的全部经济生活，都直接和间接地被不断货币化，成为资本增殖过程的工具和环节。

当资本把经济生活中各个事物不断纳入资本增殖机器中时，便使所有社会成员都成为社会运转机器中的各个环节，由此编织了人与人之间的服

---

① ［德］马克思：《资本论》第 1 卷，人民出版社 2004 年版，第 178 页。
② 《马克思恩格斯全集》第 30 卷，人民出版社 1995 年版，第 388 页。

从资本运行规则的货币联系，导致社会关系的货币化。资本力量消解着由权力和地位体系建立的等级关系、由血缘体系建立的族群关系、由地域体系建立的友邻关系等，代之以货币化的社会关系体系。由货币化形成的资本增殖的机器，在将人的关系货币化之后，便把这种资本增殖机器的运行规则反映到人的大脑中，于是人的心理结构和行为方式被理性化了，"在它已经取得了统治的地方把一切封建的、宗法的和田园诗般的关系都破坏了。它无情地斩断了把人们束缚于天然尊长的形形色色的封建羁绊，它使人和人之间除了赤裸裸的利害关系，除了冷酷无情的现金交易，就再也没有任何别的联系了。它把宗教虔诚、骑士热忱、小市民伤感这些情感的神圣发作，淹没在利己主义打算的冰水之中。它把人的尊严变成了交换价值，用一种没有良心的贸易自由代替了无数特许的和自力挣得的自由"①。社会世界货币化在此过程中集中展示为人们生活方式的都市化：每个人被纳入以城市形态存在的巨大资本增殖机器中。日益庞大的金融系统是驱动货币循环增殖的心脏，是资本扩张的发动机，因而成为大都市的中心。资本运转的节拍决定了喧嚣忙碌的城市生活方式，形成了现代生活与传统社会生活最鲜明的对照。

资本的必然趋势还表现在对世界市场的开拓以及创造出的以资本生产方式为中心的全球体系。如前所述，资本的本性就是无限追求剩余价值，"因此，资本一方面具有创造越来越多的剩余劳动的趋势，同样，它也具有创造越来越多的交换地点的补充趋势……从本质上来说，就是推广以资本为基础的生产或与资本相适应的生产方式"②。因而资本的本性就决定了它对世界市场的开拓和对旧的生产方式的消灭，"到各地区追逐黄金使一些地区被发现，使新的国家形成……把遥远的大陆卷进交换和物质变换的过程，……并把交换的范围扩展到整个地球"③。因此，创造世界市场的趋势已经直接包含在资本的概念本身中。对于资本来讲，任何界限都表现为必须克服的限制。所以，"资本按照自己的这种趋势，既要克服把自然神化的现象，克服流传下来的、在一定界限内闭关自守地满足于现有需要和重复旧生活方式的状况，又要克服民族界限和民族偏见。资本破坏这

① 《马克思恩格斯选集》第1卷，人民出版社1995年版，第274—275页。
② 《马克思恩格斯全集》第30卷，人民出版社1995年版，第388页。
③ 《马克思恩格斯全集》第30卷，人民出版社1995年版，第177—178页。

一切并使之不断革命化，摧毁一切阻碍发展生产力、扩大需要、使生产多样化、利用和交换自然力量和精神力量的限制"①。资本主义正是凭借着商业、货币而消灭了一切前资本主义社会，"它的商品的低廉价格，是它用来摧毁一切万里长城、征服野蛮人最顽强的仇外心理的重炮。它迫使一切民族——如果它们不想灭亡的话——采用资产阶级的生产方式"②。其结果也就导致了人与人之间的世界性联系，过去那种地方的和民族的自给自足和闭关自守状态，被各民族的各方面的互相往来和各方面的互相依赖所代替了。"物质的生产是如此，精神的生产也是如此。各民族的精神产品成了公共的财产。民族的片面性和局限性日益成为不可能。"③

因此，资本的巨大魔力就在于创造出一个货币化的现代社会世界，"生活世界的货币化是资本带给人类社会的最根本性的变革，是现代性生成过程的最基本的环节。它不仅将充满感性色彩的五彩缤纷的生活世界，转化成货币数量世界，而且使生活世界具有了增殖能力，成为自我追求增殖而不断扩张的世界：它不断生产出新的剩余价值，并且驱使剩余价值不断转化为资本，从而把越来越广泛的事物货币化，纳入到货币运转体系中。因此，生活世界货币化过程也就是资本扩张过程，这个过程贯穿在整个现代社会的发展史中"④。

二　国家：现代货币的社会权力基础

在前一章中我们已经指出，货币的本质是人们在生产过程中的社会关系。货币交换过程的实质就是人们将私人劳动转化为社会劳动，并且互相交换劳动的过程。在实物货币和金属货币形态阶段，人们之所以接受货币，是因为实物货币和金属货币本身是有价值的商品，凝结着抽象的社会劳动。因此，人与人的社会关系体现在对货币自身价值量的信任中。而现代货币形态是信用货币。信用货币本身是没有价值的纸币或电子符号。它们之所以继续被人们所接受，国家在其中起着决定性的作用。

国家本身是在社会交往关系中发展出来的最高制度、最高权力形式。

① 《马克思恩格斯全集》第 30 卷，人民出版社 1995 年版，第 390 页。
② 《马克思恩格斯选集》第 1 卷，人民出版社 1995 年版，第 276 页。
③ 《马克思恩格斯选集》第 1 卷，人民出版社 1995 年版，第 276 页。
④ 鲁品越：《资本逻辑与当代现实》，上海财经大学出版社 2006 年版，第 299 页。

国家具有社会关系的性质，"社会结构和国家经常是从一定个人的生活过程中产生的。但这里所说的个人……是在一定的物质的、不受他们任意支配的界限、前提和条件下能动地表现自己的"①。因此，在信用货币中，人们将对货币自身价值量的信任转移到对货币发行机构即国家机构和国家权力的信任中。国家对货币形态的统一使货币的使用法律化，并且以法律保证了国家对货币制造和发行的垄断，并对制造伪币者加以惩罚，使采用不足值的纸币等信用货币得到有效保证。这也就意味着现代信用货币表面上以法律为后盾，实质上是以国家权力为基础的，国家权力充当了现代货币的"担保品"。也就是说，国家赋予纸币强制行使力，并使它获得社会意义，"拿铸币来说，它起初无非是金的一定的重量部分；后来加上花纹作为保证，作为重量的名称，所以还没有发生什么变化；作为价值的外貌即标志的花纹又使价值符号、价值的象征独立化，并通过流通机制本身取代形式而变为实体；在这里出现国家的干涉，因为这种符号必须由社会的独立权力即国家来保障"②。

1. 国定货币的历史背景

现代货币都具有国家性质：一国拥有一种货币，美国的货币是美元，英国的货币是英镑，日本的货币是日元，中国的货币是人民币。每一种货币在其国家主权范围内都是排他的。用国际货币基金组织研究部主任穆萨（M. Mussa）的话说："本质上，世界上所有国家都把保持其国家货币和维护其在相应的司法管辖权内的使用视作享有和展现其主权权威的标志。货币犹如一面旗帜，每一个国家都有自己的旗帜。"③ 但是，严格意义上的这种国定货币或领土货币的概念，就像民族—国家本身一样，是一个近期的产物，是一种被发明的传统。④ 直到 18 世纪，国家才开始主张政府有权合法地垄断货币发行和管理。仅仅在 20 世纪，国定货币才成为大多数国家标准的货币结构。

16 世纪，博丹（J. Bodin）最初将货币与国家主权概念联系起来。他

---

① 《马克思恩格斯全集》第 3 卷，人民出版社 1960 年版，第 29 页。

② 《马克思恩格斯全集》第 31 卷，人民出版社 1998 年版，第 324—325 页。

③ 转引自 ［美］科恩《货币地理学》，代先强译，西南财经大学出版社 2004 年版，第 1 页。

④ "被发明的传统"意指那些影响我们日常生活的、表面上久远的传统，其实只有很短的历史。它们与过去的联系是人为建构出来的。参见 ［英］E. 霍布斯鲍姆编《传统的发明》，顾杭、庞冠群译，译林出版社 2004 年版。

认为，国家权力的根本特征就是主权。这种权力至高无上，不从属于任何其他权力。而铸币权是主权最重要、最根本的组成部分。主权是绝对的、统一的、不可分割的、不可转让的。因此货币的发行和管理也应该是统一的、不可分割的。他认为大国的政府会比成千个小诸侯国和城邦国家更为负责任，这些小国家在中世纪晚期获得了铸币权，但是它们经常滥用铸币权。所以货币权应该由大国政府统一管理。①

博丹的理论为后来国定货币的形成奠定了思想基础。到 18 世纪，形成中的民族国家渴望巩固他们刚刚得到的权力，开始要求控制货币的发行权和管理权。历史上最初严格意义上的国定货币、领土货币的目标即一国一货币的产生变得既合理又现实。垄断货币权力是当时全球民族主义政治潮流发展的自然结果。在美国和法国大革命实践经验和理想的影响下，19 世纪是一个高扬民族主义和在国家境内普遍实现政治权威集中化的时期，用马克思的话说："资产阶级日甚一日地消灭生产资料、财产和人口的分散状态。它使人口密集起来，使生产资料集中起来，使财产集中在少数人的手里。由此必然产生的后果就是政治的集中。各自独立的、几乎只有同盟关系的、各有不同利益、不同法律、不同政府、不同关税的各个地区，现在已经结合为一个拥有统一的政府、统一的法律、统一的民族阶级利益和统一的关税的统一的民族。"② 这种国家统一权力的标志性事件就是 1648 年《威斯特伐利亚和约》的签署。这一条约最根本的历史意义就在于承认每一个主权国家在其领土范围内享有主权。它正式确立了以领土为政治地图的单一基础。这样，权力就被赋予独立自治的国家，任何政府不得干预其他政府的内部事务。基于《威斯特伐利亚和约》之上的民族国家的目标是尽可能地把民族建立为由一个强大的中央权威领导的统一经济和政治社会，"每一个国家都对本国边界的货物、货币资本和劳动力的流动拥有正式管辖权，从而，每一个国家都能在一定程度上影响资本主义世界经济社会分工得以运行的方式"③。控制货币仅仅是这个过程中合乎逻辑的组成部分。波兰尼在《大转型》中指出了刚出现的民族国家与他所

①　哈耶克认为博丹对于货币的理解比他同时代的人都要深入全面。参见〔英〕哈耶克《货币的非国家化》，姚业中秋译，新星出版社 2007 年版，第 27 页。

②　《马克思恩格斯选集》第 1 卷，人民出版社 1995 年版，第 277 页。

③　〔英〕伊曼努尔·华勒斯坦：《历史资本主义》，路爱国、丁浩金译，社会科学文献出版社 1999 年版，第 26 页。

谓的"货币保护主义"之间的基本联系："所有地方的保护主义者都在为显现中的社会生活单元铸造坚固的外壳。这一新的单元以民族国家为边界，但这些民族国家与其前身，即以往疆界不明的帝国却绝少共同之处。这种新的甲壳类型的国家通过具有国民象征性的通货来表达自己的身份认同，而这类通货则得到空前排他的、绝对的主权的保护。……事实上，新的国家实体和新的国家通货是密不可分的。"①

2. 国定货币的创生过程

在这一历史背景下，推动民族国家垄断货币权力的具体动机主要有四个：首先也是最重要的目的是希望通过降低交易成本来推动一个统一的国内市场的出现。各个地区多种货币形态的使用以及相互之间的兑换，增加了商品交换的时间成本和经济成本，阻碍着各地商品和服务的快速流通。政策制定者希望通过统一币制，便于商品流通，促进国内统一市场的形成。对此，波兰尼说："关于货币的保护主义则是一种全国性因素，它经常将多种多样的利益融为一体。虽然货币政策同样既能被用于联合，也能被用于分化，但是客观上，货币制度确实是能整合国家的经济力量中最强大的一个。"② 第二个动机是控制国内货币供应以便管理国家的宏观经济活动。垄断货币发行、限制其他货币流通、操控取得真实资源的多种途径——商品和各种服务，是一种强有力的调动国民经济运行的手段。在一国政府不再对货币创造和管理实施有效控制时，这些优越性就会丧失。因为，"没有控制货币的政府是一个有限的政府……任何政府都不愿意是有限的……如果政府要控制货币，他必须垄断货币，如果政府要成为真正的政府，他必须控制货币"③。政策制定者希望拥有货币独占权的中央银行降低外国银行的货币影响，对国内企业进行信贷业务，促进国内货币经济和金融市场的发展。中央银行的一个重要功能就是通过货币政策，集中一国的信贷供给，避免通货膨胀或通货紧缩导致的整体性商业和就业的混乱。中央银行同时通过信贷投资，促进国家经济发展，"只有当社会能够建立起新的组织机构来积累储蓄（通过银行和保险公司，通过股票市场取

---

① ［英］卡尔·波兰尼：《大转型：我们时代的政治与经济起源》，冯钢、刘阳译，浙江人民出版社 2007 年版，第 172—173 页。

② ［英］卡尔·波兰尼：《大转型：我们时代的政治与经济起源》，冯钢、刘阳译，浙江人民出版社 2007 年版，第 173 页。

③ ［美］科恩：《货币地理学》，代先强译，西南财经大学出版社 2004 年版，第 2 页。

得的股金，以及政府征收的款项，即贷款与税收)，并把这些钱用于投资的时候，现代工业经济才有可能建立"①。国家对国民生产活动的再投资已经成为任何社会经济增长的基础。第三个动机是满足国家财政需要。现代民族国家是在不断打击、对抗、削弱封建领主王国的过程中形成的。为此，中央政府建立了一支庞大的职业化官僚机构和武装力量。这使得中央政府的财政开支急剧扩大，迫切需要通过垄断货币发行权来筹措资金，"为了购买武器和供养职业士兵，钱已经成为最具实质性的问题了"。国定货币有助于国家政府增大公共支付的能力，满足国家日益扩张的财政需求。"实际上，货币经济无需农业改革的帮助就可以直接使中央政权在政治上变得足够强大，以致强大到地主和贵族的抵抗变得毫无意义。"② 第四个目的是增强国家认同感。一套统一货币的图案设计以及货币名称，能够激发公民的集体传统和记忆的感觉。③

为达到这些目的，新兴的民族国家主要通过两种方式实现对货币发行的垄断：第一，发布一种高质量的、统一的、难以仿造的、以国家信用为基础的货币；第二，限制国定货币之外的其他货币形式的竞争。可以说这两种方式是一枚硬币的两面。在正面，政府尽力巩固和统一国内货币秩序。不仅在铸币上，而且在出现的纸币上推行标准化。而且所有形式货币的相互关系都固定在金本位上，以此来缓和货币交换混乱。货币供给的最后权力紧紧掌握在政府建立和授权的中央银行手中，以维持货币兑换性和商业银行制度的健康发展。在背面，针对国定货币以外的其他货币自由流通的限制性规定日益增加，最主要的是新的法定货币法律和公共接受性规定。法定货币是债权人受偿债务时有义务接受的货币。公共接受性指哪一种货币可用于支付税收或履行对国家的合同义务，"这种向货币的变动包含有国家的干预，而国家是货币价值的担保者。只有国家（这里指的是现代的民族国家）能够把私人债务交易变成标准的支付形式，换言之，只有国家能够使债务和债权在数量不定的交易中处于平衡状态"④。19 世纪以

---

① ［美］丹尼尔·贝尔：《后工业社会的来临》，高铦等译，新华出版社 1997 年版，第 28 页。

② ［德］弗兰茨·奥本海：《论国家》，沈韵芳、王燕生译，商务印书馆 1994 年版，第 109 页。

③ 这一目的，将在下一章的货币与国家意识形态的建构中作进一步分析。

④ ［英］吉登斯：《现代性的后果》，田禾译，译林出版社 2000 年版，第 21 页。

来，法定货币与公共接受性的货币逐渐集中到某种法定货币，其他货币形式在国内被完全禁止，或失去效力。正如著名国际政治经济学家吉尔平所言："在 18、19 世纪，一场金融革命爆发了。各国银行开始发行纸币，现代银行应运而生，公私信贷机构比比皆是。各国政府破天荒第一次广泛地控制了货币供应。"①

三　市场：现代货币的制度基础

市场是人们在进行物质生产并在生产以及产品的交换、消费中建立起来的社会联系，"生产劳动的分工，使它们各自的产品互相变成商品，互相成为等价物，使它们互相成为市场"②。货币作为社会关系的体现，本质上与市场有着密切联系，"市场是一种与货币的存在联系在一起的复杂交换，这里不仅指我们日常使用的货币，而且指货币的间接形式。从货币问世的那一天起，市场的本质便发生改变；货币贯穿于交换的全过程"③。市场的发育程度往往决定着货币在经济交换活动中的作用和地位。当市场仅仅局限在一个狭小的区域、商品种类比较单一、交换的频率比较低时，人们往往仅仅使用实物货币，甚至直接进行物物交换。

而现代货币正是随着工业革命及市场的扩大、市场经济的建立与完善逐渐发展起来的。国内市场向世界市场的扩张，也意味着货币向世界货币的转化。因此，马克思说："在资产阶级社会的既定民族范围内，货币作为支付手段是随同生产关系一般而一起发展的，同样，货币在作为国际支付手段这一规定上也是如此。"④ 在这里，马克思实际上指出了国内市场、世界市场的发展与现代货币的关系。

1. 国内市场与现代货币的形成

正如布罗代尔所表明的 18 世纪之前的经济生活绝大部分都是高度地方化的。那些远程贸易活动并没有将一国范围内的经济活动整合到一个统一性的国家市场中。统一的国内市场的出现与工业革命的兴起和散播密切

---

① ［美］罗伯特·吉尔平：《国际关系政治经济学》，杨宇光等译，经济科学出版社 1989 年版，第 142 页。

② 马克思：《资本论》第 3 卷，人民出版社 2004 年版，第 718 页。

③ ［法］布罗代尔：《资本主义论丛》，顾良、张慧君译，中央编译出版社 1997 年版，第 52 页。

④ 《马克思恩格斯全集》第 31 卷，人民出版社 1998 年版，第 322 页。

相关，例如铁路、电报，"只有大工业……才为工业资本征服了整个国内市场"。这些技术冲击着前资本主义时代的高度地方化的经济。统一的国内市场的出现不仅在贸易发展史上，而且在货币发展史上也发挥了重要作用，其关键作用机制是降低市场交易费用的需要。

在商品经济发展到一定的历史阶段时，与交易手段相关的铸造、运输、鉴别、清点、保管、保卫等费用，都是交易成本的重要组成部分。在小宗的零星日常的交易活动中，交易成本可以不必过分计较。但当交易规模扩大、交易距离扩展、交易时间延长甚至出现跨国交易时，关于交易手段的成本就特别突出。因此，没有一个统一的货币体系，那些从事国内远程商业活动的人们就会遇到相当高的交易成本。交易成本问题不仅仅存在于商人富有阶层，而且对于普遍平民也是一个很大的问题。在 19 世纪之前，平民，特别是穷人活动在相对孤立的地方性经济区域中，很大程度是自给自足的农村经济，物物交换形式比较盛行，货币在人们日常生活中的作用非常有限，"即使在经济活跃的十八世纪，货币生活仍有若干不足……事实上，金钱和市场的网络并没有束缚住人们的全部生活，穷人依旧漏过网眼。在 1713 年可以说币值的变化不影响大部分农民，因为他们没有钱币"[1]。随着工业革命的进行，越来越多的穷人被抛入市场，成为依靠工资的劳动者。那些以前通过物物交换或地方性的小型农村市场获得的物品，现在必须通过一个更大的国内市场用正式的铸币来购买。在这种背景下，19 世纪前的货币体系暴露出诸多问题。第一个问题是低面值货币的不均匀供给以及质量上的参差不齐。货币现在也成为穷人生活的一个越来越重要的因素。商品交换的频繁和市场经济的发展，使得每一个地区需要大量低面值的货币来支付工资和零售贸易，而当货币供给不稳定、质量不可靠时会导致大量的交易成本。

第二个问题是低面值货币与官方发行的更高面值货币之间关系的不确定。在前工业社会，低面值货币和高面值货币往往流通于两个相对独立自主的经济领域。前者主要是地方化的，在农村地区使用；后者主要用于大规模的、远程的贸易："每种金属各司其职：黄金供王公和巨商甚至教会

---

① ［法］布罗代尔：《15—18 世纪的物质文明、经济和资本主义》第 1 卷，顾良、施康强译，生活·读书·新知三联书店 2002 年版，第 558 页。

使用；白银用于平常交易；铜理所应当处于底层，这是小民和穷人的黑钱。"① 当两种经济体之间没有一种强有力的联系时，这两种货币之间的多种多样的兑换关系对经济的影响还不是很大。但是，在工业时代，随着市场经济的发展，这两种经济体之间的交流日趋频繁，由此问题就出现了。普通平民的日常生活依赖于购买来自国内市场的货物，他们需要一种可自由兑换的货币。以工资为生的劳动者的货币收入也来自更大的国内市场。而且收入的增加也使得普通平民需要使用高面值的货币。

第三个问题是因为大多数平民的文化教育水平很低，对各种货币的区分和使用能力非常有限，影响着他们从事经济活动的能力，"对于十六世纪大多数人来说，如果说货币已是一种只有少数人弄得清楚的鬼名堂，这类没有货币外形的货币（指汇票）以及这种与书写掺和在一起、彼此混淆不清的银钱游戏更加难以理解，好像有魔鬼在背后操纵，不断使他们瞠目结舌"②。货币的统一和标准化，有助于人们提高使用货币的能力，帮助他们适应货币化的经济。

2. 世界市场与世界货币

社会生产力的发展以及资本扩张的内在本性必然使得商品生产和流通超出一国市场的范围，从而促进世界市场的形成。首先，社会生产力的发展是世界市场形成的根本动力。社会生产力的发展带来分工的扩大，而分工的扩大必然引起普遍的交往与联系，这种交往和联系又首先和主要体现在商业贸易上。商业贸易发展到一定程度后，必然会冲破国内市场的限制而走向国际，世界市场随之形成。在这样的情况下，"过去那种地方的和民族的闭关自守和自给自足状态已经消逝，现在代之而起的已经是各个民族各方面互相往来和各方面互相依赖了"③。而资本的本性就是最大限度地攫取剩余价值，因此它有一种超越民族、国家和地域去占有更多剩余价值的冲动和欲望，"创造世界市场的趋势本身已经直接包含在资本的概念本身中。任何界限都表现为必须克服的限制"④。世界范围市场的形成，

---

① ［法］布罗代尔：《15—18 世纪的物质文明、经济和资本主义》第 1 卷，顾良、施康强译，生活·读书·新知三联书店 2002 年版，第 542 页。

② ［法］布罗代尔：《15—18 世纪的物质文明、经济和资本主义》第 1 卷，顾良、施康强译，生活·读书·新知三联书店 2002 年版，第 559 页。

③ 《马克思恩格斯全集》第 4 卷，人民出版社 1958 年版，第 470 页。

④ 《马克思恩格斯全集》第 30 卷，人民出版社 1995 年版，第 388 页。

意味着国际交换具有了普遍性。各个国家的生产、交换、消费过程和整个世界经济的运行机制相协调，形成普遍的世界交往，在这里，国内的生产关系"以其世界市场的形式出现"。与之相适应，作为生产关系体现的一国货币也超出一国流通范围，演变成世界货币。

在由国内流通进入世界市场的过程中，货币必须抛弃在国内市场交换过程中所引起的特殊形式，"即它的作为价格标准、铸币、辅币和价值符号的地方形式"，恢复到原来的贵金属形式，"所以，每一个国家都把金银这两种金属当作世界货币"①。各国货币进入世界市场必须把国内货币转化为世界货币。而这时的货币充分体现了货币的本质，"只有在世界市场上，货币才充分地作为这样一种商品执行职能，这种商品的自然形式同时就是抽象人类劳动的直接的社会实现形式。货币的存在方式与货币的概念相适合了"②。世界货币是国际价值量的外在衡量尺度，而世界劳动的平均单位是国际价值量的内在衡量尺度，借助于它可以把各国的劳动转化为可比劳动，"一个国家的三个工作日也可能同另一个国家的一个工作日交换"。世界货币作为商品独立存在的形式，可以同世界所有国家的所有商品相交换，并表现世界所有国家的所有商品的价值，因此货币在世界货币的形式上真正获得了自己的充分发展。"只有对外贸易，只有市场发展为世界市场，才使货币发展为世界货币，抽象劳动发展为社会劳动。抽象财富、价值、货币、从而抽象劳动的发展程度怎样，要看具体劳动发展为包括世界市场的各种不同劳动方式的总体的程度怎样。"③

正是在这样的背景下，19 世纪中期以黄金作为本位货币的金本位货币制度成为世界第一个国际货币体系。英国于1816 年率先实行金本位制度，19 世纪 70 年代以后欧美各国和日本等国相继仿效，因此许多国家的货币制度逐渐统一，金本位制度由国内制度演变为国际制度。④ 在这个过程中，英国的经济实力和世界市场地位起着决定性的作用。

---

① 《马克思恩格斯全集》第31 卷，人民出版社1998 年版，第544 页。
② ［德］马克思：《资本论》第1 卷，人民出版社2004 年版，第166 页。
③ 《马克思恩格斯全集》第26 卷第3 册，人民出版社1974 年版，第278 页。
④ 关于 19 世纪金本位制的形成与演变，参见［英］约翰·乔恩《货币史》，李广乾译，商务印书馆2002 年版，第7 章。

四 科技：现代货币的物质条件基础

货币体现的是人们在生产过程中的社会关系，"金银作为货币代表一种社会生产关系，不过这种关系采取了一种具有奇特的社会属性的自然物的形式"①。货币以物化的形式体现社会关系。换句话说，货币是用来展示社会关系的物质制品，具有物质属性，"是物质技术的特殊形态，并非任何物质或者任何设计都能用这一方式建构，它必须是不可马上分解和易存储的物质构成，而且相对而言是易转运的。物质也应能标准化，即价值的标准化"②。货币的物质属性是由社会生产力所决定的。社会生产力的决定作用往往体现在承载社会属性的"自然物的形式"即货币形态的历史更替上。因此货币形态的演变表征着社会生产力的发展状况。③

1. 生产力发展与货币变革

自然经济时代，落后的社会生产力决定了人们之间的交换媒介只能是各种各样的实物，形成的是"货币形式的胚胎"④。它表征着当时极其低下的生产力。当手工业中的冶炼技术得到发展时，人们把铜、锡、铅放在一起经高温冶炼成青铜，再铸造成形状、大小各异的钱币。这是最初完整形式上的货币。铸币就其产生的技术因素来讲，冶炼技术发展是促成青铜铸币，以及后来的铁制铸币产生的直接物质基础。充当货币的商品也就相应地由牲畜和奴隶缓慢地发展为金属货币。

金属货币是对以精细金属工具为标志的生产力状况的表征。社会分工的发展，使商业发展为一个相对独立的领域，社会开始进入商品经济时代，金银最终取代其他金属而成为货币，成为一般财富的物质代表。对金银货币即一般财富的物质代表的追逐，又促进了资本主义手工工场向机器大工业的发展。金银货币及其派生的铸币和纸币表征着这一时期的生产力发展状况。大工业的发展促成世界市场形成，金银随之成为世界货币。

今天，以信息技术、网络通信为标志的现代生产力的出现，促成电子货币的出现以及金融体系的不断创新。电子货币与现代金融体系造成资本

---

① ［德］马克思：《资本论》第 1 卷，人民出版社 2004 年版，第 101 页。

② ［瑞典］汤姆·伯恩斯：《结构主义的视野》，周长城等译，社会科学文献出版社 2004 年版，第 41 页。

③ 宓文湛：《货币：表征历史进化节度的重要符号》，《哲学动态》2003 年第 8 期。

④ ［德］马克思：《资本论》第 1 卷，人民出版社 2004 年版，第 87 页。

在全世界的迅速流动，并使作为生产过程的流通突破了时空限制，使生产力以前所未有的速度在全球范围迅猛发展。电子货币表征了以高科技为基础的现代生产力的发展状况。因此，社会生产力对货币的决定作用主要体现在科学技术的发展与货币形态的变革上。作为第一生产力的科学技术构成了现代货币形态发展的物质条件基础。

2. 现代科技与现代货币

首先，工业革命技术在货币铸造方面的运用对于现代货币的大规模生产具有重要意义。研究这一问题的先驱是博尔顿（M. Boulton）。他在1787 年到 1797 年之间，提出一种运用蒸汽机技术铸造货币的新方法，这一技术改变了通过手工锤击金属来铸造硬币的传统方法。这一新技术克服了手工铸币存在的一系列困难，例如重量和形态的不统一、使用中容易损坏、容易伪造、不能大规模生产、生产成本高昂等缺陷。博尔顿的新货币铸造技术以均质化、标准化、批量化、低廉化极大变革了硬币的性质及其在货币体系中的地位。在接下来的 20 年间，博尔顿和他的公司在世界各地不断推销他的新硬币，包括英国、俄国、法国、美国、加拿大、墨西哥、巴西。这些国家很快引进了博尔顿的新技术，以至于到 19 世纪末，世界上很少地区没有受到所谓的博尔顿的"铸币革命"的影响。[1] 这一技术革命预示着现代货币形态的诞生。

其次，现代印刷技术的发展对于纸币的广泛运用具有重大作用。纸币的功能决定了其必须有很高的防伪能力，"英格兰银行于 1694 年开始发行纸币，印成了黑色。但不久，英国就变得假币泛滥成灾了，以至于不得不到瑞典去买特制的水印纸"[2]。一般来说，印刷纸币时都采用了当时该国的最高防伪技术。历史上，我国宋代的印刷技术水平在很大程度上决定了交子作为最早纸币形态的诞生。[3] 现代印刷技术的发展，特别是尖端防伪印刷技术有力保障了纸币的正常流通。例如，应用特制的彩色电子制图和出版软件可以制作特别复杂、细微、精致、高分辨率的印品花饰图案和底纹。

复次，现代信息通信技术的高度发展为电子货币的出现和运用提供了

---

① Doty R, *Matthew Boulton and the Coinage Revolution*, Rare Coin Review 61, 1986.

② ［美］戴维·博伊：《金钱的运作》，李阳译，新星出版社 2007 年版，第 121 页。

③ 谢元鲁：《宋代四川造纸印刷技术的发展与交子的产生》，《中国钱币》1996 年第 3 期。

技术条件。电子货币是在金融系统高度发达的计算机技术基础上，用数字脉冲等媒体进行传输和显示货币金额，通过芯片进行处理和存储的，电子货币的流通及交易是在计算机网络覆盖的虚拟空间中进行的。电子货币是对纸币的扬弃，是对货币"形"的消解、"质"的保留。这种扬弃带来了货币交易方式的革命。从交易时空上来看，由于信息网络技术极大地突破了现实世界的时空限制，资金流在电子网络上传输十分迅速、便捷，只要有电子网络的存在和相互的信用制约，电子货币能使远隔万里的交易瞬间完成。这种交易方式自然省去了货币印制、发行、现金流通、物理搬运和点钞等大量的社会劳动和费用支出，极大地降低了有形货币交易的时空成本。①

最后，科学技术的巨大进步和广泛应用，特别是信息技术、网络技术的发展对现代金融运作机制和模式产生了重要影响。信息科技通过创新使金融市场、服务、产品以及管理都发生了历史性的、实质的变化。信息技术的发展，特别是互联网的出现，使金融业突破了传统金融业在时间和空间上的局限，巨大的资金在全世界范围内迅速移动，金融市场的全球化得以实现。研究网络社会的著名学者卡斯特就曾指出现代信息通信技术对于金融市场全球化的重要影响："历史上首次出现资本在全球整合的金融市场中，24 小时即时运作：在全球电子回路里，价值几十亿美元的交易几秒钟内完成。新信息系统和通信技术使资金得以瞬间来回穿梭于各经济体之间，因此包括储蓄和投资在内的资本在全世界被连接起来，从银行到退休基金、股票市场和外汇交换等等。全球金融流动因此在数量、速度、复杂性和关联性方面，出现了惊人的增长。"② 科技创新的应用带来了金融服务的多样化和全方位化。

五　信任：现代货币的社会结构基础

只要个人从事生产活动，就必然与他人发生一定的关系，"以一定的方式进行生产活动的一定的个人，发生一定的社会关系和政治关系"。不论是物质资料的生产，还是人口自身的生产，"表现为双重关系，一方面

---

① 李长虹：《货币变革与经济形态的演进》，《重庆社会科学》2005 年第 7 期。

② ［英］曼纽尔·卡斯特：《网络社会的崛起》，夏铸九、王志弘等译，社会科学文献出版社 2001 年版，第 120 页。

是自然关系，另一方面是社会关系；社会关系的含义是指许多个人的合作"①。在这里，马克思明确指出人们的社会生产活动需要人与人之间的合作与信任。特别是在不同所有者和分工的社会里，由于分工及专业化分解为各个互相隔离的个人，只有交换活动才能把人们联合起来，从而协调他们的生产和其他活动。实现这一过程，必须具备一个前提条件，即人们之间有相互的信任与合作。因此，合作与信任体现着人们在生产过程中结成的社会关系。

而货币本质就是人们在生产过程中结成的社会关系。因此，货币本质上包含着人们的信任关系，不同社会信任关系往往决定着货币形态的变化，而货币形态的演变也体现着人与人的信任关系的变化。当货币随着社会生产关系的发展而发展时，它必然将突破由一种商品充当货币的阶段——商品货币阶段，向它自身更高级更完善的阶段——信用货币阶段发展。马克思对此早有科学预见。他认为："信用货币属于社会生产过程的较高阶段，它受完全不同的规律支配。"② 因此，作为现代货币形态的信用货币，是受到完全不同的社会信任关系支配的。

1. 社会信任关系与货币形态的演进

唯物史观认为，人们的社会存在决定人们的社会意识。社会信任关系作为人们在社会生产过程中结成的社会关系，从根本上是受社会生产方式的总体情况制约的，也是受其决定的。在不同的历史时代，与不同的生产方式相联系，存在着与之相应的社会信任关系。③

在传统社会中，社会信任就表现为一种人格信任的模式。这是一种建立在对具体人格信任基础上的信任模式，是一种适合于熟人间简单交往的最基本、最直观的信任形式。在现代社会中，社会信任表现为一种制度信任。这是一种建立在正式的、合法的社会规章制度基础上，依靠整个制度系统而形成的人类信任关系。社会信任关系由人格的、血缘的、特殊主义的传统信任向制度的、业缘的、普遍主义的现代信任的转变，也体现在交易方式与货币形态的演变上。

在制度化、货币化的交易活动出现之前，互惠式的直接物物交易方式

---

① 《马克思恩格斯全集》第 3 卷，人民出版社 1960 年版，第 33 页。
② 《马克思恩格斯全集》第 31 卷，人民出版社 1998 年版，第 510 页。
③ 马俊峰、白春阳：《社会信任模式的历史变迁》，《社会科学辑刊》2005 年第 2 期。

就广泛地存在于人类社会中并部分地满足了专业化生产的个体对消费多样化的需要。费孝通指出："在亲密的血缘社会中商业是不能存在的。这并不是说这种社会不发生交易，而是说他们的交易是以人情来维持的，是相互馈赠的方式。"① 在社会学、人类学文献中，馈赠与回报是紧密联系的一对概念，如果不是对"回报"具有信心，则经常化的"馈赠"决不可能维持。随着生产的扩大和分工的细化，客观上要求交易制度发生相应的进步，这样就产生了原始却不失正规性的直接物物交易。起初，直接物物交易尚局限于较小的圈子内，交易者多为熟人朋友，交换不公的差额可以成为"感情储蓄"，留待日后补偿。显然，这时的社会信任结构已经明显有别于"馈赠—回报"模式了。当交换规模进一步扩大时，买卖双方由朋友熟人变为生人过客，要解决直接交换中需求"双重巧合"的矛盾，靠"感情储蓄"式的依赖于个体之间了解的简单信任结构就不现实了，维系交易的信用结构必须具有更大的普遍性，这就为货币产生提供了社会人类学基础。既然直接交易行不通，当然就会寻求间接交易。

货币化交易是一种间接交易，而间接交易区别于直接物物交换的特征就在于其断裂性。直接物物交易是在同一时间、同一地点的交换，商品一旦换手，交易便告完成。直接交易中，买同时也就是卖，而货币化交易则从时间、空间上将卖与买相分离。然而，通过货币的媒介作用，甲地的商品可以跟乙地的商品相交换，今天的商品可以和明天的商品相交换，这一代人甚至可以与未出生的下一代人做交易……这样，货币的出现在导致交换断裂的同时又牢固地维系了交易，两者互为因果。货币的特别之处就在于它使交易既断裂又不断裂，使货币具有这种神奇特性的是社会人群中的信用关系，或者说是一种信任结构。它标志着人们的信任关系由熟人朋友扩大为所有持有货币的陌生人。

早期货币的功能是充当交换的媒介，货物交易之所以能够完成是由于人们对交易媒介——实物货币的互相信任和需要，但早期的信任是短暂和转瞬即逝的。随着交换的完成，货币也就完成了它的交易职能而退回到实物形态，即早期货币的一个重要特点是必须有使用价值。此时，人们的信任结构是不发达的和狭隘的特殊主义的。随着交易半径的扩大和需求的多样化，为了使物物交换具有更一般的意义，要求作为交换媒介的实物货币

---

① 费孝通：《乡土中国》，生活·读书·新知三联书店 1998 年版，第 76 页。

具有稳定性和跨期性，即跨越一次交易和一次消费而重复使用，而且随着经济发展而演化出来的被公众认可的媒介物——实物货币也反映出人们的信任结构从狭隘的特殊主义逐渐向普遍主义过渡。当最终意义的货币出现后，人们为了交易的需要或流动性偏好而持有货币，此时货币充当交易媒介具有永久性，人们对所持货币也不一定要求有使用价值。这时反映出的正是人们信任的普遍主义，所以从这个角度讲，货币的内涵是人们之间的相互信任。

在第一节中，我们已经指出了货币形态发展的几个阶段，即实物货币→金属货币→信用货币。结合货币演变的历程，可以发现，从早期的实物货币到现代意义上的纸币，信任关系一直是货币演变的主线。从实物货币到金属货币阶段，货物的卖方允诺接受公众认可的金属作为货币，货物的买方以公众认可的货币购买所需物品，这恰是信任从特殊主义到普遍主义的反映。随着商品经济的发达和物物交换范围的延伸，信用货币取代金属货币，适应了经济发展的要求。作为信用货币主要形态的纸币包含的信任成分则更多些，具有了真正意义上的普遍主义的信任结构。

2. 普遍主义信任关系与现代信用货币的出场

当货币过渡到现代货币或信用货币阶段，货币所蕴含的普遍主义信任关系尤显重要。特别是对于作为现代信用货币主要形态的纸币，其本身并不具有价值，也没有含金量的规定性。对此，人们会产生疑问：一纸没有任何价值与使用价值的纸本凭证，为什么能够承诺和保证它面对整个商品世界的交换作用？人们为什么会普遍接受它作为交换的中介："在将一笔很大数额的钱存入外国的一家银行之后，我突然发现，我将我的资金交给了银行中一个素不相识的人。我对这家银行一无所知，而且它还处于一个我举目无亲的城市之中……而换回的仅仅是一张带有潦草字迹的薄纸，上面写着我看不懂的语言。我明白，我为自己所启动的是一个商务诚实方面的巨大信托网。"① 这一巨大的信托网涉及现代信用货币背后的两种普遍主义的社会信任关系。

一般认为，就普遍主义的信任关系而言，从主体间的关系出发又可分为纵向的信任关系和横向的信任关系。纵向的信任关系是不平等主体或有

---

① 简·雅各布斯：《生存的系统》，转引自［德］柯武刚、史漫飞：《制度经济学：社会秩序与公共政策》，韩朝华译，商务印书馆 2000 年版，第 2 页。

实际隶属关系的主体间展开的信任关系如国家（政府）和企业、民众间、上下级之间、母公司与子公司间的信任关系等；横向信任关系是平等主体间如企业与企业、企业与个人、个人与个人间的信任关系等。① 纸币等现代信用货币的有效性正是依赖于纵向的企业、民众对国家发行的纸币信誉的承认以及横向的企业之间、个人之间对未来接受纸币的预期或信心。

金银货币的信任保证是实体性的，因为金银本身就是商品，具有价值，代表着社会劳动；而纸币的信任保证是非实体性的，它之所以能够承接金银货币的信任承诺和保证，完全依赖于社会已经存在着的最强大的信用发行主体，依赖于社会最强大的信誉主体，这便是建立于现代政权制度基础上的国家。因此，纸币可以表达为"由国家政权实体依据国家主体信誉发行的纸的价值承诺或担保保证，它在社会商品或劳务的交换中处于等价形式的一方，体现了社会商品与劳务交换中的国家信用关系"②。

在民众对国家的信任基础上，企业之间、个人之间接受货币是信用货币有效性的第二个条件。人们在商品交换中接受货币就是相信在未来其他人也接受货币，货币在未来同样能够购买到商品和服务、支付债务，能够凭借一纸凭证占有价值物。它体现的是商品生产者之间的信任关系。正如马克思所言："所谓信用经济本身只是货币经济的一种形式，因为这两个名词都表示生产者自身间的交易职能或交易方式。""人们在货币经济和信用经济这两个范畴上强调的并且作为特征提出的，不是经济，即生产过程本身，而是不同生产当事人或生产者之间的同经济相适应的交易方式。"③ 这种信任方式最明显的体现就是企业之间、个人之间的债务活动。

第三节　现代货币的社会效应

前一节中，我们阐述了现代货币得以生成的社会历史条件和过程。实际上，现代货币的社会生成过程也是现代社会的诞生过程。货币在现代社会的生成过程中扮演了重要角色。并且，货币对于现代社会结构、社会制

① 董士清：《社会信任结构论》，《财经科学》1999年第4期。
② 陈彩虹：《纸币契约论》，《财经问题研究》1997年第8期。
③ ［德］马克思：《资本论》第2卷，人民出版社2004年版，第132页。

度、社会组织的特点与运作依然发挥着重要影响。正如张雄先生所言："货币先于现代性而存在，并强有力地催动着现代性的萌动和发生；现代性只是在货币经济对现代生活施以重大影响的经济事件中才是成熟的，它的存在才能被确认为是感性的、被量度的、被均匀化切割的、被指认为可交换的，货币符号以其特有的张力构成一种现代性社会不可或缺的'能动的关系结构'，其对象不仅是可交换的物品，而且有针对货币交换者周围集体和周围世界的意义。所以货币是一种'系统活动的形式'，一种整体性反应，而现代性的某一基础层面正是建立在这种整体性反应之上的。"① 货币作为现代社会中一种能动的关系结构，同时建构着现代社会世界。正是在这个意义上，我们可以说，现代社会同样有一个货币生成的过程。

一 现代社会形成的货币动力

现代社会是随着 16 世纪西欧资本主义生产方式的逐渐确立而发展起来的。在 16 世纪，未来资本主义发展的条件就具备了：各国银行业商业资产阶级有了自行支配的巨大财产和银行以及金融机构网；各民族国家有了可用于征服和统治的工具；世俗的观念都看重财产和富有。正是在这个意义上，马克思把 16 世纪定为资本主义时代的开端："世界贸易和世界市场在 16 世纪揭开了资本的现代生活史"；"虽然在 14 和 15 世纪，在地中海沿岸的某些城市已经稀疏地出现了资本主义的最初萌芽，但是资本主义时代是从 16 世纪才开始的。"② 但是西欧资本主义及其社会制度究竟是如何发展起来的，这一直是众多学者研究的一个重大社会历史问题。

学者们提出了西欧特定的人口增长律、经济规模、市场运作状况、科学技术条件以及政治环境和制度氛围、思想文化等因素来解释此问题。按照汤因比的划分，物质、制度和文化三个层面共同构成一个完整文明社会

---

① 张雄：《现代性逻辑预设何以生成》，载张雄、鲁品越编《中国经济哲学评论·资本哲学专辑》，社会科学文献出版社 2007 年版，第 105 页。
② ［德］马克思：《资本论》第 1 卷，人民出版社 2004 年版，第 171、823 页。现代其他学者也大多认为传统社会向现代社会的过渡开始于 15 世纪末 16 世纪初，即西欧资本主义的兴起时期。例如，沃勒斯坦的现代世界体系、布罗代尔的资本主义等，参见［美］沃勒斯坦《现代世界体系》第 1 卷，郭方等译，高等教育出版社 1998 年版，第 12 页；［法］布罗代尔：《15～18 世纪的物质文明、经济和资本主义》第 2 卷，顾良、施康强译，生活·读书·新知三联书店 2002 年版，第 3 页。

的特征。① 我们也可以将对现代西方资本主义及其社会制度兴起的解释大体分解为三个层面：器物层面的解释、制度层面的解释以及观念或意识形态局面的解释。器物层面的解释主要是强调通过技术变革推导出工业革命的重要意义。例如罗斯托在解释近代欧洲如何起飞的问题时，就将科学革命作为其分水岭。② 从制度层面解释西方世界兴起的代表人物是道格拉斯·诺思。在其经典之作《西方世界的兴起》中，他认为西方产业革命的发生和经济迅速增长的背后是包括产权保护在内的一系列制度创新。韦伯是从文化或意识形态层面解释此问题最有影响的学者。他认为所谓的资本主义精神是现代资本主义发展的动力源泉。这些解释从不同的角度丰富了我们对西方资本主义兴起原因的认识和理解。这里，我们将提出一种资本主义兴起的货币动力解释，主要从两个层面展开：其一是近代西欧社会内部货币经济发展对封建制度的瓦解；其二是外部的美洲金银的大量输入对资本主义兴起的作用。

1. 货币经济的发展与封建制度的瓦解

一般说来，在西欧封建制度中，尽管货币的作用受到自给自足的封建庄园经济的限制，但是货币在经济生活中并没有完全消失，只是不占有重要地位。随着集市贸易的发展，一批固定从事商品交换与货币业务的职业商人逐渐形成。同时在集市贸易中通行的平等原则也逐渐被带入社会生活。因为在商品交换中，商品所有者之间在形式上是平等的。这与封建主无偿占有农奴的产品是格格不入的。而且伴随着商品生产和交换扩大而发展起来的货币借贷关系，在更大程度上冲击着封建等级观念。在货币借贷关系中，债权人有权向债务人索取货币利息，而不管债务人的身份多么高贵。正如马克思所言："货币财产作为一种特殊的财产来发展这一事实，就高利贷资本来说，意味着它是在货币索取权的形式上拥有它的一切索取权的。"③ 因此，在西欧封建社会，商品货币关系越是发展，社会经济生活中所反映出来的平等原则对封建等级制、身份制的冲击越大。

集市贸易的发展促进了商业和城市的兴起。西欧城市在某种程度上是

①　参见［英］汤因比《历史研究》，郭小凌、王皖强译，上海人民出版社1997年版
②　［美］罗斯托：《经济增长的阶段》，郭熙保、王松茂译，中国社会科学出版社2001年版，第4—11页。其他类似观点，参见［德］弗兰克《白银资本》，刘北成译，中央编译出版社2001年版，第257—268页。
③　［德］马克思：《资本论》第3卷，人民出版社2004年版，第689页。

破坏封建社会的重要因素。城市被马克思誉为"资本主义的预备学校"，并断言它"有足够的力量来推翻封建社会"。城市为了摆脱封建主的控制，不断与封建主进行斗争并争取城市自治或者建立城市共和国。中世纪的西欧没有无领主的土地。新兴城市虽然独立于封建庄园之外，但都是在封建主的领地上建立起来的，有些城市甚至是在封建主直接参与下建立起来的。因此，城市最初都由领主所委派的代理人去管辖并征收赋税，成为领主的附属物。领主在政治上控制城市，在经济上剥削市民，严重妨碍了城市的正常发展。城市及其市民阶层对自由的要求随着商品货币关系的发展日益强烈。他们渴望获得人身自由、财产自由和贸易自由。于是，市民展开了摆脱封建领主统治、争取自治权利的斗争。他们斗争的武器就是货币，"市民阶级有一件对付封建主义的有力武器——货币"①。

商业的发展、城市自治地位的确立、市民阶层的兴起，使得城市生活对封建主的影响越来越大。封建主对城市的依赖性也越来越强。因此，封建主对货币的需求更加强烈。如何得到货币，成为封建主的一大难题。因此，要想解决对货币需求日增的问题，最简便最有效的办法就是将劳役地租转换为货币地租，并让农奴赎买各种封建义务。这既免除了劳役地租中监督劳动、运输管理等麻烦，节省了大批费用，还能迅速地增加货币收入。在渴求货币的欲望驱使下，封建主们纷纷把劳役地租和实物地租改为货币地租。② 马克思说："不论地租的特殊形式是怎样的"，它们都是"土地所有权借以实现的经济形式"③。封建地租的这种转化，更加促使农村经济卷入商品经济的漩涡，使得最基本的封建关系——人身隶属关系松弛，变成了一种简单的金钱支付关系。马克思说："地租一旦取得货币地租的形式，同时，交租农民和土地所有者的关系一旦取得契约关系的形式，……也就必然出现租赁土地给资本家的现象。这些资本家一向置身在农村范围之外，现在却把他们在城市获得的资本和城市中发展的资本主义经营方式……带到农村和农业中来。……一旦资本主义租地农场主出现在土地所有者和实际从事劳动的农民之间，一切从农村旧的生产方式产生的

---

① 《马克思恩格斯全集》第 21 卷，人民出版社 1965 年版，第 449 页。
② 关于西欧封建社会地租形式的具体演进，参见毕道村《土地权与货币权的对立与西欧封建地租形态的更替》，《学习与探索》1994 年第 4 期。
③ ［德］马克思：《资本论》第 1 卷，人民出版社 2004 年版，第 714 页。

关系就会解体。"①

　　总而言之，商品货币关系的发展对于西欧封建制度而言，是一种腐蚀剂。它有形无形地从内部破坏着封建主的统治基础，催生着现代资本主义。对此，恩格斯总结道："骑士的城堡在被新式火炮轰开以前很久，就已经被货币破坏了。实际上，火药只不过像为货币服务的法警而已。货币是市民阶级的巨大政治平衡器。凡是在货币关系排挤了人身关系和货币贡赋排挤了实物贡赋的地方，封建关系就让位于资产阶级关系。"②

　　2. 美洲金银与资本主义的兴起

　　货币经济的发展使得人们对金银的渴望与日俱增。在这个过程中，美洲金银的发现成为资本主义发展的一个契机。从美洲金银的角度去理解西方资本主义兴起的观点可以追溯到马克思和恩格斯。马克思曾指出，"随着美洲和通往东印度的航线的发现，交往扩大了，工场手工业和整个生产运动有了巨大的发展。从那里输入的新产品，特别是进入流通的大量金银完全改变了阶级之间的相互关系，并且沉重地打击了封建土地所有制和劳动者；冒险的远征，殖民地的开拓，首先是当时市场已经可能扩大为而且日益扩大为世界市场。"③ 他认为，由于地理大发现而带来的市场扩大以及由于美洲金银财富的流入而在商业上发生并迅速促进商人资本发展的大革命，是促进封建生产方式向资本主义生产方式过渡的一个重要因素："美洲金银产地的发现，土著居民的被剿灭、被奴役和被埋葬于矿井，对东印度开始进行的征服和掠夺，非洲变成商业性地猎获黑人的场所——这一切标志着资本主义生产时代的曙光。这些田园诗式的过程是原始积累的主要因素。"④ 因此，在马克思看来，美洲金银的发现改变了西欧阶级关系，是资本原始积累的一个重要因素。恩格斯在《论封建制度的瓦解和民族国家的产生》中也指出："在十五世纪末，货币已经把封建制度破坏和从内部腐蚀到何种程度，从西欧在这一时期被黄金热所迷这一点看得很清楚。"黄金热是推动西欧探索海外新航路的新动力。恩格斯接着写道："葡萄牙人在非洲海岸、印度和整个远东寻找的是黄金；黄金一词是驱使

---

① ［德］马克思：《资本论》第 3 卷，人民出版社 2004 年版，第 903 页。
② 《马克思恩格斯全集》第 21 卷，人民出版社 1965 年版，第 450 页。
③ 《马克思恩格斯选集》第 1 卷，人民出版社 1995 年版，第 110 页。
④ ［德］马克思：《资本论》第 1 卷，人民出版社 2004 年版，第 860—861 页。

西班牙人横渡大西洋到美洲的咒语；黄金是白人刚踏上一个新发现的海岸时所要的第一件东西。这种到远方去冒险寻找黄金的渴望，虽然最初是以封建和半封建形式实现的，但是从本质上来说已经与封建主义不相容了。"①

美洲金银注入欧洲引起社会财富和阶级结构的变化，大大增强了新兴阶级，即资产阶级的经济实力。经济实力和阶级结构的变化必然会在国家政权中得到反映。16世纪英国议会结构发生重大变化，新兴资产阶级大量涌入议会下院。大城市的市政大权也往往把持在大商人手中，"在1603年的伦敦，正值伊丽莎白统治的晚年，大小事务都受到不到200名大商人的控制"。代表商人集团利益的新贵族们不仅影响，还控制了王国政府以及议会立法。新兴资产阶级可以提出并通过符合自己阶级利益的议案和国家政策。② 由此，新兴资产阶级进入了一个良性循环：他们一方面凭借迅速积累起来的财富取得了有利的社会地位，另一方面，新的社会地位又为他们攫取更多资源提供了便利。

随着资产阶级政治、经济力量的增强，代表资产阶级利益的议会力图通过立法来保护私有财产。但是在专制君主政体下，王权可以不受任何限制，随意撕毁契约、强征暴敛、践踏私人产权。例如菲利普三世（1578—1621）直接剥夺商人资本，并于1620年没收了1/8私运的美洲贵金属。③ 英王查理一世（1625—1649）为了获得资金，占用了商人们存放在铸币局的金银，并借故查封了存放在伦敦塔内的商人财产。④ 专制王权对私有财产的肆意践踏，引起了人们的普遍不满，从而使得业已强大的新兴资产阶级痛下决心反抗王权。在1648年英国资产阶级革命中，资产阶级与新贵族结成联盟，反对君主制和封建贵族。这次革命"宣告了欧洲新社会的政治制度……资产阶级的胜利意味着新社会制度的胜利"⑤。

由上述分析，我们可以看出，货币与西欧资本主义兴起之间的内在联系：金属货币的大幅增加以及随后的价格革命，导致社会财富的重新分配

---

① 《马克思恩格斯全集》第21卷，人民出版社1965年版，第450页。
② 张宇燕、高程：《美洲金银和西方世界的兴起》，中信出版社2004年版，第67—70页。
③ ［美］沃勒斯坦：《现代世界体系》第2卷，郭方等译，高等教育出版社1998年版，第187页。
④ 黄仁宇：《资本主义与二十一世纪》，生活·读书·新知三联书店1997年版，第187页。
⑤ 《马克思恩格斯选集》第1卷，人民出版社1995年版，第318页。

和社会阶级结构的变化。新兴资产阶级的经济强大使得他们有机会向国家政权渗透。在其权力渗透的过程中，国家性质在潜移默化中发生变化。专制王权与私有财产保护的矛盾激化。最终以一场资产阶级革命标志着新的社会关系、新的社会制度的形成。吉登斯对这个过程做了一个简明概括："金银的涌入导致价格的猛涨，这为贸易和制造业提供了巨大的利润，但却成为大地主破产的根源，也导致雇佣劳动者数量的猛增。投射到政治领域，这些事件所带来的后果就是第一次英国革命，这是国家权力迅速扩张的一个环节。正在发展中的中央集权化的行政管理机制，以及巩固的政权，被用来大力促进从封建生产方式向资本主义生产方式的转化过程，缩短过渡时间。"①

二 货币的社会空间效应

货币、资本与社会空间的关系问题一直是从马克思、恩格斯到当代马克思主义社会理论者关注的重要问题之一。马克思、恩格斯的大量文本中存在着对货币、资本在空间生产中扩张自己的历史运动的多维度考察。在《德意志意识形态》和《共产党宣言》中，马克思和恩格斯对资本造就城镇化和大量人口的空间聚集、对资本全球化造就"历史"向"世界历史"转变进行了深入分析。《资本论》《英国工人阶级状况》和《论住宅问题》都有对资本地租、资本造就的城镇化空间产品、工厂制度的空间聚集效应等问题的深刻研究。资本在城镇化进程中造就的城乡结构，在全球化进程中造就的东西方世界结构，都是马克思、恩格斯分析的空间问题。② 马克思、恩格斯虽然对这个问题的研究不是系统的、完整的，但是却深刻影响和启发了现代社会理论，由此带来了社会理论的"空间转向"。③ 这一思想也奠定了本书分析货币的社会空间效应的理论基础。

---

① ［英］吉登斯：《资本主义与现代社会理论》，郭忠华、潘华凌译，上海译文出版社2007年版，第39页。

② 参见田毅鹏、张金荣《马克思社会空间理论及其当代价值》，《社会科学研究》2007年第2期；任平：《论空间生产与马克思主义的出场路径》，《江海学刊》2007年第2期。高鉴国：《新马克思主义城市理论》，商务印书馆2006年版，第2章"马克思和恩格斯的城市思想"。

③ 参见［英］布赖恩·特纳《社会理论指南》，李康译，上海人民出版社2003年版，第15章；文军：《西方社会学理论：经典传统与当代转向》，上海人民出版社2006年版，第16章。

1. 社会空间的基本含义辨析

社会空间是人们在生产活动过程中形成的物化产品与社会关系结构的总和。[①] 从横向看，社会空间可以分为两种形式：一是以实体形式存在的地理空间，它是人类在自然空间的基础上，通过人的实践活动创造和拓展的，表现为人们生产、生活、科学研究和从事各种活动的重要场所，例如建筑、地理景观、交通设施、其他基础设施等。这实际上就是马克思所说的"人化自然"。二是以关系形式存在的交往空间，它是人们在实践活动中结成的经济、政治、文化、生活等日常和非日常的交往关系和交往结构，例如原始社会、奴隶社会、封建社会、资本主义社会和社会主义社会等诸多社会形态，以及存在于各种社会形态之中的民众团体、政党形式、国家机器、政府机构和形形色色的政治经济、文化艺术、教育、军事等部门机构和组织形式。它是人们的社会交往活动所构筑的一种抽象的社会关系空间。从纵向看，社会空间具有不同的层级（scale）划分。大致说来，社会空间具有三个层级：区域或城市空间层级；民族国家空间层级；全球空间层级。每一层级并不是对社会空间序列化预定的等级框架。相反，它是各种结构性力量和人类实践活动之间相互作用的结果。其本身就是社会建构的产物。[②]

总而言之，社会空间本质上是人的社会关系、人的活动的社会结构，表现为人的活动的现实条件、并存关系及广度和深度等形式方面的特征。货币的社会空间效应在上述两个层面表现出来：从横向看，货币扩展了人们活动的地理空间和交往空间；从纵向看，货币建构出不同层级的社会空间。

2. 横向社会空间形式的货币生产

货币的社会空间效应根源于货币出现以后，买卖主客体和买卖行为的时空分离。在物物交换时期，买与卖面对面地、直接地、同时同地地进

---

① 关于社会空间的概念，不同学科有不同界定。有作为群体居住区域的社会空间；作为个体行为和网络组织产物的社会空间；作为地区空间的社会空间；作为文化标志的社会空间等，参见叶涯剑《空间社会学的缘起及发展——社会研究的一种新视角》，《河南社会科学》2005年第9期；李小建：《西方社会地理学中的社会空间概念》，《地理译报》1987年第2期。本书的主要视角是哲学与社会学。

② Marston S，The social construction of scale. *Progress in Human Geography*，24，2（2000）．p. 219.

行。当货币出现以后，这种时空统一性被打破了，"交换行为也分为两个独立的行为：商品交换货币，货币交换商品；买和卖。因为买和卖取得了一个在空间和时间上彼此分离的、互不相干的存在形式，所以它们的直接统一性就终止了"①。时空统一性的分离使得货币获得了建构空间的力量。货币具有分离和拓展主体与客体、购买和销售的时间（过去与现在）和空间（这里与那里）的能力。正是这种时空分离，将交易者从物物交换面对面的局限中解放出来。

这种力量主要体现在货币对两种社会空间形式的影响上。首先，货币流通将各个地区的生产活动连接起来，扩大了人们交换的区域和空间。对货币财富狂热追求的致富欲望是扩展人类生产活动范围的地理空间的重要力量。在前面一节中，我们已经论述了近代西欧对金银的追求在地理大发现中的重要作用。对此，马克思说："到各地区追逐黄金使一些地区被发现，使新的国家形成；首先使进入流通的商品的范围扩大，这些商品引起新的需要，把遥远的大陆卷进交换和物质变换的过程。……货币是一种双重手段，它使财富扩大到具有普遍性，并把交换的范围扩展到整个地球；它在物质上和在空间上创造了交换价值的真正一般性。"② 而现代货币的同质化、标准化在用时间消灭空间的过程中具有重要作用。在工业资本主义时期，加快资金的周转速度、克服商品与货币交换的空间障碍刺激着人们不断改进生产技术和经济组织。从流水线生产到利用基因工程加快自然过程，从调动时尚广告手段加快商品更新到信用系统、电子银行，从劳动记时器到工作打卡机，从福特制到后福特制，所有这些技术创新和组织改进都是追求金钱和利润的结果。货币形式的抽象性使得货币不再与空间有具体联系，它能够对最遥远的地方产生影响。可以说，现代社会空间的形成和发展是货币、资本积累作为一种政治地理过程的结果。

其次，货币体现的是人们之间相互交换劳动的社会关系。它是解构和建构人们交往关系的社会空间的重要因素。在上一节中，我们也已经论述了在近代资本主义兴起过程中货币经济的发展对封建社会关系的瓦解作用。马克思说："如果说在较早的阶段上，封建贡赋变为货币贡赋，这表现为人身依附关系的解体，表现为资产阶级社会通过现金赎买摆脱妨碍其

---

① 《马克思恩格斯全集》第30卷，人民出版社1995年版，第97页。
② 《马克思恩格斯全集》第30卷，人民出版社1995年版，第177—178页。

发展的桎梏而取得的胜利，另一方面从浪漫主义方面来看，这一过程表现为冷酷无情的金钱关系代替了人类的丰富多彩的结合手段。"① 在此，马克思精辟地指出了货币在消解封建人身依附关系和建构新的社会关系中的双重作用。卢曼、吉登斯也认为现代货币是一种扩展社会关系的时空抽离机制，是一种简化复杂性的信任机制。货币象征着现代社会的信任关系。任何一个使用货币符号的人依赖于这样一种假设：不需要对每个人的品性、行为进行逐一核实就能确认那些他或她从未谋面的人也承认这些货币的价值。这样就极大扩展了人们的交往空间，并且货币的运作得到政府、银行等专家系统的支持和保证。现代货币有效的、广泛的运作建构起对各种社会系统的信任关系。

3. 纵向社会空间层级的货币生产

区域或城市空间层级、民族国家空间层级、全球空间层级构成了纵向社会空间的层级。它们是各种结构性力量和人类实践活动之间相互作用的结果。货币、资本在其中起着重要作用。

首先，我们已经在前面一节中分析了货币在城市形成中所起的作用：货币经济的发展促进了集市贸易的扩大；货币交换的平等原则冲击着封建等级秩序，孕育着自由平等的社会关系，"城市的空气都是自由的"；货币帮助城市获得了独立自主的政治地位。因此，韦伯认为，"城市的建立，包括种种后续的结果，自建立者的观点而言，主要是一种营利事业：为了创造货币收入的机会。"② 其次，货币的流通、资本的运动、金融的繁荣是现代城市空间发展的生命线。哈维以货币、资本的三级循环来解释货币、资本运动与城市空间发展的关系。第一级循环，即货币、资本向生产资料和消费资料投入；第二级循环就是投向物质结构和基础设施；第三级循环涉及货币资本向科学教育和卫生福利的转移。尤其是房地产投资作为货币与资本的第二级循环对城市空间的生产和构成具有重要意义，"能够达到把空间同质化的方法之一，就是通过它在整体上的粉碎和分裂成可以自由转让的私有财产的各个部分、可以在市场上任意地买卖"③。再次，

---

① 《马克思恩格斯全集》第31卷，人民出版社1998年版，第316页。
② 《韦伯作品集：非正当性支配——城市的类型学》，广西师范大学出版社2005年版，第173页。
③ ［美］哈维：《后现代状况》，阎嘉译，商务印书馆2003年版，第317页。

货币经济塑造着城市的生活空间，这在西美尔的《货币哲学》中得到了充分的阐述。在西美尔看来，都市是货币经济的空间体现，都市生活风格集中体现了货币经济的支配性作用。货币经济和理智至上是结合在一起的，它们共享了一种对人对物的讲究实际的态度。这种务实态度在事实上呈现为一种形式上的公正与冷漠。在大多数情况下，城市人希望有逻辑的、理性的交往，而不是情感的交往。同样，货币作为联系都市人的中介，在人际交往中以客观、理性的方式出现。货币关心的是普遍性，注重交换价值，将所有性质和独特性化约成一个价值多少的问题。这就涉及货币经济与现代都市人的计算性格。

其次，在前面一节中，我们已经指出排他性的国定货币的出现是现代民族国家集中政治经济权力过程的产物。其实反过来，国定货币也极大地加强了民族国家的权力地位，并成为维护民族国家生存与发展空间的重要力量。一是国定货币增强了政府对国家经济干预的权力，是民族国家建构其经济空间的重要工具。这种权力来源于货币对实际经济活动的潜在影响。垄断货币发行、限制其他货币流通、操控取得真实资源的多种途径——商品和各种服务，是一种强有力的调动国民经济运行的手段。因此，一旦政府在其领土范围内取得了对货币供应的控制，他们就获得了这种能力：影响和控制市场活动的步伐。这种影响主要通过一些市场机制，例如价格波动来实现。二是货币可以用于促进繁荣、增强国家力量以及满足政府的财政需要，"现代国家是货币的主要经手人，税收，现金支付雇佣兵的饷银，官员的薪金，并从中受益"[1]。货币国家化给政府装上了两个强有力的政策工具：一个是货币供应。它能被用来增加或减少国内居民的消费水平。另一个是汇率。它可以用于调控国内经济的开支。三是国定货币是维护民族国家独立自主政治空间的重要武器。国家货币能够使政府避免这种关键资源在某些方面依赖其他国家。国定货币在某个国家与世界其他地方之间划出了一条清晰的边界。这些边界加强了政治统治，政府在制定和实施政策时得以摆脱外界的影响或制约。正如柯申（J. Kirshner）所言："货币权力是国家权力高效率的组成部分……国家能够实施的最具潜力的

---

① ［法］布罗代尔：《15—18 世纪的物质文明、经济和资本主义》第 1 卷，顾良、施康强译，生活·读书·新知三联书店 2002 年版，第 518 页。

经济强制性工具。"①

再次，货币对全球空间的建构作用主要体现为国际货币体系对全球政治经济格局的重大影响。在现代全球空间的建构中，国际货币体系占据着中心地位，"货币和金融的这种新体系是称之为全球化的整个动态系统的互联机制的中央发动机之一"②。从国际金本位制到布雷顿森林体系，再到后布雷顿森林体系，国际货币体系的变迁无不标志着全球政治经济空间的重大变革。国际金本位体系是金融全球化最初的一种形式，主要反映了英国的利益，标志着英国在全球空间中占据的霸权地位。而布雷顿森林体系和牙买加体系则对美国等发达国家在全球空间中霸权的确立、发展和当代的演变产生重要影响。③ 现行国际货币体系的一个重大特点就是对世界及各国经济运行起到越来越重要作用的国际货币基金组织和世界银行等国际金融机构仍被美国等发达国家掌控。美国等西方发达国家正是凭借自身强大的货币金融力量和对国际金融机构的操纵，建构起一个符合自己利益的世界政治经济格局，从而形成一个新的全球空间：帝国。与传统的帝国主义不同，帝国是一种全新的空间统治形式。它没有中心、没有疆界、没有历史，是一个货币、金融、资本流动不受任何限制的、灵活的、不断调整的、趋于平均化的平滑空间，"帝国的概念假定了一个体制，这一体制成功地包括了空间的整一性，或者说真正统治了整个文明的世界。没有国界限定它的统治权"④。可以说，帝国是现代货币、金融和资本所建构的超级全球空间形式。⑤

三　货币的社会时间效应

"时间就是金钱！"这是美国著名思想家富兰克林的一句名言。他的

---

① Kirshner J, *Currency and Coercion*：*The political Economy of International Moneatary Power*. Princeton：Princeton University Press. 1995，pp. 29 – 31.

② ［英］彼得·高恩：《华盛顿的全球赌博》，顾薇、金芳译，江苏人民出版社 2003 年版，第 8 页。

③ 参见鲁世巍《美元霸权与国际货币格局》，中国经济出版社 2006 年版，第 4 章。

④ ［美］麦克尔·哈特、［意］安东尼奥·奈格里：《帝国——全球化的政治秩序》，杨建国、范一亭译，江苏人民出版社 2003 年版，第 4 页。

⑤ 哈特等人认为，热核武器、金钱与现代通信技术是建构帝国的三种方式。参见 ［美］麦克尔·哈特、［意］安东尼奥·奈格里《帝国——全球化的政治秩序》，杨建国、范一亭译，江苏人民出版社 2003 年版，第 326—329 页。

侧重点在于指出时间的财富价值。这句名言在今天依然有效。然而，它并没有充分反映社会现实，除非我们把它颠倒过来：金钱也是时间。货币在现代社会世界中具有重要的时间效应。

货币的时间效应根源于货币是物化的劳动时间。马克思将生产商品的劳动区分为生产使用价值的具体劳动和生产价值的抽象劳动。抽象劳动在劳动时间上的表现形态就是"物化的劳动时间"①。这一时间概念对应于商品交换中作为交换价值规定性的劳动时间，以量化的货币表现为直接形态："作为一定的劳动时间的体现，商品是交换价值；在货币上，商品所代表的劳动时间份额，不仅被计量，而且包含在它的一般的、符合概念的、可以交换的形式中。……亚当·斯密说，劳动（劳动时间）是用来购买一切商品的最初的货币。如果考察的是生产行为，那么这始终是正确的。"② 商品就其使用价值是无法进行比较的，但在交换中，商品作为交换物又恰恰需要进行比较，这个可比较的东西就是交换价值，而交换价值之所以能够比较，恰恰是以量化的劳动时间为根据："正是劳动（从而交换价值中所包含的劳动时间）的一般性即社会性的对象化，使劳动的产品成为交换价值，赋予商品以货币的属性，而这种属性又意味着有一个独立存在于商品之外的货币主体。"③ 正是这种物化劳动时间，使劳动产品成为商品，成为可比较的交换价值。而货币就是这种物化劳动时间最适当的表达。货币所体现的可计算性的时间，在深层意义上恰恰是物化了的社会关系的存在境遇："商品必须和一个第三物相交换，而这第三物本身不再是一种特殊的商品，而是作为商品的商品的象征，是商品的交换价值本身的象征；因而，可以说，它代表劳动时间本身。这样一种象征是以得到公认为前提的；它只能是一种社会象征；……事实上，它只表现一种社会关系。"④ 资本主义社会的生产在以货币计量的物化劳动时间的身上找到了一切可通约的坐标，使物化的劳动时间成为资本主义社会衡量一切、主导一切、统治一切的根本。货币体现着物化的社会关系。

1. 社会时间的基本含义辨析

社会时间，是人们的生产实践活动在社会世界中的时间性展开。社会

---

① 《马克思恩格斯全集》第30卷，人民出版社1995年版，第92页。
② 《马克思恩格斯全集》第30卷，人民出版社1995年版，第117页。
③ 《马克思恩格斯全集》第30卷，人民出版社1995年版，第118页。
④ 《马克思恩格斯全集》第30卷，人民出版社1995年版，第93页。

时间本质上是人们通过各种社会活动、社会事件组成的具有自身节奏和过程的象征性结构："社会时间表征和测度的是社会事件和人们的社会生产生活的顺序性和过程性。"① 社会时间反映着人类社会生活的节奏、节律、组织秩序。

与自然时间相比，社会时间的一个重要特征是未来向度中存在的不确定性，"我们生活的世界是一个变化的世界，一个充满不确定性的世界。我们在生活中只能知道未来的某些事情"②。自然时间所表征的自然物质的运动是不受人的力量影响和作用自然而然地进行的；而社会时间所表征的社会事件的发生和发展则是受人的影响和作用。人的活动在社会时间的建构中起着重要作用："从具体的社会事件来说，根据人们的目的和需要以及社会事件的性质，人们可以有意地提前或是延迟社会事件的发生，同样，人们可以有意地加速或放慢社会事件的发展过程。"③ 由于人的实践活动本身具有不确定性，必然造成社会时间在未来层面呈现出不确定性。

与自然时间相比，社会时间的另一个重要特征是其历史向度中社会记忆因素的存在。人的实践活动具有历史性。任何实践活动都是在既定的历史环境中展开的，都会造成一定的历史影响，留下某些特定的历史痕迹。人的活动的历史性造成社会时间在历史向度中存在某种社会记忆。所谓社会记忆是一个社会集体或群落对自身过去的民俗、传统和文化等精神与物质财富的保存、传播和提取。④ 或者用德国学者韦尔策的话说："一个大

---

① 胡敏中：《论马克思主义的自然时间观和社会时间观》，《马克思主义研究》2006 年第 2 期。

② ［美］弗兰克·奈特：《风险、不确定性与利润》，安佳译，商务印书馆 2006 年版，第 181 页。

③ 胡敏中：《论马克思主义的自然时间观和社会时间观》，《马克思主义研究》2006 年第 2 期。

④ 社会记忆是一个多学科研究的对象。在哲学层面上，社会记忆指的是"人们将在生产实践和社会生活中所创造的一切物质财富和精神财富以信息的方式加以编码、储存和重新提取的过程的总称"，参见孙德忠《社会记忆论》，湖北人民出版社 2006 年版，第 24 页；在社会心理学中，社会记忆指的是每一个社会群体具有的特定的心理倾向，即社会偏爱（Bias），参见［英］巴特莱特《记忆：一个实验的与社会的心理学研究》，黎炜译，浙江教育出版社 1998 年版，第 332 页；在历史学中，社会记忆成为一种历史记忆，人们借此追溯社会群体的共同起源及其历史流变，以诠释当前该社会人群各层次的认同与区分。参见王明珂《历史事实、历史记忆与历史心性》，《历史研究》2001 年第 5 期。

我群体的全体社会成员的社会经验的总和。"① 这种集体记忆为对社会时间的理解提供了一个总的框架，人们之所以能够回顾历史、追忆往事便是有着这么一个社会的记忆框架。社会记忆突出了社会时间在历史向度上的特征。

2. 作为应对未来不确定性的货币

不确定性是社会生活中的一个基本客观事实。面对社会时间在未来层面所表现出来的不确定性，人们会以各种方式来处理和应对。处理不确定性的方式往往决定着我们生活于其中的制度。② 但是货币及其相关的制度安排则是现代社会世界中人们应对未来不确定性的一种重要方式。③ 著名经济学家凯恩斯最先意识到这一点。

凯恩斯认为，时间可以划分为过去、现在和未来，不同的时间段紧密相关，连为一体。任何经济系统中的利益主体在考虑涉及自身利益的经济问题时不仅仅着眼于现在，从时间上更着眼于未来。他相信人们更关心未来社会之经济和政治的种种情况，"而一般说来，我们对于现状本身并不感觉特殊的兴趣"，因为经济体系的现状是完全被动确定的，换言之，经济体系目前的状况则是因变量，人们对实际时间中运行的经济过程和经济规律的研究，其特殊兴趣不在于被动的、确定的经济和社会现状，而在于主动的、不确定的社会未来。因此，他认为经济体系未来的根本特性是"不确定性"，不确定性是凯恩斯对于"在时间中形成的经济过程和在时间中发生的经济事件所持有的一般的哲学观念，他根本不相信'不确定性'能够从经济活动过程中消失掉，更不相信人类社会能最终发展出一种方法探寻未来"。"他确信，时间和无知的黑暗力量永远是经济体系和经济活动过程的一个内在组成因素，是任何经济利益主体参与社会经济活动所必须面对和不可避免的。"④

凯恩斯认为，经济前景的不确定性使预期成为各经济行为主体行为

---

① 哈拉尔德·韦尔策：《社会记忆》，载［德］哈拉尔德·韦尔策编《社会记忆：历史、回忆、传承》，季斌等译，北京大学出版社 2007 年版，第 6 页。

② 鲁鹏将人们处理不确定性的"行为—态度"划分为三种方式：激进主义、保守主义和实用主义。参见鲁鹏《论不确定性》，《哲学研究》2006 年第 3 期。

③ 奈特将处理不确定性的方法归纳为：知识积累；组织规模集中化；专业分工。他忽视了货币的作用。参见［美］弗兰克·奈特《风险、不确定性与利润》，安佳译，商务印书馆 2006 年版，第 8 章，"应对不确定性的诸种组织结构和方法"。

④ 陆家骝：《论"凯恩斯革命"的真实底蕴》，《经济学家》1996 年第 5 期。

动机与决策的重要依据。经济活动赖以决策的预期有两类，一类预期所关心的是价格，预期商品的未来售价；一类是关心将来的收益，经济活动在将来给他带来的收益。而货币正是影响经济行为主体预期心理的重要因素。因为对第一类预期而言，价格总是以货币表现，反映出供求关系的变化；对第二类预期而言，未来收益也往往以货币数量的形式表现出来。因而货币能够通过影响经济行为主体的预期行为而在经济运行中发挥重要作用。凯恩斯指出："我们看到，使用货币的经济制度基本上是这样一个制度；在其中，对将来看法的改变不仅可以影响就业的方向，而且还可以影响就业的数量"，"货币的重要性主要来自它是联系现在与将来的环节。"①

货币之所以能够作为人们应对社会经济未来的不确定性，是因为货币的流动性特征。凯恩斯认为流动性概念是货币最突出的特点和人们持有货币的理由。所谓流动性就是资产付现的方便程度，意即"周转灵活性"。货币是流动性最强的资产，随时随地都可以用来对消费商品、债务等进行所需的支付。凯恩斯认为人们都有某种程度的追求流动性的偏好，即以一定的数额持有货币的偏好。货币具有最高程度的流动性。对流动性的需要是由于对未来的不确定性产生的。这种持有货币以应对不确定性的动机，凯恩斯称之为谨慎动机。凯恩斯认为，根据谨慎动机持有货币，对企业来说，目的在于预防不时之需，或者准备用于当前没有料到的有利进货时机。对于个人来说，目的在于应付失业、患病等需要："为了不时之需而积起一笔准备金，为了事先料到的个人或其家庭所需要的开支与其收入之间的关系的改变而作出储备，例如，为了养老、家庭成员的教育或抚养无自立能力的人。"② 货币所具有的流动性使得货币在现在和未来搭起了一座桥梁，从而有助于对未来风险的控制和计划的实现。货币拥有流动性，因为它体现着社会的信心，并得到制度性支持。只要货币信心被维持，它的流动性就极为有利于经济行动者。对未来的预期将反映在经济行动者持有货币或其他资产的决策上：他们的投资组合。这些预期通过货币产生现

---

① ［英］凯恩斯：《就业、利息和货币通论》，高鸿业译，商务印书馆1999年版，第3页，第305页。

② ［英］凯恩斯：《就业、利息和货币通论》，高鸿业译，商务印书馆1999年版，第112页。

实的经济影响，而这些预期本身在很大程度上是货币标示的经济信息制造出来的，"货币由于其所提供的流动性，可以推迟做出具有深远影响的决定。货币是不确定性世界中的购买力的短期寄居所"①。

在现代各种货币制度中，保险制度恐怕是最为古老也是最明显的对抗未来不确定性的货币金融安排。像涉及海上航行的海事保险以及有关远程贸易的保险都是早期的例子。② 发展到今天的保险业几乎将触角伸到了人类生活的每一个角落。保险的本质不是消除不确定性，而是促成不确定性的分散和转移，从而降低不确定性带来的各种成本和损失。后来的银行制度、股份公司制度、各类金融工具的发展，很大程度上也都是为应付不确定性而产生的。因此，各种货币金融制度是"人类为在现代世界上进行生产和政务活动而建立的一种精致组织。……它们对付的是个人在复杂性和不确定性面前的理解力和结算力的限度。制度环境就像自然环境一样，在我们周围设置了一套可靠的可感的模式。我们所生存环境的这种稳定性和可预见性，允许我们在有限的认知能力和结算能力的约束下，去应付我们所面临的问题"③。

总而言之，金钱就是时间。因为它意味着未来计划。货币使得我们行动，消除疑虑，预期未来。它给了人们一个可以确保的未来。货币能够使得我们等待，安心平静地面对一个不确定的未来。

3. 作为传承社会记忆的货币

我们的许多社会活动和社会事物，都可视为一种强化社会记忆的方式。如国庆日的庆祝仪式，为了强化作为"共同起源"的开国记忆，以凝聚人群的国家历史。④ 历史建筑、战争遗迹、古代书简器物、今天的图

---

① ［美］斯蒂芬·罗西斯：《后凯恩斯主义货币经济学》，余永定等译，中国社会科学出版社1991年版，第26页。

② "保险是现代商业的另一块基石，据说它是日耳曼人发明的。12世纪和13世纪布鲁日就存在着某些为货物保险的活动。有理由认为，1310年已成立了一家特许公司，专门出售商品海运保险和其他保险。"［美］詹姆斯·汤普逊：《中世纪晚期欧洲经济社会史》，徐家玲等译，商务印书馆1996年版，第613页。

③ ［美］赫伯特·西蒙：《现代决策理论的基石》，杨砾、徐立译，北京经济学院出版社1989年版，第162—163页。

④ 康纳顿专门研究了纪念仪式的社会记忆方式。参见［美］保罗·康纳顿《社会如何记忆》，纳日碧力戈译，上海人民出版社2000年版。

书传媒等都是传承社会记忆的媒介。① 货币作为人类文明的重要产物，同样担负着传承社会记忆的重要功能。

所谓社会记忆的货币表达即货币以自身为平台、渠道，通过货币形态、货币图像、货币制度、使用货币等方式对关系国家、民族、社会变迁的意义重大的历史事件以及人们日常生活经历的多种表述，共同形成一种社会认识、社会观念、社会经验，并经由货币的传播使用强化该社会群体对自身根基、自身历史的记忆，最终影响人们对社会历史的认识。

货币的英文"Money"词义本身就是来自希腊罗马神话中的记忆女神。罗马人曾在卡匹托尔山（the Capitoline Hill，美国国会山的得名即源于此）盖了一座神庙奉祀 Juno Moneta 即主神 Jupiter（朱庇特）之妻 Juno Moneta（朱诺·莫涅塔）。之后，罗马人又把他们的第一个铸币工场设在该神庙里。这样，Juno Moneta 又成了罗马人钱财的守护神。于是，他们称铸币工场为 moneta，把在该神庙铸造的货币也称为 moneta。而希腊的记忆女神 Mnemosyne 译成拉丁语成为 Moneta，后来又成为天后名字 Juno Moneta 的一部分。拉丁文 moneo，即含"提醒、提示、回忆、警告"之意。② 因此，对于古希腊罗马人来说，铸币形态的货币本身就是集体记忆的工具。而在中国文化中，《说文》曰："货者，财也。从贝，化声。"汉字是以形表义的文字。天然"贝"是中国最早流通使用的货币，中国的先民们据此而产生的造字思维理念，在构造货币义、财富义汉字时，理所当然首选"贝"为其表义偏旁。以"贝"为表义偏旁的汉字，其字义与货币、财富有关，既反映了"贝"是中国远古时代最早的货币，又反映了造字之初汉民族先民关于货币义、财富义造字思维理念的文化蕴涵。正是在这个意义上，哈特（K. Hart）将货币称为"记忆银行"（the Memory Bank）："货币的主要功能就是作为记忆的一种方式。事实上，欧洲的许多社会制度的起源都可以追溯到货币与集体记忆之间的紧密联系上去。即使今天，货币仍然是沟通和共享记忆的一种主要机制，而且它的这种能力还随着机

---

① 韦尔策将其划分为四种：互动实践、文字记载、绘制图片、空间。参见哈拉尔德·韦尔策《社会记忆》，载［德］哈拉尔德·韦尔策编《社会记忆：历史、回忆、传承》，季斌等译，北京大学出版社 2007 年版，第6—8页。

② Hart K, *Money in an Unequal World：Keith Hart and His Memory Bank*. New York：Texere, 2000, p. 15.

器的广泛运用而扩大化了。"①

　　每一种传承社会记忆的媒介，都有其自身的表达社会记忆的形态和结构。② 作为传承社会记忆的货币主要通过两种形态而发挥作用。一方面，通过货币历史传承社会记忆。这里的历史是认识论意义及编撰学意义上的历史，即历史学家根据其见闻及所掌握的相关材料，并经其贯通性理解整理而成的文字记载形式，也即一般所说的历史著作。历史研究意义上的货币就是各种类型的货币研究著作。历史学家依据历史的逻辑，以货币文献记载、考古资料为史料，以历史学的基本方法为支撑，辅以货币经济学、金融学、社会学等分析工具，研究货币与人类社会历史的互动关系，总结出货币在社会历史中功能、结构、形态演变的一些基本规律，以及通过货币折射出的当时社会政治、经济、文化的状况与变迁。例如美国学者史瀚波（B. Sheehan）《乱世中的信任：民国时期天津的货币、银行与政府社会关系》系统考察了 1916 年至 1937 年天津银行业和货币的曲折发展过程，并在此基础上进一步探讨了天津社会公众如何逐步信任银行及其所发行的货币，相信银行和政府所制定的金融制度这一历史现象，揭示了近代天津银行、货币和政治的相互关系。③《金钱与战争——抗战时期的货币》则反映出抗战时期中国存在着的三种不同的社会经济形态，即沦陷区殖民地社会经济、国统区半殖民地半封建社会经济、根据地新民主主义社会经济，丰富了我们对抗战时期货币与政治、货币与经济、货币与战争的复杂关系的认识。④

　　另一方面，货币传统传承社会记忆。与认识论意义上的历史相比，这里的传统是本体论意义上的历史，美国著名社会学家希尔斯认为："几乎任何实质性内容都能成为传统。人类所成就的所有精神范型，所有的信仰或思维范型，所有已形成的社会关系范型，所有的技术惯例，以及所有的

　　① Hart K, *Money in an Unequal World*：*Keith Hart and His Memory Bank*. New York：Texere，2000，p. 5.

　　② 例如大众传媒作为建构社会记忆的重要渠道，拥有三种表达社会记忆的方式：（1）报道社会历史，以见证人的身份进行社会记忆；（2）再现社会历史，以复述者的视野建构社会记忆；（3）重塑社会历史，以艺术家的想象丰富社会记忆。参见余霞《历史记忆的传媒表达及其社会框架》，《武汉大学学报》（人文科学版）2007 年第 2 期。

　　③ Sheehan B, *Trust in Troubled Times*：*Money*，*Banks*，*and State – Society Relations in Republican Tianjin*. Massachusetts：Harvard University Press，2003.

　　④ 参见戴建兵《金钱与战争：抗战时期的货币》，广西师范大学出版社 1995 年版。

物质制品或自然物质，在延传过程中，都可以成为延传的对象，成为传统。"①传统是社会过去存在过的一种实质性内容，是延传社会的一种记忆链。传统意义上的货币就是指历史中存在过的各种货币形态、制度、体制的演变。作为传统意义上的货币本身就是文物。它承载、蕴含和传达着来自久远年代社会的丰富的历史内容和历史信息，是活的历史教科书，呈现出当时社会生活的背景："从同一种钱币铸造的精良与差劣、厚重与轻薄中，可以看出一个朝代政局的变化，国家与民族的强弱，文化水平的高低，社会经济发展的快慢，以及财政收支的盈亏。"②大量的历史材料证明，我国历史上各个时期各种货币的产生、发展、消失或者转化，是由当时社会的政治、经济、军事、文化等各方面的综合因素决定的。例如新中国成立以来所发行的五套人民币具有不同的社会时代内涵。每一套人民币都见证了新中国一段特定的社会时期，承载着一段特定的历史意义，"货币既是文化的象征物，又是经济的结晶物。一种货币的历史，浓缩了整个民族的历史，它是社会发展史，是文明演化史"③。

四　现代社会行动中的货币

正像自然科学技术对自然世界的祛魅带来了人们认知行为的理性化一样，社会世界的货币化带来了人们社会行动的理性化。传统社会人们的社会行动主要取决于对真善美或正义之类较高等级的价值的认同，渗透着个人的情感，并受到社会习俗的约束。然而当货币把充满质的差别的事物表层社会世界转变为深层的纯数量世界之后，人们追求的多元价值目的归结为创造和获取更多的货币。这种价值目的导致现代工具理性社会行动的产生。在经济领域，这种工具理性行动表现为生产和消费活动的利益最大化。如韦伯所说："这种伦理所宣扬的至善——尽可能地多挣钱，是和那种严格避免任凭本能冲动享受生活结合在一起的，因而首先就是完全没有幸福主义的（更不必说享乐主义的）成分掺在其中。……人竟被赚钱动机所左右，把获利作为人生的最终目的。在经济上获利不再从属于人满足

---

① ［美］E. 希尔斯：《论传统》，傅铿、吕乐译，上海人民出版社1991年版，第21页。

② 千家驹、郭彦岗：《中国货币演变史》，上海人民出版社2005年版，第3页。

③ 张杰：《天圆地方的困惑——中国货币历史文化之总考察》，中国金融出版社1993年版，第12页。

自己物质需要的手段了。"① 货币化的工具理性行动还溢出经济领域。在普遍的社会交往和沟通中，货币日益取代语言，凭借价格交换机制，成为人们沟通与理解的重要媒介。生活世界中，以有效性、真实性、真诚性为特征的语言媒介被冷冰冰的对于货币数量的理性计算行动所取代。

1. 货币与理性

社会行动理性化是从韦伯到科尔曼等众多社会理论家对现代社会世界的重要诊断之一。社会行动的理性化是以"合理性"（Rationality）这一概念为基础解释广义上的具有目的性的行动。对于影响社会行动理性化的因素，社会理论家提出了许多解释，涉及宗教伦理、法律制度、科学技术、职业团体、资本主义企业等，不一而足，但是现代货币、货币经济的发展在其中也起着重要作用。这也是许多社会理论家的共识。大致说来，货币在建构理性化的社会行动过程中的作用主要表现在以下几个方面：

第一，理性化的社会行动以追求最大化的效益为基本动机。虽然在现实生活中，人们的理性行动不仅仅追求经济效益，而且还包括社会的（如团结）、文化的（如道德规范）、情感的（如友谊）、政治的（如权力）等目的，但是以货币形式体现的经济利益是现代理性社会行动的最基本动机。

亚当·斯密和马克思都认为追求货币资本最大化是资本家最主要的行为动机。斯密说："把资本用来支持产业的人，既以牟取利润为唯一目的，他自然总会努力使他用其资本所支持的产业的生产物能具有最大价值，换言之，能交换最大数量的货币或其他货物。"② 在马克思看来，资本就是能生钱的钱，资本的无限增殖，是资本家的唯一动机。他引证《工联和罢工》的著者登宁的话说："一旦有适当的利润，资本就胆大起来。如果有10%的利润，它就保证到处被使用；有20%的利润，它就活跃起来；有50%的利润，它就铤而走险；为了100%的利润，它就敢践踏一切人间法律；有300%的利润，它就敢犯任何罪行，甚至冒绞首的危险。如果动乱和纷争能带来利润，它就会鼓励动乱和纷争。"韦伯将企业经营者

---

① ［德］马克斯·韦伯：《新教伦理与资本主义精神》，于晓、陈维纲等译，生活·读书·新知三联书店1987年版，第37页。
② ［英］亚当·斯密：《国民财富的性质和原因的研究》下卷，郭大力、王亚南译，商务印书馆1974年版，第27页。

的活动称为"营利活动"："营利活动指的是以某种方式，至少是用来获取现在尚未拥有的财货（货币或实物财货）的任何活动。"① 企业家的经济行动所追求的就是以货币计算表现出来的利润："所有被考虑换出或换入的财货与劳务，一切皆以货币来评价的可能性，此即货币计算。"② 不仅在经济领域，在社会文化领域，货币也成为人们社会行动的基本动机。西美尔将此界定为货币由绝对手段上升为绝对目的："从来还没有一个这样的东西能像货币一样如此畅通无阻地、毫无保留地发展成为一种绝对的心理性价值，一种控制我们实践意志、牵动我们全部注意力的终极目的。"③ 货币从绝对手段向绝对目的的转换是经济活动在现代社会中深度化的逻辑产物。在他看来，经济活动导致了人们心理认识和心理依附的重心偏移，货币替代其他价值上升为生活追求和社会行动的最终目标。

第二，理性化的社会行动过程表现为效率性、可计算性、可预测性、可控制性、可协调性等特征。按韦伯的说法，现代社会行动具有突出的形式理性特征。货币作为"最大可能程度的形式理性"，大大强化了社会行动过程的效率性、可计算性、可预测性、可协调性。

韦伯指出，当货币被引入交易时，它就可能参与到更加精致和有效的价值计算中。也就是说，货币作为普遍的价值尺度时，某一物品或商品的价值就更容易被确定，不同物品之间交换的可能性大大提高："借着货币的使用，等待换出的特定财货与被期待换得的财货之间，有可能在空间上、时间上、人和人之间，以及很重要的一点：数量上，分隔开来，从而使得既有的交换的可能性大大地提高。"④ 所以货币极大地提高了市场交易取代物物交换的便利性。用制度经济学的话说，货币降低了交易成本，提高了人们经济行动的效率。在哈贝马斯看来，货币不仅提高了人们经济行动的效率，而且这种货币效应同样在社会交往行动中体现出来。在生活世界中，以语言为媒介的交往行动使得个体理性和认知能力无法应对日益复杂和分化的社会系统。人们的理性思维的负担和交往压力大大加重，人们之间的沟通困难程度提高。于是人们需要一个缓解交往压力的机制。货

---

① 《韦伯作品集：经济行动与社会团体》，广西师范大学出版社 2004 年版，第 53 页。
② 《韦伯作品集：经济行动与社会团体》，广西师范大学出版社 2004 年版，第 30 页。
③ ［德］西美尔：《货币哲学》，陈戎女译，华夏出版社 2002 年版，第 162 页。
④ 《韦伯作品集：经济行动与社会团体》，广西师范大学出版社 2004 年版，第 53 页。

币和权力作为普遍化的媒介，能够满足在话语交往中对有效性、真实性、真诚性的要求，大大简化了交往过程。

第三，理性化社会行动的后果表现为人们不再以终极性的意义和价值，而是以客观化、去个人化的标准和规范来评价行动的得失成败。货币在此过程中扮演了重要角色。马克思早在《论犹太人问题》中就指出，资本主义社会是一个自私自利的动物世界，利己主义是社会通行的行为准则，"实际需要、利己主义是市民社会的原则……实际需要和自私自利的神就是金钱"①。货币作为现存的和起作用的价值概念，是人的品性及其活动的评价标准："依靠货币而对我存在的东西，我能为之付钱的东西，即货币能购买的东西，那是我——货币占有者本身。货币的力量有多大，我的力量就多大。货币的特性就是我的——货币占有者的——特性和本质力量。因此，我是什么和我能够做什么，决不是由我的个人特性决定的。"② 西美尔认为在货币经济的冲击下，人们在社会行动中只关心数量、多少，而不再追问品质、怎样。货币成为一切价值的公分母，将所有不可计算的价值和特性化为可计算的量，平均化了所有性质迥异的事物，质的差别不复存在。身处在这种完全以金钱价值为评价标准的社会中，人们依然忘却了其他价值的存在："我们的时代已经完全陷入这样一种精神状态……一种纯粹数量的价值，对纯粹计算多少的兴趣正在压倒品质的价值，尽管最终只有后者才能满足我们的需要。"③ 桑巴特认为在"经济时代"，所有社会行动的评价标准就在于"金钱价值的独认"。成功与否是以收入的高低来衡量的："诗人、乐师、雕刻师、画家、医生、律师，在他们能拿出一张重要的付税单以前，终归是不闻名的：换句话说——在他成功以前。而所谓的成功者，在我们的时代即谓：要为一般有付款能力的群众所公认，因而受他们很高的偿付。在一切事业上，成功都是要拿收入的高度来测量。"④

综上所述，货币在理性化社会行动的目的、过程及其后果的建构中

---

① 《马克思恩格斯全集》第 1 卷，人民出版社 1956 年版，第 448 页。

② ［德］马克思：《1844 年经济学哲学手稿》，人民出版社 2000 年版，第 143 页。

③ 西美尔：《现代文化中的金钱》，载［德］西美尔《金钱、性别、现代生活风格》，顾仁明译，学林出版社 2000 年版，第 8 页。

④ ［德］桑巴特：《德意志社会主义》，杨树人译，华东师范大学出版社 2007 年版，第 23 页。

起着重要作用。它有利于行动目的的效用最大化，提高了过程的效率性、可计算性、可预测性和可控制性，强化了行动结果评价标准的客观性、去个人性。

2. 货币与语言

前一节，我们着重阐述了货币与理性行动的关系，主要突出的是货币对现代经济行动的建构作用。本节我们将扩展视野，研究货币在现代社会的一般交往和沟通行动中扮演的角色。

在一般意义上，语言是人们进行社会交往和沟通的主要媒介。从哲学解释学的视角看，语言是人们在社会交往和沟通过程中达成理解和共识的形式。对社会世界的理解必然通过语言的形式而产生，语言就是人们相互理解、相互沟通、相互交往得以完成的形式。人们理解的过程就是一种语言的过程："语言就是理解本身得以进行的普遍媒介。……一切理解都是解释，而一切解释都是通过语言的媒介而进行的。这种语言媒介既要把对象表述出来，同时又是解释者自己的语言。"① 语言的一个重要方面是它体现了使用者之间的共享理解。

与语言一样，货币也是人们进行社会交往和沟通的媒介。将货币与语言符号进行比较，是从马克思、西美尔、波兰尼到帕森斯、麦克卢汉、卢曼、哈贝马斯等社会理论家共同关注的一个问题。马克思将货币视为交换价值的符号。西美尔认为货币与语言都是达到目的的手段，都具有工具性："我要想能够以一种迂回的方式在实践中实现我的目标，那么，我的思想的表述就必须采取某种能被普遍接受的语言；同样，我想要实现一个更遥远的目标，我的活动和我所拥有的东西也必须采取货币价值的形式。"② 波兰尼认为可以从语义学（Semantic）的角度来理解货币使用："在一般意义上，货币是一种语义系统，如同语言、文字、度量衡一样。"③ 它们各自都是按照约定俗成的规则被组成一定的系统。在结构功能主义中，货币被视为一种"符号性的普遍化的沟通媒介"，本质上"是

---

① ［德］伽达默尔：《真理与方法》下卷，洪汉鼎译，上海译文出版社 2004 年版，第 502—503 页。

② ［德］西美尔：《货币哲学》，陈戎女译，华夏出版社 2002 年版，第 140 页。

③ Polanyi K, *The Semantics of Money Uses*. In G. Dalton（Ed.），*Primitiue, Archaic, and Modem. Economies：Essays of Karl Polanyi*. Boston，Beacon Press，1968.

一个符号现象。……所以它的分析需要的参照框架接近于语言而不是技术"①。麦克卢汉将货币与语言作为社会传播的重要媒介，"语言与货币一样，可以用作感知的储蓄所，当做感知和经验的传输器，把它们从一个人传给另一个人，从一代人传给另一代人"②。那么货币与语言符号究竟存在什么关系呢？

从系统构成看，货币系统具有语言符号系统的各种构成要素。现代货币作为一种符号系统，主要是由这些要素构成的：实物、货币材质、计算系统、度量衡系统、书写系统。货币系统表征的实物构成货币的所指部分，货币的物理形式、数字、度量、书写记录构成货币的能指部分。从系统特性看，货币系统具有语言符号系统的抽象性。作为符号，语言和货币都以抽象的形式为主。语言符号是由抽象化的概念（所指）和音响形象（能指）构成的两面体。货币符号也以抽象的形式为主。从金银到纸币，再到支票、电子货币等，这一切既反映了社会经济的发展，又反映出流通手段符号性的增强。西美尔说："货币从它最早所具有的直接性及物质性的形式最终演变成一种理想化的形式，即现在它只行使其体现在某种符号性表达形式之中的作为一种理念的有效功能。"③ 从系统功能看，货币系统具有语言符号系统的各种作用效应。货币系统为延迟交换提供了可能。延迟交换意味着卖者不需要立即将自己手中的物品转化成自己需要的另外一种物品，而是可以先将其转化为货币储存下来，等待更好的交易机会和交易物品的出现。这种延迟效应在语言符号系统中也具有重要意义。货币系统为连续交换提供可能。连续交换意味着交换不再局限于特定地点中的两个人。一个想买羊但又没有卖者感兴趣物品的人可以先向卖者偿付货币；然后，卖者可以向愿意出售他所需物品的第三方再偿付货币。这样，在货币的媒介下，买卖交易的链条得以连续进行、无限延伸，只要货币价值得到社会认可和保证。这种连续性也是语言符号系统所具备的功能之一。只要某种符号代码被建立起来，信息就可以很便捷地在一系列的交往人群中传播。

我们从系统构成、特性与功能三个层面比较了货币系统与语言符号系

---

① Parsons T, *Sociological Theory and Modern Society*, New York：The Free Press, 1967, p. 345.
② ［加］马歇尔·麦克卢汉：《理解媒介》，何道宽译，商务印书馆 2000 年版，第 181 页。
③ ［德］西美尔：《货币哲学》，陈戎女译，华夏出版社 2002 年版，第 82 页。

统之间的共同点①，因此，我们有理由说，货币本身就是一种语言符号系统。语言和货币都是为了满足人类的交际需要而被社会化的符号。正如戴尔（A. Dyer）所言："如果我们将货币理解为一种语言符号现象，那么货币符号使得交易双方共享一些关于世界的基本理解。"② 货币的交换媒介功能具有符号论意义是因为在完成这一功能时，货币是建构共享知识和意义的中介手段。

五　现代社会结构中的货币

货币之所以具有塑造社会结构的能力，是因为货币的本质是人们的社会关系，而不是某种脱离社会关系的独立事物。而社会结构无非就是人们在生产过程中结成的模式化、制度化的社会关系。在《1857—1858 年经济学手稿》中，马克思曾谈到人类历史的三大社会形态，并认为第一大社会形态即"家长制的，古代的（以及封建的）状态随着商业、奢侈、货币、交换价值的发展而没落下去，现代社会则随着这些东西同步发展起来"③。这是对商品、货币在现代社会结构形成中作用的最高概括。从社会理论的视角看，货币对现代社会结构的建构作用表现在两个方面：从纵向看，货币加速了现代社会结构的市场化，构造出一个市场社会的新结构形态；从横向看，货币鲜明地标识出现代社会结构的分化和冲突，引发社会的整体结构紧张。

1. 货币与社会结构转型

在第一章中我们已经指出，现代社会理论是对产生现代性的复杂变革的回应。18 世纪以来，社会理论家们研究了诸如工业化、资本主义、科学革命、民主与现代国家的兴起、城市化等许多现代社会结构变迁问题。然而一个被忽视的现代社会结构特征就是市场社会（market society），即以货币化的商品交换为原则的市场机制在社会结构中居于支配地位，"市场不再是一个简单的特殊的场所和交换场地，而是整个社会构成市场。市场不仅仅是一种利用自由定价体系进行资源配置的模式，而是一种社会组

---

①　当然，货币与语言之间还是存在一些差异性的，例如语言较货币更具历史性、民族性和稳定性。参见鲍贵《试论语言和货币的符号性》，《南京政治学院学报》2005 年第 4 期。

②　Dyer A，*Making Semiotic Sense of Money as a Medium of Exchange*. Journal of Economic Issues，2，1989，p. 505.

③　《马克思恩格斯全集》第 30 卷，人民出版社 1995 年版，第 108 页。

织机制加上一种经济调节机制"①。在社会生活中，货币化的商品交换的中心地位导致了一种新的社会秩序原则、新的社会整合与合作原则。② 传统社会以根源于社会地位的权利义务关系以及一种宇宙论的世界图示来调控社会结构与秩序。传统社会是处于"存在的巨链"中的一个环节。市场社会则是以自主性个体独立的社会行动及一种有机论的世界图示来建构社会结构与秩序的。货币在传统社会向现代市场社会结构的过渡中扮演了重要角色。

著名经济人类学家博兰尼认为虽然早在石器时代晚期，市场（marketplace）就已普遍出现，但是在以往的社会中，市场的活动如同经济活动一样是从属于整个社会活动的。无论是原始部落还是农业帝国，人类都是在互惠（reciprocity）、再分配（redistribution）和家计（householding）这三种非经济的动机中的一种或若干种的混合推动下来组织经济生活的。互惠方式大量存在于家庭和亲属组织中，而再分配方式则存在于氏族以及地域性的社会组织中，家计则是农业社会为满足整个社会成员需要而对生产和分配进行的安排。

到了 19 世纪，情况才发生了转变：营利（gain）取代了前三者成为经济生活的支配原则，成为日常生活中人们行为、行动的正当性标准，亦即经济动机取代非经济动机支配经济体的运转。这一转变虽然只是个不到两百年的新现象，在博兰尼看来，其意义却不可低估，"这一转变必然包含着大部分社会成员行为动机的变化：生存的动机被获利的动机所取代。一切交易都变成了金钱交易，而这反过来要求把交易媒介引入到工业生活的各个环节。一切收入必须来自某种东西的出售，而且无论个人收入的真正来源是什么，都必须被看作是出售的结果"③。此前的历史意味着整个人类的经济生活嵌入（embedness）非经济的社会或文化制度之中，而此后却意味着市场脱出（disembedness）了社会的制约：不仅一个独立于社

---

① ［法］皮埃尔·罗桑瓦隆：《乌托邦资本主义：市场观念史》，杨祖功等译，社会科学文献出版社 2004 年版，第 79 页。

② 罗桑瓦隆认为，亚当·斯密最先将市场视为一种政治观念和社会观念，而不仅仅是经济观念。参见［法］皮埃尔·罗桑瓦隆《乌托邦资本主义：市场观念史》，杨祖功等译，社会科学文献出版社 2004 年版，第 3 章 "新商业，还是把市民社会看做市场"。

③ ［英］卡尔·波兰尼：《大转型：我们时代的政治与经济起源》，冯钢、刘阳译，江苏人民出版社 2007 年版，第 36 页。

会的货币化的商品交换领域出现了，而且它要将这一原则渗透到人类社会生活当中，从而制造出一个"市场社会"：以前是市场附属于社会的逻辑，现在则是社会的运作臣属于市场——这就是"大转变"（great transformation）的真正含义。

市场社会的特征不仅在于追求获利的经济动机成为支配整个社会的动机，而且在于原来不是商品的劳动力、土地、货币也成为了商品。"这种类型的经济源自这样一种预期：人类以获取最大的货币所得为目标而行动。它假定：在特定价格下，市场中可得的货物（或劳务）与在该价格下的需求相等。它还假定货币的存在，并在其持有者手中作为购买力而发挥作用。由此，生产将被价格所控制，因为指导生产的那些人所能获得的利润依赖于价格；货物的分配也依赖于价格，因为价格形成收入，而只有在这些收入的帮助下，生产出来的货物才得以在社会成员间分配。"① 生产、分配、交换、消费整个经济活动环节都受到货币价格的指导。因此，货币化的商品交换对于现代四大市场，即劳动力市场、资本市场、消费品市场、产业市场具有重要意义。② 货币交换，将本不是商品的劳动力、土地以及其他一切社会资源予以商品化来建构市场社会。而它们的商品化却会对传统社会中的人、自然和生产组织构成严重冲击：人本身成为商品，不仅使人从亲属、荣誉、宗教等这样的社会关系中被剥夺出来，更使人在文化上被剥夺从而被机器主宰；土地成为商品，则是把人和土地相分离，从而使失地小农成为流离失所的乡村贫民。

市场社会，还将货币与价格机制的原则引申到社会生活的各个领域，将其变成调节政治、文化和社会生活的普遍性手段。在政治生活领域，货币发挥着颠覆性的力量。货币将前现代政治的德性神权合法性转化成为金钱政治；将以世系、血缘为尺度的政治组织原则置换成为以货币拥有量为基础的现代政治组织原则；将追求正义的政治目标改写成以成本考量而要求效率的政治："货币作为一种现实力量的政治诉求构成了近代以来政治面貌、政治原则、政治品质的内涵，使政治不再是神圣的，而只是世俗生

---

① ［英］卡尔·波兰尼：《大转型：我们时代的政治与经济起源》，冯钢、刘阳译，江苏人民出版社2007年版，第59页。
② ［美］理查德·斯威德伯格：《作为一种社会结构的市场》，吴茳婷译，《社会》2003年第2期。

存活动结构中的一个方面、一个维度、一种方式而已。政治的货币化、世俗化成为现代政治的形象定格。"①

现代社会生活中没有货币与商品交换是不可想象的：每一个现代人的专业分工和多样化的需求之间的矛盾使得每一个人都不可能是自足的"单子"，必须通过商品与货币的交换来实现自己的生存与发展需要：今天我领了薪水，在超市购买食品，通过银行卡支付我的贷款利息，借钱给朋友，支付小孩的教育费用，支付电话费、网络费……这样的列举将是无穷无尽的。越来越多的社会领域开始货币化的进程：生产资料配置的货币化、劳动就业关系的货币化、住房分配的货币化、后勤服务的货币化、行政职务消费的货币化等。② 通过这种货币化的商品与服务的交换，社会成员之间不仅形成某种社会联系，而且再生产着某种社会秩序和结构。

2. 货币与社会结构分层

社会分层（social stratification）的实质是社会资源在社会中的不均等分配，即不同的社会成员、社会群体占有那些在社会中有价值的事物，例如财富、收入、声望和教育机会等不同而产生的层化或差异。从理论上看，社会分层要回答两个基本问题，第一个是"谁得到了什么"，第二个是"他们为什么得到"。③ 第一个问题研究的是社会的不平等结构的表现。第二个问题研究的是人们究竟是怎样进入差异结构中的。

在社会分层标准中，以货币形式表现的财富或收入是现代社会分层最重要的评价指标。④ 首先，从一国内部看，人们往往根据货币财富的数量或收入差距将社会群体划分为高收入的富人阶层、中等收入的中间阶层和低收入的贫困阶层。例如，美国人口普查局主要根据货币收入（Money Income）来界定社会阶层收入状况及其分化。所谓货币所入，包括被调查

①　杨楹：《货币：对生活世界的改造和颠覆》，载张雄、鲁品越编《中国经济哲学评论·2004 货币哲学专辑》，社会科学文献出版社 2005 年版，第 289 页。
②　张阿莉：《职务消费货币化改革问题探析》，《东北师大学报》（哲学社会科学版）2007 年第 2 期。
③　参见［美］格尔哈特·伦斯基《权力与特权：社会分层的理论》，关信平等译，浙江人民出版社 1988 年版。
④　在不同的社会理论中，有关社会分层的标准各不相同。李强综合提出十大标准：生产资料资源；财产或收入资源；市场资源；职业或就业资源；政治权力资源；文化资源；社会关系资源；主观声望资源；公民权利资源以及人力资源。参见李强《试析社会分层的十种标准》，《学海》2006 年第 4 期。

人、家庭（Family）或居民户（Househoids）所有的劳动收入（工资和自
我雇佣收入）、所有的政府现金转移支付收入（失业保险金、困难家庭临
时补助、社会保障收入）、退休金、伤残金、抚养金、租金、利息、红
利，以及其他的货币收入。1998 年美国年收入 10 万美元以上的上层家庭
在人口总数中所占比例为 8.6%，主要包括显赫家族、影视明星、跨国公
司总裁；5 万—10 万美元的中上层家庭比例为 25.2%，主要包括律师、
医生、教授；2.5 万—5 万美元的中层家庭所占比例为 28.8%，主要包括
公司白领、技术人员；1 万—2.5 万美元的中下层家庭比例为 24.8%，主
要包括蓝领工人；不足 1 万美元的低收入家庭所占比例为 12.6%，主要
是失业者，缺乏教育、职业技能者。[①]

货币不仅成为社会分层的重要依据，而且也是标识社会分层中的贫富
分化的重要指示器。研究显示，20 世纪 90 年代以来，美国家庭收入两极
分化达到二战以来最严重的程度。2000 年最富裕的 20% 人口获得了全部
收入的 49.7%，这一比例比 1999 年提高了 0.3 个百分点，其中最富裕的
5% 人口获得的收入占总收入的比重从 21.5% 上升到了 21.9%。而收入最
低的 20% 人口所得仅为总收入的 3.6%。对货币财富分化的客观测量也反
映在人们对贫富分化的主观感受中。中国社会科学院社会学所"当代中国
社会结构变迁研究"课题组提供的一份全国抽样调查数据表明，71.6%
的人认为，在他们所生活的城市或县里，"收入差距太大了"，同时，
73% 的人认为，阶级或阶层的差异主要就体现在"金钱财富"方面。[②]

货币所标识的贫富差距达到一定程度会引发明显的社会效应即"社
会结构紧张"。在社会学中，最早提出"结构紧张"概念的是美国社会
学家默顿（R. Merton），默顿试图用这个概念解释社会结构在什么样的
情况下会引发或造成社会问题，"可以从社会学角度将反常行为看成是
文化规定了的追求与社会结构化了的实现该追求的途径间脱节的征
兆"[③]。

在当前这个市场社会结构中，物品与服务的生产、交换、分配和消费

① 王荣军：《现今美国贫富分化状况及原因分析》，《美国研究》2001 年第 4 期。
② 李春玲：《断裂与碎片：当代中国社会阶层分化的实证研究》，社会科学文献出版社 2005
年版，第 128 页。
③ ［美］罗伯特·默顿：《社会理论和社会结构》，唐少杰、齐心译，译林出版社 2006 年
版，第 264 页。

的经济活动成为社会生活的主轴。金钱恰恰可以交换到世界上所有商品和劳务，可以成为人们手中积攒起来为今后交换到更大和更为广泛商品和劳务的职能特征。获得它就获得了整个世界商品和劳务的选择权，获得大量的金钱就获得了整个商品和劳务世界的更大部分，金钱的社会地位由此凸显出来。而当金钱突破一般商品和劳务交换的界线，积累的一定量金钱可以完全无障碍地直接购买他人的劳动力，从而导致货币的"资本化"，也就是"资本雇佣劳动"时，金钱的社会地位获得更大的提升，它在造就资本家和被雇佣者的同时，造就了不同社会地位的阶层或等级，人们对金钱的追求和崇拜也就相应地提升了高度；特别地，当金钱从单纯的经济活动走向全面的社会生活，可以用来买断社会义务、交换婚姻、抵偿性命等时，人们对金钱的追求和崇拜就走向登峰造极之境了。自然而然，在这样的文化理解里，货币财富具有极大的象征意义，成为社会共享的行动目标。

而与此同时，社会所能提供给人们的获取金钱的合法途径和方式非常有限，或者说，社会向上流动的机会有限。这时候，社会就处于一种结构紧张状态，社会矛盾、社会犯罪、冲突就会激增。货币的强大诱惑力总会使得有些人出现行为越轨，即失范：赌钱、偷钱、抢钱、骗钱、洗钱、造假钱等一系列失范行为，都是为了非法取得金钱。默顿对此指出："对于一个文化上强调金钱成功已经深入人心，而符合常规的、合法的通向成功的途径很少的情境来说，罪恶和罪行的专门化领域构成了'正常的'反应。"① 默顿还详细分析了 20 世纪六七十年代美国家庭、学校、工作单位等社会组织是如何树立和强化金钱成功美国梦的，但是其又没有相应地强调通向这一目标的合法途径，结果导致高比例的失范行动的结构紧张。②

---

① ［美］罗伯特·默顿：《社会理论和社会结构》，唐少杰、齐心译，译林出版社 2006 年版，第 279 页。

② 默顿指出，当处于这种结构紧张中时，人们的反应模式会不相同。除了反抗之外，还有遵从、创新、仪式主义、退却主义。参见［美］罗伯特·默顿《社会理论和社会结构》，唐少杰、齐心译，译林出版社 2006 年版，第 6 章"社会结构与失范"。

第四章

货币与现代文化

　　任何文化都是在人们的社会行动基础上，在一定的社会结构中产生的，特定社会群体共享和习得一定的生活态度、社会精神、价值观念等。物质生产活动和社会经济结构是一定的文化赖以产生的基础。马克思指出："表现在某一民族的政治、法律、道德、宗教、形而上学等的语言中的精神生产"，"是人们物质行动的直接产物。"① 反过来，道德、宗教、价值观念等文化现象也会对人们的经济行动和社会发展产生制约作用。现代货币作为现代社会经济关系的体现，它与社会结构的相互关系必然使得它对现代文化产生重要影响。同时，货币又嵌入在一定的文化环境中，并且深受文化的制约。货币关涉到特定时代社会的整个文化生活方式，是社会与文化生活的象征和标志，也是该文化的构筑者和解构者。正如戴尔（A. Dyer）所言："如果我们把文化视为符号关系的网，那么货币对于理解金钱文化中的生活至关重要，因为它本身就是这种文化中的重要象征符号。"② 在这一章中我们将深入分析特定社会历史语境下货币与文化之间的互动关系。

第一节　货币与现代文化生活

　　文化人类学认为，任何一种社会构成物同时也是一种文化构成物。它

---

　　① 《马克思恩格斯选集》第 1 卷，人民出版社 1995 年版，第 72 页。
　　② Dyer A, "Making Semiotic Sense of Money as a Medium of Exchange". *Journal of Economic Issues*, 2, 1989, p. 503.

们是一定的文化在其传承中习惯地发育起来的"价值物"。只不过由于各种文化的差异，这些价值物的范畴各不相同。但是共同的是，这些文化构成物都承载着丰富的文化象征意义，是为人们所珍重和崇拜的、拥有精神威力的东西，甚至成为维持共同体的精神支柱。

货币同样是一种文化构成物。货币在不同的社会发展阶段、不同的文化背景、不同的社会关系中，会呈现出多种面貌。在现代社会的日常文化生活中，不存在单数的同质的纯经济意义的货币，而是各种特殊货币（special monies）。[①] 货币的形态多种多样，每一种货币都受到特定的一套文化和社会因素的制约，因而各有质的差别。现代社会世界中的货币或许不像原始社会的贝币、石币等多种多样的形态区分那么明显，但是在不同文化背景中的现代人为了适应多样的社会关系，同样会认知、分类、组织、使用、区隔、制造、设计、储藏甚至装饰货币。我们常常为特定的钱赋予不同意义并划分用途。因此，"货币显然不是一种简单的物质，它是一种价值符号，一个在文化—制度框架下，特别是在文化模式和制度安排内建构和定义下的实体"[②]。因此，本节我们从工作、消费、两性、家庭、婚姻、社会交往等日常文化生活入手探究不同社会和文化背景中的人们究竟是如何重新塑造商业性质的货币交易，引入新的差异，创造特有的货币形式，发明独特的物理标识，将货币嵌入个人的、社会的关系网络和文化生活中，以展示在不同文化生活情景中货币所具有的不同意义。

一　现代消费生活中货币的圣俗意义

在主流经济学的影响下，人们都认为现代货币在本质上是世俗性的、理性的，这也符合作为整体的现代理性主义文化。现代世界的祛魅似乎完全抹去了原始货币所具有的神圣的宗教意味。"但是将神圣的和世俗的当作互相排斥的对立物而进行这种静态的对比会引人走上歧途，因为这种方法是非辩证的。"[③] 考古学、人类学研究曾经指出，原始货币本质上具有

---

① Zelizer V A, "The Social Meaning of Money：Special Monies". *American Journal of Sociology*, 95（2）1989.

② ［瑞典］汤姆·伯恩斯：《结构主义的视野》，周长城译，社会科学文献出版社 2004 年版，第 41 页。

③ ［美］诺尔曼·布朗：《生与死的对抗》，冯川译，贵州人民出版社 1994 年版，第 262 页。

宗教性特征。① 实际上，现代货币的某些性质和用法本质上也具有宗教性特征和神圣意味。马克思关于货币拜物教的分析，以现代社会为基点，提供了一个关于货币现象文化层面的经典论述。马克思揭示出现代人对金钱的炼金式的神秘性和商品的"神秘的""拜物教似的"性质的朦胧感，是如何在对货币的偶像化和移情意识中获得表现的。我们将在现代文化生活的语境中进一步研究货币被赋予的神圣意义。

1. 现代文化中的神圣与世俗

神圣与世俗的划分最初源于宗教。从本质上说，宗教就是一种建构神圣世界的活动。宗教将产生于人类社会历史进程中的一种经验性的现象、观念、情感、体验上升为一种神圣的秩序，将以经验为根据的历史和经历，变成了超越经验的神圣必然，将世俗存在的无数偶然事件变成了神圣法则不可避免的形式。涂尔干认为，"宗教的本质在于把所有事物、所有现象分为两个领域：俗世的和神圣的。……俗世领域是实在的，神圣领域是理想的，也是人应当向往的。"② 宗教就在一个度过其俗世生活的现实世界之上再建造另一个某种意义上只存在于他的思想中的理想世界。它"用神圣的方式来进行秩序化的人类活动"③。这些定义都强调，正是神圣的某些独特属性使得某些事物具有宗教性。

在自然宗教中，神圣涉及巫术、魔法、萨满主义的泛神论、万物有灵论、图腾崇拜。这些社会将神圣地位赋予被敬畏、崇拜、恐惧的自然事物。在当代西方宗教中，神圣的内容各有不同：上帝、神殿、教堂、服饰、诞辰日、神迹、圣歌。自然事物很少被视为是神圣的。不同的神圣物都满足人类存在的同一种需要：相信某种超越日常事物和自我的更强大的力量。这种力量能够将仅仅作为生物性存在的自我从日常的世俗世界中超拔出来，从而实现自我的"根本转变"："人们从深陷于一般存在的困扰中，彻底地转变为能够在最深刻的层次上，妥善地处理这些困扰的生活境

---

① 研究表明，货币的最初形式是宗教仪式中用于祭祀的共享的食物。因此，货币被赋予了神圣意义。它和宗教仪式一样都表达了一种激发人类数千年的对共同体的爱的渴望。参见 Dalton G，"Primitive Money". *American Anthropologist*，67（1），1965；William Desmonde，*Magic*，*Myth*，*and Money*. New York：Free Press of Glencoe，1962.

② ［法］涂尔干：《宗教生活的基本形式》，渠东、汲喆译，上海人民出版社1999年版，第87页。

③ ［美］彼得·贝格尔：《神圣的帷幕》，高师宁译，上海人民出版社1991年版，第5页。

界。这种驾驭生活的能力使人们体验到一种最可信的和最深刻的终极实体。"① 因此，从这个意义上说，宗教是显示神圣的一种方式。神圣具有产生迷狂体验的能力，使得置身其中的人超越自我、世俗、死亡，并且产生一种充满力量的高峰体验。② 正是基于上述神圣内涵与属性的广义解释和理解，越来越多的学者认为，现代社会在经历着世俗化的同时，也存在着重新神圣化（resacralization）的过程，在韦伯所谓的世界祛魅（disenchantment of the world）的同时，还存在着世界的重新着魅（reenchantment）。③ 人类生活的许多方面皆可以看作有可能成为显示神圣、体验神圣的途径和方式。

从某种意义上说，现代社会的重新神圣化恰恰是世俗化的一个无意识后果。随着宗教失去对政治、知识、教育、艺术、音乐的控制及其提供的神圣体验减少，人们不得不去别处寻求超越日常生活的神圣体验。现代社会的重新神圣化现象在政治、科学、艺术等许多领域出现。民族主义的庆典仪式反映了在政治领域中世俗的神圣化。国家节日比宗教节日被更为广泛地庆祝；国歌、国旗在重大场合被广泛使用；国家民族的英雄和重大历史事件获得宗教性的尊崇和纪念："巴罗克形式的庆祝、展览和盛大仪式无疑又在这一新的节日框架中重现。正如巴罗克庆祝中国家和教会在更高层面上的融合一样，从这些新形式的合唱、射击与体操活动中也体现了宗教和爱国成分的结合。"④ 科学是第二个被神圣化的领域。科学被视为社会终极真理的标准。韦伯将科学对宗教真理的替代称为"世界的祛魅"。神和自然的奇迹被科学解释和技术发明的奇迹所代替。科学技术提高了人们的生存质量，增加了人类的物质福利，"对于个人来说，执着于这种终极实体意味着摆脱恐惧、无知与渴望。借助于化学的与社会的推动，每个

---

① ［美］斯特伦：《人与神：宗教生活的理解》，金泽、何其敏译，上海人民出版社1991年版，第2页。

② Belk R and Wallendorf M，"The Sacred and the Profane in Consumer Behavior：Theodicy on the Odyssey"．*The Journal of Consumer Research*，16（1），1989.

③ 关于现代社会和宗教的世俗化过程，研究文献很多，参见［美］彼得·贝格尔《神圣的帷幕》，高师宁译，上海人民出版社1991年版；［德］卢克曼：《无形的宗教》，覃方明译，中国人民大学出版社2003年版；刘小枫：《现代性社会理论绪论》，上海三联书店1998年版，第6章"宗教与民主社会的两种形态"等。这里着重论述神圣化过程。

④ ［英］E. 霍布斯鲍姆、T. 兰格：《传统的发明》，顾杭、庞冠群译，译林出版社2004年版，第8页。

人都可以最大限度地发挥自己的潜能，从而获得关怀、爱心、信赖与觉悟"①。艺术历来是宗教中显现神圣的重要方式。面对一件真正美的艺术作品，人们往往会感到世俗时光的中断。它将人们带入一种美化的境界，进入一种新的意识或理解的境界，进入一种强烈的觉悟或融化于自己所见的情景之中的境界。人们通过艺术而感受到一种超越。特别是当我们置身于国家剧院、艺术博物馆，欣赏高雅艺术和音乐时，在完美与想象中体验到神圣。② 现代竞技体育是现代人体验神圣的另一重要领域。人们在欣赏高水平体育比赛的艺术美和运动美时，也是在体验一种与日常凡俗生活所不同的尽情释放的快感，他们洞见运动员在赛场上的一次次顽强拼搏，在逆境中奋起，终于峰回路转，从中能获得一种来自智慧和心灵的力量和美。而在国际重大赛事中，人们还能体验到一种与群体、国家、共同体相融合的归属感、崇高感。正是基于对上述现象的反思，曾经是世俗化理论旗手的贝格尔重新提出了"世界的非世俗化"口号。③

由此可见，现代社会和文化并没有被彻底世俗化，同样存在神圣性的一面。对于现代人来说，神圣与世俗是两种并存的生活方式。一个纯粹的世俗人在现实中是不存在的，"尽管世俗之人已经对自己进行了'去宗教化'，但是他们仍然不知不觉地也拥有一些宗教徒行为的痕迹。……他不能全然拒绝自己的过去，因为他也是自己过去的产物。为了获得一个他自己的世界，他已经对祖先曾经生活过的神圣世界进行了去圣化。但是这种做法，已经使他不得不接受先前行为方式的反面。这种行为方式仍然萦绕在他心中，并时刻准备着以某种形式在他存在的最深处被再一次地现实化"④。无论人们所处的社会历史背景是什么样的，人们总是相信有一个绝对的现实，即神圣。它超越这个尘世而存在，但是又在这个尘世上表征着自己，因此它使这个世界得以神圣化和现实化。人们总是要通过各种仪式、活动、符号、象征、过程、情景、关系来不断地建构神圣事物和神圣

---

　　① ［美］斯特伦：《人与神：宗教生活的理解》，金泽、何其敏译，上海人民出版社1991年版，第278页。

　　② 斯特伦专门论述了艺术创造的神圣力量。参见［美］斯特伦《人与神：宗教生活的理解》，上海人民出版社1991年版，第9章，"艺术创造的力量"。

　　③ 参见［美］彼得·贝格尔《世界的非世俗化》，李骏康译，上海古籍出版社2005年版。

　　④ ［罗马尼亚］米尔治·伊利亚德：《神圣与世俗》，王建光译，华夏出版社2002年版，第119页。

世界。可以说，任何事物只要被纳入这一过程，都可以变得神圣：一个地方、一所房子、一个故事、一段经历、一本书乃至一块石头都可以被神圣化。① 神圣是一个被发现和被建构的过程。

2. 现代货币的神圣与世俗

在上一节中，我们已经论述了传统宗教中的神圣与世俗的划分并未随着现代社会的到来而消失。神圣是一个内涵丰富的现象。对现代社会来说，生活中也存在与建制宗教无关但是充满崇敬、尊重的时刻，例如升国旗、参观艺术展、参观历史纪念馆、参与竞技体育活动等。在这些事物或时刻中，我们一样体验到深深的、动人的自我超越感和神圣感。因此，一件事物的神圣与否并不在于本身，而是不断被发现和被塑造的产物。人们不断地重新建构属于自己的神圣事物。可以说，任何世俗事物只要经过某种仪式化、符号化过程，在特定的社会环境中就可以具有神圣意义。现代货币同样如此。货币研究专家克劳福德说："表明钱神圣的血统的一些暗示及痕迹今天仍在钱身上保留着，在某些场合它们是显性的，而在另外一些场合它们是隐性的。"②

从一般经济学观点看，货币本身不过是一种物或符号，在经济活动中主要具有交换媒介、结算单位、价值储藏和延迟支付的功能。因此，货币是普通的、平凡的、世俗的，是达到经济目的的一个便利工具。它仅仅具有数量计算的意义和价值。从经济学角度说，这种观点是实际的和精确的，并没有为我们提供对货币意义更全面、更深刻的理解。因为它忽视了货币的社会关系本质，忽视了文化、社会规范、价值观念对货币的影响，忽视了货币所承载的更丰富的情感和品质方面的意义。正如我们在第二章中所分析的，货币作为一种物化的社会关系，并不是纯物质的对象，它含有观念性、象征性的东西。货币的获得和使用与某种精神状态和社会情境相关联。正是在这些关联中，货币展现着一定的神圣意义。在前一节中我们指出了更广义的神圣内涵。这里我们将找到一些实例证明现代货币所具有的神圣内涵，例如对立世俗（opposition to the profane）、感染升华（con-

---

① 参见 [罗马尼亚] 米尔洽·伊利亚德《神圣与世俗》，王建光译，华夏出版社 2002 年版，第 4 章，第 10 节"现代世界中的神圣与世俗"。

② [美] 泰德·克劳福德：《钱的秘密生活》，罗汉、丁洁译，上海人民出版社 2003 年版，第 19 页。

tamination）、献身情感（sacrifice），以及在货币的获取与使用中涉及的神话、仪式（ritul）等。这种解释将使我们对货币在现代社会中文化意义的理解超越对货币纯粹数量性的理解。我们将从三个方面区分现代货币的神圣意义与世俗意义：货币本身；货币的获取来源；货币的使用。

　　首先，在与世俗物品的对立中，神圣对象才能得到较好的理解。在货币仅仅具有数量意义的地方，它被用于商品交换是合法的，因为它被限定在世俗领域中使用。如果货币用来交换神圣事物，则侵犯了它们的神圣地位，因为货币将这些神圣事物带入了与世俗领域不恰当的关系中。然而，如果货币本身有时候被视为是神圣的，而不是功利主义的，那么它的存在并不必然将它所触及的物品世俗化。当货币被发现不可替代时，货币的神圣性质就会更充分地表现出来。正如齐莉泽（V. A. Zelizer）所言："1000美元的支票不同于从银行盗窃的1000美元，也不同于从朋友那里借来的1000美元。某些金钱是不可分割的。例如一份遗产、一份礼金。它们是专门用于购买某种特定对象的，在性质上不能被分割使用：一部分用于礼物，一部分用于食品杂货。"[1] 这种情景中的金钱正是对立于它的世俗使用的（opposition to the profane）。玛丽·道格拉斯（Mary Douglas）通过指出货币的仪式性质（ritul）将货币与神圣领域联系起来："对货币的隐喻能够用我们所谓的仪式加以很好地概括总结。货币为那些容易混淆的相互矛盾的东西提供了一个固定的外在的被广泛承认的标识；仪式也创造出明显可见的外在标识和状态。货币调节交易；仪式调节个人体验，包括社会性体验。货币提供了一个衡量价值的标准；仪式将各种情形予以标准化，从而有助于评价它们。货币在人与未来之间创造了联系，仪式也是这样。……可以说，货币仅仅是仪式的一种极端的特殊的形式和类型。仅仅当人们相信货币，货币才能完成扩展经济活动的功能。如果对货币的信念丧失，货币就变得毫无用处。仪式也是这样。"[2] 在一些情景中，获取货币之所以被肯定正是因为货币被看作个人的一种仪式化的变革过程。灰姑娘的故事就是这样一种情景：个人不仅将货币视为财富的象征，而且认为

① Zelizer V A, The Social Meaning of Money：Special Monies. *American Journal of Sociology*, 95, 1989.

② Douglas M, *Purity and Danger：An Analysis of Pollution and Taboo*. London：Routledge&Kegan Paul, 1966, p. 69.

其预示着一个新的自我塑造：更强大、更有魅力、更漂亮、更迷人、更智慧等。这恰恰是货币所具有的感染升华（contamination）。正如马克思所言："货币的力量多大，我的力量就多大。货币的特性就是我的——货币占有者的——特性和本质力量。因此，我是什么和我能够做什么，决不是由我的个人特征决定的。我是丑的，但我能给我买到最美的女人。可见，我并不丑，因为丑的作用，丑的吓人的力量，被货币化为乌有了。我——就我的个人特征而言——是个跛子，可是货币使我获得二十四只脚；可见，我并不是跛子。我是一个邪恶的、不诚实的、没有良心的、没有头脑的人，可是货币是受尊敬的，因此，它的占有者也受尊敬。货币是最高的善，因此，它的占有者也是善的。"① 货币本身被赋予了神奇的魔力。这种魔力使得人们对金钱产生了又爱又恨的敬畏之感（kratophany）。在对金钱的守财奴式的贪婪心态中，在金钱至上的拜金主义观念中，我们也可以看到金钱所具有的献身情感（sacrifice）、执着专注（commitment）等神圣意味。

一件事物的神圣与世俗不在于本身，而是社会性和个人性界定的。就像只有那些虔诚的信徒才会认为某一宗教图像是神圣的，只有那些被人们倾注了超验意义的物品才会被认为是神圣的。正是一件物品的使用情景决定了它的神圣与否。货币也是这样。

其次，在一种以辛勤劳动为荣，以懒惰懈怠为耻的文化中，通过辛勤劳动得到的金钱往往具有神圣意义，不劳而获的钱财则被视为是邪恶的。韦伯在《新教伦理与资本主义精神》中曾经指出，在现代资本主义兴起的过程中，新教伦理改变了人们对世俗劳动和职业卑贱的传统看法。马丁·路德宗教改革的一个重要后果就是对世俗活动的道德辩护，认为上帝应许的唯一生存方式，不是要人们以苦修的禁欲主义超越世俗道德，而是要人完成个人在现世所处地位赋予他的责任和义务。这是人的天职。新教教义的这一点使得日常的世俗劳动具有了宗教意义，受到人们的尊崇。例如，清教徒巴克斯特反复宣讲"人须恒常不懈地践行艰苦的体力或智力劳动，这成了他最主要的工作"②。辛勤劳动成为人生的目的，因为这是为

---

① ［德］马克思：《1844年经济学哲学手稿》，人民出版社2000年版，第143页。
② ［德］韦伯：《新教伦理与资本主义精神》，于晓、陈维纲译，生活·读书·新知三联书店1987年版，第124页。

神圣的上帝的荣誉而进行的劳动。通过这种劳动获得的金钱和财富自然具有神圣的救赎意义："如果财富是从事一项职业而获得的劳动果实，那么财富的获得便又是上帝祝福的标志了。"① 这样的货币往往使得人们具有接近神圣的感染升华（contamination）的属性。并且上帝救赎的神圣意义得以对象具体化（objectification）。相反，所有不劳而获的金钱，所有为了享乐挥霍的金钱都是邪恶的，"仅仅为了个人自己的享受而不是为了上帝的荣誉而花费这笔财产的任何一部分至少也是非常危险的"②。即使在现代社会，这样的观念依然存在。齐莉泽（V. A. Zelizer）在《货币的社会意义》中提到20世纪50年代美国费城一名帮派的新成员马蒂被询问为何将母亲给的25美分，而不是帮派抢劫得来的钱财捐给教会时，马蒂的回答很清楚："那是不好的钱，那是不正当的钱。"③ 偷抢的钱财已经受到玷污，而母亲辛劳挣来的正当的钱，才能呈给上帝。

对于个人而言，通过从事那些令人不快的、压抑的工作获得的货币往往是世俗的。如果是通过从事自己喜爱的、充满热情的工作获得的货币则具有更大的价值，甚至神圣价值。例如一个艺术家既从事创作自己喜爱的真正具有艺术性作品的工作，同时也从事商业广告图案的设计。这两种工作成果都可以在市场上出售。商业广告图案设计明显是为了生存需要而交换货币。而艺术作品则是自己对自然、艺术、人生的真实情感的表达，因此从艺术品中获得的报酬往往具有非凡的意义和价值。借用马克思的话说，它真正是"人的本质力量的新的证明和人的本质的新的充实"④。这样的货币体现着个人的发展、自由、解放，从而具有自由共同体（communitas）属性的神圣意义。

再次，货币的来源往往是与货币的使用相互交织在一起的，来源限定着货币的使用模式。货币在当代社会中有许多不同的使用。在经济学文献中，主宰货币使用的是理性的、功利的原则，人们关注的是得到价格和利润。而在货币的神圣使用中，价格和利润不是主要因素。

---

① ［德］韦伯：《新教伦理与资本主义精神》，于晓、陈维纲译，生活·读书·新知三联书店1987年版，第135页。
② ［德］韦伯：《新教伦理与资本主义精神》，于晓、陈维纲译，生活·读书·新知三联书店1987年版，第133页。
③ Zelizer V A, *The Social Meaning of Money*. New York：BasicBooks1994，p. 2.
④ ［德］马克思：《1844年经济学哲学手稿》，人民出版社2000年版，第120页。

　　在旅游的过程中，人们会购买一些有意义的纪念品。作为旅游纪念品的个人属性，通常与旅游行为中的某一个事件、人物、地点等联系在一起。人们购买这些纪念品作为对难以忘怀的体验的留念。这些纪念品是他们宝贵的人生经历和财富的重要部分，"旅游纪念品不仅仅只存在于旅游纪念品本身，它还与记忆的多维性相联系，既是'他者过去'的表现和记忆，也是'自我过去'的表现和记忆。……从这个意义上说，旅游纪念品作为一种物，它的意义要大于它本身的物质性功能"①。而这些纪念品往往比没有纪念意义的同类商品价格高出许多。一个法国人曾经将诺曼底海滩的沙子运回去，用精美的盒子包装，写上纪念诺曼底登陆的文字和图案，250 克一盒，售价 14 法郎，销路很好，为什么？这是因为纪念品不是以成本定价，而是它的象征意义决定了它的价值。诺曼底海滩的沙子象征着二战的经历，象征着人们对和平的热爱和渴望。购买纪念品是帮助人们纪念某种重要经历的一种仪式和过程。通过这个过程，具体体验和延迟满足的价值在一种社会化的仪式中被展现出来。虽然在这样的情景中，货币的使用也涉及世俗的交易，但是这也是一个将货币转化为更有意义的对象的仪式化过程。同样在购买一些已经神圣化的物品时，货币也具有不同的意义。例如购回流落海外的重要国宝、珍品。在这样的情景中，货币的使用并没有将这些国宝世俗化。相反，货币的支出被视为爱国之举，是维护民族尊严的神圣行为。

　　在慈善文化中，货币的神圣意义更加明显。慈善活动表达的是人类对弱者的关爱情感，是充满博爱、奉献精神的伟大事业，体现了超越个人私利的利他同情心和对群体、对社会的责任感。捐赠慈善事业的金钱由此获得了非凡的价值和意义。"慈善是金钱的良心。"金钱在慈善活动中成为真善美和爱的象征，特别是在慈善文化和活动发达的美国。在美国志愿精神和基督教传统文化的影响下，经济寡头们一方面赚取了大量的金钱财富，另一方面在慈善捐赠中又如此热忱慷慨、急公好义，以社会乃至人类的福祉为己任。在慈善活动中，金钱因为实现了他人的福利而变得神圣起来。人们的生活也因此而高尚起来，"富人还是应当感谢上苍对他们的珍贵赐福。他们有幸在生前为同胞大众的长远福利奔走操劳，出钱出力，使大家都能从中获得长久利益，同时也使自己变得高尚。生活的最高目的可

---

① 彭兆荣：《旅游人类学》，民族出版社 2004 年版，第 267 页。

能正是这样达到的"①。

二 现代家庭生活中货币的意义差异

家庭被认为是由具有亲密关系的人所组成的社会群体和文化单位。不同家庭的模式、组成、性质、内部关系反映的是不同的社会环境和文化传统。例如一夫一妻一个孩子的独立核心家庭反映的是一套特定的文化传统，即西方工业革命以来基于基督教信仰的文化传统。而在穆斯林文化传统中，家庭生活与独立核心家庭生活是完全不同的。所以，"家庭的定义是与社会环境及文化环境相关联的，其中包含了人们如何思考家庭、人们如何谈论家庭以及他们所进行的日常生活"②。毫无疑问，在人们如何思考家庭、谈论家庭和家庭的日常生活中，货币往往占据着中心位置。因为现代家庭经济功能的凸显使得家庭所从事的大部分事情都直接或间接地涉及金钱。家庭生活中金钱的获取、流通、分配、使用模式的不同往往受到特定时代和文化的影响和制约。我们将从纵向和横向两个维度来探讨家庭生活中货币的意义差异问题。

1. 家庭货币使用模式的历史演变

金钱是家庭日常生活的基本资源，因而那些能够获得收入的丈夫们和妻子们都希望在经济上能够彼此支持。伴侣中的一方在日常生活中对金钱进行管理，通过购买食物和家庭供应品来满足家庭的需要。而伴侣的另一方则决定在日常生活所需品上应该分配多少钱，正如他在主要的购买上所做的所有决定一样。这种特定的财政关系表明了一种明显的分工，即通常妻子的责任是金钱管理，而丈夫的典型特权则是财政控制。在19世纪中期的几十年中，这种家庭财务模式十分普遍。它的主要特征就是为家庭挣取收入的丈夫给妻子一笔家务管理津贴，让妻子用它来满足家庭的日常需要。对此，齐莉泽（V. A. Zelizer）说，"妻子丧失了对大部分家庭经济资源的权利。尽管妻子的劳苦受到承认，但是19世纪的驭妻术将已婚妇女赶出生产性的经济范畴。无论她们如何辛苦工作或者家庭如何依赖于她们的工作，妇女的家务被定义、被衡量为一种情感而非实质的贡献；一旦提

---

① ［美］安德鲁·卡内基：《论财富》，朱凡希、庄华妮译，载赵一凡编《美国的历史文献》，生活·读书·新知三联书店1989年版，第204页。

② ［美］大卫·切尔：《家庭生活的社会学》，彭铟旎译，中华书局2005年版，第5页。

及家庭的经济福祉，就是指的是丈夫的有薪工作而非妻子的家务。丈夫给她的钱是一种赏赐，而非她应该赚得的一部分。明显，她的钱甚至有特别的词汇来命名，与一般的钱有所区别：津贴、零花钱、蛋钱、奶油钱、要花的钱。"① 这种丈夫的钱与妻子的钱被划分开来，并被冠以不同称谓的社会现象，反映了 19 世纪中期西方文化对性别、对家庭的价值观和意识形态。

19 世纪中期，即所谓的维多利亚时代的价值核心之一就是团结的家庭。"家，甜蜜的家" 是那一时期一个延续不断的主题。② 这一家庭主题在女性塑造方面，极力推崇贤妻良母型的"家庭天使"。1854 年，英国诗人考文垂·帕特摩尔开始出版系列长诗《家庭天使》，歌颂、美化维多利亚时代的中产阶级家庭生活，推崇贤妻良母型的理想女性。这一长诗深受中产阶级的欢迎。1865 年，约翰·拉斯金，一位在家庭生活上有些古怪的评论家，在他的《论皇后的花园》一文中也提出，理想的妇女和理想的家庭与现实的原始森林式的生活竟争互不相容，妇女的地位不是在社会上，而是在家庭中，是做"家庭天使"。他写道："妇女在她的家门口以内是秩序的核心、痛苦的安慰和美的镜子。"③ 在他看来，妇女所承担的不仅是生活上侍奉的职责，而且还有道德精神上的侍奉。只有妇女达到了这种理想，家的真正本质才能具备。"如果不能如此，它便不是家。假如外部世界的焦虑渗透进来，外部世界那变化频仍的、无人知解的、不可爱的或敌意的社会……跨过门槛，它便不再成其为家了。"④ 无论是帕特摩尔的诗句，还是拉斯金的论点，无疑都反映了当时西方社会对女性角色的定位和要求。妻子只是以在家里的驯顺、侍奉为职责，在家庭收入上，仅仅是进行日常金钱管理，而没有重大事务的决策权。

与以前相比，这种津贴制度在今天就没有那么普遍了。其原因除了市场经济的发展使得越来越多的女性走出家庭获得工作，从而可以用她们自

① Zelizer V A, *The Social Meaning of Money*. New York：BasicBooks1994，p. 41.

② 郭俊、梅雪芹：《维多利亚时代中期英国中产阶级中上层的家庭意识探究》，《世界历史》2003 年第 1 期。

③ ［英］约翰·拉金斯：《拉斯金读书随笔》，王青松、匡咏梅、于志新译，上海三联书店1999 年版，第 69 页。

④ ［英］约翰·拉金斯：《拉斯金读书随笔》，王青松、匡咏梅、于志新译，上海三联书店1999 年版，第 84 页。

己的收入来部分地满足家庭需要以外，另一个重要原因是，在过去的半个世纪中关于伴侣式婚姻的文化理念在不断加强，"这种伴侣式婚姻的意识形态倾向于强调夫妻之间的亲密平等关系和民主关系"①。也就是说，婚姻关系并不造成对两个人的硬性约束，他们依然可以在婚姻关系之外保持和建立各种有益的关系，夫妻各有自己喜欢和从事的事业，也有自己的兴趣和爱好，这是个性的表现，对此各自都要给予一定的尊重，不应因自己的好恶逼迫对方改变或放弃，从而获得进一步自我发展的可能。反过来，双方的自由发展也会促进婚姻关系的丰富和发展。双方通过各自与外界交往来丰富、发展、完善自己，在个性的体现中巩固两人的关系。夫妻双方的关系应该建立在相互尊重的基础上，互相信任、互相理解、互相关心和互相体贴。

在这一文化变迁的影响下，当代婚姻最普遍的资金分配制度就是共同储蓄收入、共同管理收入。它是一种夫妻合作式的家庭货币管理模式。比如，夫妻将他们所有的收入进行联合储蓄，自主支取；或者夫妻协商将各自收入的一部分用于承担一部分家用，个人收入的剩余则自己自由支配；等等。今天在那些对伴侣式家庭意识形态诉求最强的西方中产阶级家庭中，这种资金分配模式是最流行的。在英国，只有十分之一的夫妻在婚姻的资金分配上继续采用以前的津贴制度。在加拿大，五分之四的夫妻在银行或其他金融机构拥有一个共同支取的联合账号。夫妻合作式家庭货币管理模式体现的是现代民主、平等、信任的夫妻关系文化，"夫妻合账代表着一种信任的证明。它是夫妻俩共同实现家庭生活目标这一愿望的具体化，比如实现孩子的教育、家庭的长久安乐等。它是夫妻的共同意志和分享的担保，分享生活的幸福时刻，也分享不测风云。合账是一片共同领土，实现夫妻共同生活的意愿"②。甚至在女性主义文化的强烈影响下，一种独立核算式的家庭收入模式也正在形成，即夫妻双方把他们的收入完全分开，并且独立管理他们各自的财政资源，公平地支付家庭账单。③

---

① ［加］大卫·切尔：《家庭生活的社会学》，彭铟旎译，中华书局2005年版，第142页。

② ［法］蒂耶利·伽鲁瓦：《金钱心理学》，徐睿译，世界图书出版公司2007年版，第42页。

③ ［加］大卫·切尔：《家庭生活的社会学》，彭铟旎译，中华书局2005年版，第144页。

2. 家庭货币使用模式的意义区分

就像人类行为的其他特点一样，家庭货币的一些使用方式是普遍的，而其他一些使用方式有文化特性。或者说是充满异国情调的、主观的。社会学家费里科夫（C. Falicov）从多个文化层面讨论了货币使用方式在拉美人和以央格鲁－撒克逊的中产阶级新教徒为代表的美国人之间的文化差异。①

第一，在不同的家庭价值观中，货币的使用方式各有不用。拉美人与美国人最明显的差异在于个人主义与集体主义价值观的差异。这种价值观源于对不同家庭结构的传统性偏好。美国的主流家庭结构是由妻子、丈夫和孩子组成的两代人的核心家庭。这种家庭模式受到美国的民主和平等的价值标准的支持，并有助于促进个人主义式的表现：强调自我表现、自我满足、直接交流与沟通、赞赏孩子的自主行为。② 因此，金钱往往被视为对个体努力的回报，同时也是个体获取自我表现和家庭自主地位的手段。当经济困难时，中产阶级的美国人往往通过制度化途径，通过贷款方式来克服。相反，拉美人的家庭是嵌入在一个复杂的扩大的家族和亲朋网络关系中的。家庭之间依赖与团结的重要性超过了个人主义对自我表现的需要。它表达的是一种集体主义的信念。因此，在拉美人那里，个人所挣的或拥有的金钱往往为其他家庭成员使用或以免息的方式资助经济困难的亲朋好友。对集体、家族意识形态的强调是受到孝敬父母长辈等思想支持的。

第二，在不同的工作和休闲氛围中，货币作为加强家庭成员和朋友之间联系的方式也各有不同。拉美人认为消费不仅仅是个人价值的表达，而且也是加强家庭成员关系的重要方式。因此，他们会花很多钱买一个大电视放在客厅，大家一起看电视，而不是像美国人那样为每个房间买一个小电视，自己看自己的。

第三，不同的性别角色和期望明显也影响了货币的使用。对于拉美人

---

① Falicov J C, "The Cultural Meaning of Money: Case of Latinos and Anglo – Americans". *Amercian Behavioral Scientist*, 45（2）2001.

② 贝尔认为现代美国在文化上的特征是个人主义式的自我实现，即把个人从传统束缚和归属纽带（家庭或血统）中解脱出来，以便按照主观意愿造就自我。参见［美］丹尼尔·贝尔《资本主义的文化矛盾》，赵一凡、蒲隆、任晓晋译，生活·读书·新知三联书店1989年版，第25—26页。

家庭和美国人家庭来说，父权制都是主导的意识形态，家庭中的性别权力与男性的较高收入密切相关。但是拉美妇女的自我认同与家庭感和母性感更紧密。即使她们外出工作，经济收入的提高并不会带来家庭地位的提升。而美国家庭妇女则往往将自我认同与处理家庭经济事务直接联系起来。她们会处理丈夫的收入，决策家庭的主要开支，管理家庭账目，甚至控制丈夫的零花钱。

第四，不同的宗教和民间信仰对货币也有影响。拉美人受罗马天主教教义的影响，往往在货币问题上持一种命定论的思想，认为个人赚钱的多少最终是由上帝安排的，上帝最终决定着人们的经济状况。在经济困难时，他们的态度往往是接受、顺应。而美国人信奉的新教伦理则强调自我负责，自己掌握自己的命运。其内在信念是"只要我努力，我就会获得回报"。

三　现代礼物文化中的货币区分

礼物馈赠是人类社会中最为重要的社会文化交往方式之一，也是文化人类学关注的重要内容之一。[1] 通过礼物交换，可以维系、强化并创造社会关系，并构成一个社会丰富的文化生活。因而，研究礼物交换为我们提供了一条诠释不同社会文化和社会结构的途径。关于礼物的本质，韦伯曾指出："礼物不是物质的礼品，它承载着文化的规则（礼节）并牵涉到仪式。所以，无礼之物就只是物品而不是礼物。"[2] 可以看出，礼物实际上就是两个部分的组合：一是"礼"，即仪式、礼节以及诸如关心、尊重等文化理念的表达；二是"物"，即文化理念表达的物质形式。两者是缺一不可的。礼物的物质形式虽然各种各样，但是在具体的社会和文化语境中，礼物形式的选择往往是约定俗成的，或者说受到文化习俗的影响和制约。货币能否作为礼物？货币作为礼物可以赠送给什么人？哪些情况下可以赠送现金？这些问题在不同的文化背景下有不同的答案。因此，研究礼物中的货币问题，可以为我们提供一条理解和诠释既定社会中不同文化规则及其社会关系结构，并透视某一族群或地域社会中人们生存状

---

① 文化人类学对前现代社会中的礼物做了系统研究，参见阎云翔《礼物的流动》，上海人民出版社2000年版，导论。本节主要讨论现代社会中的礼物。
② 转引自阎云翔：《礼物的流动》，上海人民出版社2000年版，第43页。

态的途径。

1. 西方文化中的礼金

长久以来，礼物交换一直是西方社会，特别是上层阶层社会交往的重要内容。特别是随着经济的发展和消费社会的到来，礼物交换日益兴盛，并扩展到普通人的日常文化生活中，礼物支出在人们收入中所占比重越来越大，从而形成一种现代礼物经济。① 在各式各样的礼物中，现金礼物或者说礼金是一种特殊甚至令人困惑的礼物：被用于支付商品和服务的货币，能否以及如何被当作感性的礼物来表达个人的关怀、亲密性？礼金的授受双方如何知晓哪一块钱来自礼金？创造礼金需要什么样的条件？

社会学家卡普罗（T. Caplow）在著名的美国中镇文化研究的基础上②，从圣诞节礼物入手探讨了在美国文化中的礼物与亲属关系。他的研究显示，在圣诞礼物类型中，以服饰、玩具、装饰品等为代表的实物礼物占 90% 以上；而现金礼物不到 10%。同时在礼金的使用上，也存在某种规则。几乎所有的礼金都是出现在两代人之间，而且是从上至下的。现金礼物从雇主到雇员之间也比较常见。但是没有一例是从雇员到雇主。还有一部分现金礼物是给予报童、邮差、速递人员以及其他常年从事服务工作的地位相对较低的人员。在给家庭医生、学校老师以及其他地位较高的人员的圣诞礼物中，几乎没有现金。③ 后续的研究也进一步证实了在西方文化中，金钱常常不被人们作为礼物，例如学生给老师、孩子给父母。在这些情景中，接受者比赠予者拥有较高的地位。这些研究表明了在涉及地位和亲密性的情景中，社会文化对货币作为礼物存在某种限制。④

西方文化对礼物有自己的理解。首先在个人主义的文化氛围中，礼物本身被视为具有重要的象征意义。用人类学家莫斯的话说，西方礼物具有"礼物之灵"。礼物往往具有私人品质，是个体建构其社会形象和社会认

① 有关现代西方礼物经济更加深入的研究，参见 Cheal D, *The Gift Economy*. London：Routledge，1988.

② 中镇研究，是美国社会学家林德夫妇所做的著名社区研究。他们采用了人类学方法，对美国中部的城镇市民生活（包括谋职、成家、养子、闲暇、宗教及社会活动等六个方面）作了全面考察。参见［美］罗伯特·S. 林德《中镇：当代美国文化研究》，盛学文译，商务印书馆1999年版。

③ Caplow T, "Christmas Gift and Kin Networks". *American Sociological Review*, 1982, 47.

④ Burgoyne C and Routh D, "Constraints on The Use of Money as a Gift at Christmas：The Role of Status and Intimacy". *Journal of Economic Psychology*, 12, 1991.

同的一种象征。礼物是一种我们向他人传递我们所希望的形象的方式。爸爸妈妈给予孩子不同的礼物，就是希望孩子成为他们心目中的小科学家或小艺术家。礼物不仅将一种认同赋予接受者，而且赋予赠予者。礼物经常是根据接受者的特点来挑选的。这就意味着接受者在赠予者心目中的形象。人们通常倾向于在客观性的形式上确认他们的自我形象。接受一种礼物，事实上就是接受给予者建构的一种愿望和需要的图景。礼物实际上就是库利的"镜中之我"。因此，礼物赠予事实上是一种连接自我形象呈现和自我形象在他人中的呈现的方式。

其次，在社会交往中，礼物具有情感意义，它要反映出赠予者对接受者个性、特点、爱好的熟悉和尊重。西方人认为，一个了解同伴个性、爱好的人比不知道同伴需要和爱好的人来说更显得是一个合适的搭档。亲密朋友与一般朋友的区别在于亲密朋友给我喜欢的东西。从这一视角看，找到合适礼物的价值不仅在于赠予者希望这样，而且因为它表明了充分理解和熟悉接受者的个人偏好。一些学者提出的纯粹礼物（pure gift），就是指由于感情而无其他目的送的礼物。决定礼物价值大小的主要是情感。①

总而言之，在西方个人主义文化中，礼物具有个体性、私密性、情感性、非数量性等特点，正如齐莉泽（V. A. Zelizer）所言："礼物加入个人特色十分重要。礼物的性质与价值必须符合双方的关系，显示双方亲近与平等的程度。好礼带有赠予者的特色，明显是送给特定的对象。礼物不但反映出社会联系，更重新定义社会联系，因此，选择礼物既费心思也很艰难。送给点头之交一份很私人性质的礼物、过于贵重的礼物，或是送给母亲很不私人性质的礼物，都将使对方困惑、烦扰甚或恼怒，因为那为社会关系显示或强加了错误的定义。"②

而金钱是个体之间以及企业组织之间进行商业交易的主要媒介。它与事务性的动机相联系，包括寻求利益的动机以及如何从某人处获得最多金钱的理性计算。这些动机和货币特性与那种存在于礼物之中的亲密关系是不同的。

具体说来，一方面，货币具有经济属性。这种经济属性在礼物情景中是不适当的。这表现在三个方面：其一，货币作为精确的价值衡量标准会

① Ruffle B, "Gift Giving with Emotions". *Journal of Economic Behavior & Organization*, 39, 1999.
② Zelizer V A, *The Social Meaning of Money*. New York：BasicBooks1994，p. 78.

使得人们之间的关系被置于一种精确的货币性评价中。其二，货币作为普遍性交换媒介的经济功能会抑制、约束它在特定人际关系中的使用。它会使得具体特定的人际关系显得一般化、客观化。西美尔在《货币哲学》中也指出抽象的、客观的、数量化的、无特性的金钱与礼物所表达的丰富的人性内涵是相冲突的，"礼物保留了更多人性的东西，即便是按照惯例送礼，礼品的价值以及个人挑选礼物的自由度也有很大的不确定性，而一笔礼金则数目清清楚楚，带有毫不含糊的客观性"①。其三，货币具有的商业意味使得它混淆了商品交换和礼物交换之间的区别。"礼物的灵魂不在于昂贵，而在于礼物所代表的和善感觉……送礼绝不应该被视为仅是投资或交换而已，最佳的圣诞礼物并不是钱，与债权债务完全没有关系。……倘若送礼的动机是牟利或敷衍，将无法表达真正的情谊。在送礼的领域中，绝不容许退货的可能。"②

　　另一方面，货币缺乏礼物所需要的私人属性。这同样表现在三个方面：其一，一件礼物是经过赠予者精心挑选的，反映出赠予者对接受者私人性、独特性的关切。金钱礼物则显得缺乏这种私人性的努力和关切，往往表明赠予者对接受者个人的不熟悉。其二，礼物经济不同于商品经济的一个特点在于礼物本身所含的韵味。赠予礼物蕴含着一种互惠义务和责任。即使礼物在价值上并不精确地相等，但是仍然会被视为是对等的。金钱礼物则使得不对等的交换明朗化，使得那些钱少的赠予者产生尴尬、不安、局促之情。其三，钱花掉了就没有了。金钱礼物容易丧失独特的记忆价值，缺乏纪念意义。所以西美尔认为，"货币从来不适合居中斡旋私人性关系——例如真正的爱情关系，无论它中断得多么突然——私人性关系的目的是打算要长久维持下去，并且私人性关系的基础乃是真心实意的约束力"③。在这样的文化语境中，将金钱作为一种礼物送给别人，通常被认为是一种不适当的方式。

　　2. 中国文化中的礼金

　　礼金的使用在跨文化中是最明显的差异。在西方国家，现金和礼物之间的差别是根深蒂固的。现金被认为是非个人性的，是与市场相关的，因

---

① ［德］西美尔：《货币哲学》，陈戎女译，华夏出版社 2002 年版，第 294 页。

② Zelizer V A, *The Social Meaning of Money*. New York：BasicBooks1994, p. 79.

③ ［德］西美尔：《货币哲学》，陈戎女译，华夏出版社 2002 年版，第 296 页。

此不是表达私人的、自然情感的适当媒介。而在另外一些社会中，现金在一些场合，例如结婚、生育、葬礼上是必要的礼物甚至是最适当的礼物。在中国新年，给年轻的、未婚孩子的现金，必须是崭新的并且是用红色纸包装起来的。银行不仅专门使用传统的红色信封，而且专门发行崭新的钞票。中国新年新钱的偏好还转移到电子世界中，例如一些 ATM 机在出钞前会更换新钱等。在中国，金钱之所以能够作为适当礼物，是与其特定的社会文化息息相关的。

在中国，礼物背后有其丰富的文化内涵。研究中国礼物交换的著名学者阎云翔认为，礼物交换在中国是"个人身份的文化结构"的一种反映，个人被要求通过礼物交换来定位自己在不同种类人际关系中的地位和文化身份。纵观中国人的一生，随着自己社会地位的逐步确立，礼物便开始源源而来，从出生、上学、参加工作、结婚、生孩子、乔迁、事业成功直到去世，无一不是以送礼开始与终结。可以说，礼物在中国人的关系网络建构方面起着非常重要的作用。但是，中国的礼物交换的文化理念不同于西方。中国的礼物馈赠是在中国特定的人情文化背景下的一种社会互动行为，是一种人情表达方式，存在着一种人情的伦理模式。①

"人情交往"是中国人际关系独有的文化特征。"人情"是维系中国人际关系最为重要的文化纽带。现代学者对"人情"有不同的理解。但他们都认为"人情"既是一种人与人之间进行社会互动和交往时与对方进行交换的资源，又是人与人交往相处时所应遵循的规范准则。人情无论是作为一种资源，抑或是作为一种行为规范，实质上两者是融为一体的，共同构成一种关于人们日常社会交往的生活文化理念，指导着人们社会交往的实际运作。人情需要回报，需要交换。通常情况下，中国人的人情交换有三种类型：一种是某人在遇到危难的紧急关头得到了他人的帮助，这在人情交往中属于"恩情"的范畴。另一种是比较有目的的人情投资，通常叫"送人情"，"送人情"导致接受方有亏欠或愧疚感，双方构成一

---

① 中国社会是一个讲人情面子的社会。众多的研究成果和文化比较研究已证实了这一点。参见黄光国《人情与面子：中国人的权力游戏》，黄光国编《中国人的权力游戏》，台北巨流图书公司 1988 年版；李伟民《论人情：关于中国人社会交往的分析和探讨》，《中山大学学报》（社会科学版）1996 年第 2 期；孙春晨《"人情"伦理与市场经济秩序》，《道德与文明》1999 年第 1 期；韩少功：《人情超级大国》，《读书》2001 年第 12 期；翟学伟：《人情、面子与权力的再生产——情理社会中的社会交换方式》，《社会学研究》2004 年第 5 期。

种"人情债"关系，结果在对方提出要求时不得不按对方的要求回报。第三种是一般性的礼尚往来，也就是有来有往的互相走动、请客或过节时的送礼行为，以加强彼此的感情联络。[1] 礼物则是传递人情、交换人情的重要方式。特别是对于后面两种人情交换来说，礼物馈赠一般承载着表达感情和利益诉求的双重内容。对此，阎云翔采用了"表达性礼物—工具性礼物"这个分类框架来分析中国的各种礼物现象，认为表达性礼物馈赠以交换本身为目的，并反映了给者和受者之间的长期关系，它主要表现礼物交换中的伦理义务和私人感情；而工具性礼物交换仅是达到某种功利目的之手段并一般意味着短期关系，它主要表现为礼物交换中的理性计算。

由此可见，与西方的礼物不同，中国人情文化中，就礼物本身而言，已经不存在某种象征意义或超自然的含义。[2] 礼物仅仅是一种人情交换的媒介和途径，一种传递感情联系和表达功利目的的工具。换句话说，不是莫斯所谓的"礼物之灵"而是人的精神将馈赠双方联系在一起，不是物品而是通过物品传达出来的人情是不可让渡的。这样，中国的情况就将附着在礼物上的精神（人情）和礼物实体本身的不可让渡性（不可计算、不可消费）区别开来，礼物是可以消费掉的，也是可计算价值的，有时甚至就是现金，但是礼物中所浸染的送礼者的精神——人情却是不可让渡的，是必须偿还的。阎云翔在《礼物的流动》中用黑龙江省下岬的例子也证明，在中国，礼物的形式是实物还是货币，本身并不重要。因为中国人的赠礼是一种可以而且应该消费的实物和数量不同的一笔钱，礼物不仅是可让渡的，而且必须是被让渡了的，回赠同样的礼物被认为是一种侮辱与拒绝的姿态。不是物本身，而是物表达出的人情是不可让渡的。

中国市场经济的发展为礼物交换提供了广阔的空间，影响着礼物的规模、数量及形式。同时，个体在这一时期的自主性得到增强，个人主动

---

[1]　翟学伟：《人情、面子与权力的再生产——情理社会中的社会交换方式》，《社会学研究》2004 年第 5 期。

[2]　中国的礼物交换模式与西方有许多不同的特点，例如中国礼物模式是一种单向的、非均衡的且权力与声望流向受礼者的礼物流动模式；中国人的礼物是可以让渡的，并且礼物自身并不蕴含任何超自然的力量；礼物的内容在变化，人们更重视礼物的交换价值而不是象征价值等。参见阎云翔《礼物的流动》，上海人民出版社 2000 年版。

的、功利性的送礼成分越来越多，从而使工具性礼物关系成为主导形式。① 在这一特殊社会文化背景下，礼物对社会关系的建构、维持、再生产具有重要作用。它已经不仅仅是一种表达感情、外显面子、人情的工具，更重要的是它已经成为编织私人社会关系网络、获得其他社会资源、与占据较多社会资源的地位较高的人们进行类似商品交换的一种长期性投资。这种社会环境更加激发了货币作为主要的礼物形式。人们之间的礼物往来，以往常见的是糕点烟酒一类的实物性礼物，如今已经多被现金所代替。甚至在探望病人的礼物中，除了常见的鲜花、营养品之外，现金也越来越多。这不仅传递了人情关系，而且也有经济上的实用效应。例如黄玉琴指出在湖北省徐家村，举办一些生命仪礼被农民用作在短期内缓解经济困难的一种手段。农民为了缓解短期内的经济窘迫，很可能为一个小事举办仪式（比如给子女过 20 岁生日）。而这种仪礼的举办要的就是现钱。农民短期内做一次事是获利的，其收到的礼金要多于他举办仪式的花费。典型的是，徐家村几个考上大学的学生，其父母都是通过举办仪式来为其凑学费和旅费的。②

可见，在人们的日常文化生活中，钱与钱之间并非是可以互相替代的。我们常常为特定的钱赋予不同意义并划分用途。正如齐莉泽（V. A. Zelizer）所言："金钱并非文化层面上中立的或社会层面上匿名的，它可能腐化价值观，且将社会关系变成数字；但是价值观和社会关系也会反过来灌注意义和社会模式到金钱上面，因而改变金钱本身。"③ 认为所有的钱都是一样的，这不过是经济学家所创造出来的一个神话、一种意识形态。

第二节　货币与现代社会价值观念

社会价值观念，是指"社会主体的价值观念，是以社会自身的存在、

---

① 董金松：《"工具性表达"：发达农村社区礼物交换的实质》，《内蒙古社会科学》（汉文版）2004 年第 5 期。

② 黄玉琴：《礼物、生命仪礼和人情圈》，《社会学研究》2002 年第 4 期。

③ Zelizer. V. A, *The Social Meaning of Money*. New York：BasicBooks1994，p. 18.

发展为基础而确立而形成的种种价值观念"。① 它是在特定社会生活的基础上，通过评价形式所形成的对整个社会和个人具有影响作用的观念意识，是社会群体进行价值评价，决定价值取向的内在依据。从宏观角度说，一个社会的价值观念是一定社会的文化主干。

如前所述，现代社会是以市场、货币交换、资本为主导的市场社会结构。货币成为人们日常生活的重要组成部分。这是一种整体的社会结构性变动。这种结构性的转换必然影响到社会价值观念的转换。马克思曾指出："人们的观念、观点和概念，一句话，人们的意识，随着人们的生活条件、人们的社会关系、人们的社会存在的改变而改变。"② 在市场社会中，以工具理性为原则，以效益最大化为目标，以自由竞争为手段的经济行动，必然要求人们把货币作为衡量经济活动收益的尺度。金钱成为理性社会行动必要的计算手段，成为衡量人们社会活动、社会地位、社会关系的必要手段。这样，在市场经济的社会背景下，货币也必然被人们赋予较高的社会价值，成为形塑现代社会价值观念的强大力量。

一 货币化价值观念的形成

在传统社会中，人们也追求金钱。但是挣钱的合理性是受到宗教、伦理、政治上的理由支撑的。韦伯指出，在新教伦理看来，人们追求金钱的合理性在于给上帝增添荣耀。加尔文教派的预定论指出，确定自己是上帝选民的唯一出路就是世俗的成功。因为世俗的成功为上帝所喜欢。在世俗世界中越成功，金钱积累得越多，你越有可能成为上帝的选民："如果财富是从事一项职业而获得的劳动果实，那么财富的获得便又是上帝祝福的标志了。"③ 加尔文教派的教义强调以现世的财富和成就来荣誉上帝，这就使赚取财富不再是一种罪恶，而在良心上反而有一种荣誉感、道德感和神圣感。加尔文教派的预定论则赋予赚钱致富以道德和神圣意蕴。在中国，人们也认为，赚钱的合理性在于社会目标，而不是个人的私欲。张载说："利之于民，则可谓利。利于身，利于国，皆非利。"④ 利益的获取，

---

① 李德顺、马俊峰：《价值论原理》，陕西人民出版社 2002 年版，第 237 页。

② 《马克思恩格斯选集》第 1 卷，人民出版社 1995 年版，第 291 页。

③ ［德］韦伯：《新教伦理与资本主义精神》，于晓、陈维纲译，生活·读书·新知三联书店 1987 年版，第 135 页。

④ 余英时：《内在超越之路》，中国广播电视出版社 1992 年版，第 334 页。

应该以社会、以百姓为目的，而不是为了自己或者君王。王阳明在谈到讲学传道之人是否可以经商营利时说："且天下首务，孰有急于讲学耶？虽治生亦是讲学中事，但不可以之为首务，徒启营利之心。果能于此处调停得心体无累，虽终日做买卖，不害其为圣为贤。"① 人们可以有追求金钱营利之事，但是不能把这作为人生的首要任务和目的，应该将其看作为了提高人的道德修养和品质。使赚钱服从于上帝的意志，把"治生"纳入"为圣为贤"之中，这是前市场社会时代的主导社会价值观念。

随着市场社会的形成和发展，社会价值观念发生了一个根本性的变化。这就是，经营不是为了获得上帝的拯救，不是为了社会道德的完善，不是为了个人品质修养的提升，而是为了实用、为了功利、为了赚钱。舍勒将这一转换界定为"价值的颠覆"，即"价值序列最为深刻的转化是生命价值隶属于有用价值"②。这表现为商业和企业家的职业价值、成功价值，精打细算的利益价值被抬高为普遍有效的道德价值，甚至被抬高为这些价值中的最高价值。而勇气、尊严、高贵、对领主和家庭的忠诚、对经济财富的态度都隶属于上述价值。也正如韦伯所言，赚钱动机成为资本主义的一条首要原则："人竟被赚钱动机所左右，把获利作为人生的最终目的。在经济上获利不再从属于人满足自己物质需要的手段了。这种对我们所认为的自然关系的颠倒，从一种朴素的观点看是极其非理性的，但它却显然是资本主义的一条首要原则。"③

而且市场社会的一个重要特点是，把越来越多的在市场范围之外的东西纳入货币交换范围之中，公共权力、友谊、情感、家庭、两性关系等原来不可以交换的东西都可以明码标价，在市场上交换。马克思指出，"资产阶级撕下了罩在家庭关系上的温情脉脉的面纱，把这种关系变成了纯粹的金钱关系。"一个用血缘与亲情结合起来的传统社会，被冷冰冰的对货币数量的理性计算所取代，它"把宗教虔诚、骑士热忱、小市民伤感这些情感的神圣发作，淹没在利己主义打算的冰水之中。它把人的尊严变成了交换价值，用一种没有良心的贸易自由代替了无数特许的和自力挣得的自

---

① 余英时：《内在超越之路》，中国广播电视出版社 1992 年版，第 344 页。
② 舍勒：《道德建构中的怨恨》，载《舍勒选集》上海三联书店 1999 年版，第 512 页。
③ ［德］韦伯：《新教伦理与资本主义精神》，于晓、陈维纲译，生活·读书·新知三联书店 1987 年版，第 37 页。

由"①。因此，在市场社会建立之后，货币交换的范围和方式都发生了巨大变化，金钱的功能日益被强化。金钱就是表现、度量、购买其他商品或劳务价值无任何障碍的工具，并且是经济价值统一形态暂时的居住所。换言之，花钱时，金钱可以面对世界一切商品和劳务进行交换，体现着金钱的交易功能；攒钱时，金钱作为统一的价值形式，体现着对价值的暂时代表和保留功能。因此，金钱是黄金或纸币符号甚至于数据代码等都不重要，重要的是它们可以交换到世界上所有的商品和劳务，可以成为人们手中积攒起来为今后交换到更大和更为广泛商品和劳务的职能特征。金钱强大的功能自然而然地引申出了人类社会对金钱崇拜的逻辑：既然金钱可以面对世界上所有的商品和劳务，可以积攒成大的价值量来交换更为特殊的商品和劳务，那么，获得它就获得了对整个世界商品和劳务的选择权，获得大量的金钱就是获得整个商品和劳务世界的更大部分，金钱的社会地位就由此凸显出来，这便产生了对金钱追求和崇拜的基础经济动因。

特别地，金钱还从单纯的经济活动走向全面的社会生活。无论是人们在意志、情感、心理等方面多么的高贵与不同，客观上，人的能力、人的需要、人的价值是以他赢得、掌握或支配的货币量来表达的。一个手中掌控着巨大数量货币的人在货币世界里就是自由的，就是一个能实现自我意志的人。反之，"他的需求是纯粹观念的东西，它对我、对第三者、对另一个人是不起任何作用的，是不存在的，因而对于我本人依然是非现实的，无对象的"②。人们对金钱的追求和崇拜，就走向登峰造极之境了。用西美尔的话说，金钱成为"世界的世俗之神"，"人们经常抱怨金钱是我们时代的上帝……金钱越来越成为所有价值的绝对充分的表现形式和等价物，它超越客观事物的多样性达到一个完全抽象的高度。它成为一个中心，在这一中心处，彼此尖锐对立、遥远陌生的事物找到了它们的共同之处，并相互接触。所以，事实上也是货币导致了那种对具体事物的超越，使得我们相信金钱的全能，就如同信赖一条最高原则的全能"③。

不论是马克思所指出的"货币拜物教"，还是西美尔关于金钱成为

---

① 《马克思恩格斯选集》第 1 卷，人民出版社 1995 年版，第 275 页。

② 马克思：《1844 年经济学哲学手稿》，人民出版社 2000 年版，第 144 页。

③ ［德］西美尔：《现代文化中的金钱》，载［德］西美尔《金钱、性别、现代生活风格》，顾仁明译，学林出版社 2000 年版，第 12 页。

"世俗之神"之说，都突出了在市场社会背景下金钱功能及其扩展所引发的金钱至上的社会价值观念。

二　货币化价值观念的特征

在市场社会中，金钱至上的社会价值观念主要有两个重要特征。第一，货币将所有价值同一化、通约化，构造出一个均质化的货币价值世界。第二，货币由纯粹手段价值上升为纯粹目的价值。

1. 均质化的货币价值世界的构造

既然金钱的功能是代表别的物品或劳务的价值、交换别的物品或劳务的价值，那么，当你手中有钱的时候，就将世间各种各样实实在在的物品和劳务的具体差别完全"夷平"了。用马克思的话说："正如商品的一切质的差别在货币上消灭了一样，货币作为激进的平均主义者把一切差别都消灭了。"[①]在货币面前，一切抽象的和具体的、一切劳动的和非劳动的物品都转化为一种具有象征意义的符号，转化为可以计算的抽象的数字，转化为量化的货币价值。举例说来，用十元钱购买有形的茶杯和用十元钱购买一小时他人的服务，人们所看到的，一方面是茶杯和劳务具体形态完全不同的两种东西的差别，另一方面，则是这两种不同形态的东西在价值上的同一性，它们"都值十元钱"。显然，货币价值的同一性，可以无限制地伸展开来。十元钱可以面对整个世界值十元钱的一切物品或非物品存在。不论你手持的是本身就有实体价值的金银，还是本身没有实体价值的符号货币或纸币，这种夷平差别而导致价值上的同一性的货币，建构了一个同一性的、通约化的"货币价值世界"。它"是由人们之间相互服务的社会经济关系的数量化构成的世界。它是一个纯数量世界——只具有用货币表达的劳动价值数量"[②]。

物品体系五彩缤纷的不可通约的效用价值被消解了，各种具体价值之间质的差异被消解了，转换为没有质的差异的货币数量世界，一个由抽象劳动时间构成的世界。甚至，人的生命的一切丰富因素，社会生活中的一切内容，其存在"价值"的唯一衡量标准就是它的"交换价值"：它们必须到市场中，贴上价格标签，作为一种商品获得其存在的唯一理由。真、

---

① 马克思：《资本论》第 1 卷，人民出版社 2004 年版，第 155 页。
② 鲁品越：《货币化与价值世界的祛魅》，《江海学刊》2005 年第 1 期。

善、美、艺术、尊严、人格等，如果不能被换算为货币价值，就等于失去了存在的意义。整个价值世界转化为一道数学题："对于他们来说，'什么东西有价值'的问题越来越被'值多少钱'的问题所取代。"① 这个过程正是社会价值观念的"祛魅"：价值观念世界中丰富多彩的不可通约的质被祛除掉了，人们之间那种带有某种"神圣"色彩的伦理关系被祛除掉了，转变为用货币数量关系表达的理性关系。它使得一种纯粹数量的价值不断压倒品质的价值，从而导致社会价值观念的量化、同一化、通约化。"没有任何绝对的价值，因为对货币来说，价值本身是相对的。没有任何东西是不可让渡的，因为一切东西都可以为换取货币而让渡。没有任何东西是高尚的、神圣的等等，因为一切东西都可以通过货币而占有。正如在上帝面前人人平等一样，在货币面前不存在'不能估价、不能抵押或转让的'，'处于人类商业之外的'，'谁也不能占有的'，'神圣的'和'宗教的东西'。"② 在此，货币以一种经济性的符号来兑换对象化世界的一切存在。

2. 手段价值对目的价值的僭越

金钱至上的社会价值观念的另一个重要特征表现为货币对终极价值的僭越：货币由纯粹手段价值上升为纯粹目的价值。

在《货币哲学》中，西美尔分析了货币从手段价值成为目的价值的内在原因。西美尔认为，在相对原始的阶段，人们的简单生活必需品通过简单的目的序列和直接的行动来获得。而随着社会经济的发展，日益分化的劳动分工和更为精细的需要使得现代人的目的序列不断延伸。单个目标的完成需要愈来愈复杂的手段和工具，"文化的发展倾向就是使那些指向较近目标的目的论序列延伸，而同时使那些指向较远目标的目的论序列缩短"③。目的序列越是延伸，手段中介越是增加，带来的最大危险就是人们过分专注于手段工具的应用，最后遗忘了要实现的目标。目的为手段所遮蔽，人们陷身于手段的迷宫，并由此遗忘了最终目的。这是所有较高程度的文明的一个主要特征："在这个过程中，影响最大的因素就是金钱。

---

① ［德］西美尔：《现代文化中的金钱》，载［德］西美尔《金钱、性别、现代生活风格》，顾仁明译，学林出版社 2000 年版，第 8 页。

② 《马克思恩格斯全集》第 31 卷，人民出版社 1998 年版，第 252 页。

③ ［德］西美尔：《货币哲学》，陈戎女译，华夏出版社 2002 年版，第 138 页。

一种只作为手段才有价值的对象，以如此大的能量，如此完整、如此成功地将生活的全部内容（实际上或表面上）都化为这样一种仅凭自身就能令人满意的追求目标。"① 那么金钱是如何做到这一点的呢？

无论是在经济活动还是社会交往中，无论是经验事实还是理论分析都表明，货币只是完成既定目标的中介手段或工具。它天然就不是社会生活的目的：花钱是为了得到另外的东西，攒钱同样是为了得到另外的东西，攒钱本身并非目的。为什么说货币只是一种手段或工具而不是目的呢？西美尔指出，"因为工具自身不是目的，作为一种绝对价值也好，作为某种能够在我们身上产生功效的东西也好，它都缺少目的所显示出来的那种相对独立性——它是一种绝对的手段"，"货币是最纯粹的工具；它是一种制度或习俗，通过它，个人可以把他的活动和拥有都集中起来以便取得他不能直接取得的目标。"② 货币自身显然是缺少"相对独立性"的东西，它只是一种物品和劳务等具体价值的代表和实现具体价值的中介。它们自身并不能够直接地满足人的任何实际需求，金银不能吃也不能喝，纸币本身就更没有具体使用价值。因此货币只是手段或工具。

然而，货币这种手段或工具，在一个不断发展的货币经济中，在一个发达的市场社会中，深深地介入了人们的生活、存在或生命的方方面面和各个细节。世界上所有的物品或服务的价值只能与一种价值来进行交换，这就是货币；但是货币却可以与世界上任何一个物品进行交换，在无限领域内对任何物品的选择成为可能。货币因此拥有了最大限度的可获取的价值。这使得金钱获得了中心的地位，它将光芒照射到现代生活的许多具体特征中。金钱使个体完全满足自己愿望的机会近在咫尺，更加充满诱惑，仿佛有可能一下子就获取完全值得追求的东西。金钱在人和他的愿望之间插入了一个中介阶段、一种缓和机制。凭借金钱这种手段可以获得数不胜数的其他东西，就使人们产生了这样的幻想，好像我们比以往更容易获取所有这些东西。

这样，货币在人们心目中的价值地位便不得不发生观念性巨大逆转。西美尔对此说："人们将货币——一种获得其他物品的纯粹手段——看作

---

① ［德］西美尔：《现代文化中的金钱》，载［德］西美尔《金钱、性别、现代生活风格》，顾仁明译，学林出版社 2000 年版，第 11 页。

② ［德］西美尔：《货币哲学》，陈戎女译，华夏出版社 2002 年版，第 140 页。

一件独立的物品；货币的整个意义只是作为过程，只是作为通向最后目标和享用的一系列步骤中的一个环节，如果在心理上这一系列步骤中断在这一环节上，我们对目标的意识就会停留在金钱上。大多数的现代人在他们生命的大部分时间里都必须把赚钱当作首要的追求目标，由此他们产生了这样的想法，认为生活中的所有幸福和所有最终满足，都与拥有一定数量的金钱紧密地联系在一起。在内心中，货币从一种纯粹的手段和前提条件成长为最终的目的。"① 货币从绝对手段向绝对目的的转化是经济活动在现代社会价值观念中深度化的逻辑产物。

三　货币化价值观念的后果

货币成了社会的终极价值目的，成了现代社会的宗教，成了世界的世俗之神。但是这个世俗之神本身并不具有价值，实际上也无法成为实质性目的。由此导致的社会后果是所有实质性的、目的性的社会价值受到贬低和损害，整个社会陷入价值虚无主义的泥淖。②

马克思认为，在资本主义生产方式下，为了满足实际需要，追求获取更多货币，资本使出浑身解数掠夺性地开发自然、征服自然，并用死劳动统治活劳动，自然价值和人的价值都遭到贬低："它剥夺了整个世界——人类世界和自然界——本身的价值……在私有财产和金钱的统治下形成的自然观，是对自然界的真正的蔑视和实际的贬低。"③ 而在西美尔看来，现代货币，特别是符号货币本身就是一种无风格、无特点、无内容、无色彩的存在。当它作为价值的终极标准，就会凭借平均化、量化的手段，将一切带有目的性的东西降格，挖空事物本身的特性，损害事物特有的价值，"货币使一切形形色色的东西得到平衡，通过价格多少的差别来表示事物之间的一切质的区别。货币是不带任何色彩的，是中立的，所以货币便以一切价值的公分母，成了最严厉的调解者。货币挖空了事物的核心，

---

① ［德］西美尔：《现代文化中的金钱》，载［德］西美尔《金钱、性别、现代生活风格》，顾仁明译，学林出版社 2000 年版，第 10 页。

② 对于价值虚无主义的成因，马克思、尼采、西美尔各有回答。马克思认为，资本剥夺了其他所有事物、人和自然的固有价值。尼采以上帝之死来概括。西美尔则从货币的特性出发。参见贺来《马克思的哲学革命与价值虚无主义》，《复旦学报》（社会科学版）2004 年第 6 期；张凤阳：《论虚无主义价值观及其文化效应》，《南京大学学报》（哲学社会科学版）2003 年第 6 期。

③ 《马克思恩格斯全集》第 1 卷，人民出版社 1956 年版，第 448—449 页。

挖空了事物的特性、特有的价值和特点，毫无挽回的余地。事物都以相同的比重在滚滚向前的货币洪流中漂流，全都处在同一个水平，仅仅是一个个的大小不同"①，"货币到处都被视为目的，迫使众多真正目的性的事物降格为纯粹的手段"②。自由、平等、民主、幸福等目的性价值在金钱至上的社会中逐渐萎缩。对真善美的价值追求蜕变成片面追逐货币财富。当所有神圣的价值都遭到亵渎，货币取代它们成为社会终极价值之后，随之而来的就是价值虚无主义。

尼采说："虚无主义意味着什么？——意味着最高价值自行贬值。没有目的，没有对于目的的回答。"③ 在现代货币经济主导的社会世界中，社会精神质态中以上帝为中心的神性—形而上的品质逐渐消退，而以货币为象征的工商—理性计算特性取而代之。货币价值世界是一个价值无终结性的世界，始终无法确定最终的归宿，个体的价值始终在路上，找不到真正的皈依处。终极价值的追求被货币的无休止追求所替代。人一生中的大部分时间和精力不得不把挣钱作为目标，生活的幸福和满足都与占有一定数量的货币或者货币等价物相联系，货币由一种单纯的手段和前提条件转化为一种人生价值的目标。而货币本身的无限运动和价值循环就决定了一旦人的价值与货币或者货币等价物紧密联系，那么在货币体系链条中生存和发展的人就会不由自主地被各种货币等价物所肢解、所分离，显现出货币作为纯粹手段的真正本质：一旦手段被看作目的，不能令人满足的货币价值的虚无性就会暴露无遗。

第三节　货币与现代国家意识形态

意识形态是现代文化的重要组成部分。文化研究离不开对意识形态的研究，"文化研究是关于意识或主体性的历史形态的，或者是我们借以生

---

① ［德］西美尔：《桥与门——齐美尔随笔集》，涯鸿、宇声译，上海三联书店1991年版，第265—266页。

② ［德］西美尔：《货币哲学》，陈戎女译，华夏出版社2002年版，第347页。

③ ［德］尼采：《权力意志》，孙周兴译，商务印书馆1996年版，第280页。尼采对西美尔文化悲观主义有重要影响。汪丁丁：《货币：相同者的永恒轮回》，载张雄、鲁品越编《中国经济哲学评论》（2004货币哲学专辑），社会科学文献出版社2005年版。

存的主体形态，甚或用一句危险的压缩或还原的话说，是社会关系的主观方面"①。意识形态是从观念上塑造主体和意识的重要文化形式。意识形态的原意，按其创始人法国哲学家特拉西（Destutt de Tracy）的说法，是指一种"观念学"，即研究思想、感觉、观念的形成和作用的科学。② 而马克思继承黑格尔的教化虚假性理论与费尔巴哈的宗教批判，从特拉西那里借用这个术语时，意识形态则具有了特殊意义，指的是观念的上层建筑。它建立在不同的所有制形式与社会物质生活条件上，作为统治阶级为维护本阶级的利益，通过遮蔽、扭曲现实而编造出来的"虚假的意识"。③因此，相对于社会心态、社会价值观念，意识形态是一个社会文化的上层建筑，是统治阶级自上而下建构的产物。它对现实的社会心态、社会价值观念的生成、发展及其性质、方向、趋势等都起着直接的规范性的影响和作用。

在现代市场社会结构中，货币作为支配性的社会、经济权力的来源，必然为统治阶级用来维护社会政治、文化秩序，为自身统治的合法性辩护。马克思曾经指出，"资产阶级撕下了罩在家庭关系上的温情脉脉的面纱，把这种关系变成了纯粹的金钱关系。"④ 这种纯粹的金钱关系和利己主义思潮正是统治阶级建构的一种意识形态，其目的是维护资本主义的统治秩序和生产方式，"古代社会咒骂货币是自己的经济秩序和道德秩序的瓦解者……现代社会，则颂扬金的圣杯是自己最根本的生活原则的光辉体现"⑤。

一 货币的意识形态属性

阿尔都塞在马克思的意识形态理论的基础上提出了"意识形态国家机器"的概念，并把这一概念与政府、军队、警察、监狱等国家机器并列起来，认为每一种意识形态都存在于一种机器当中，这种存在就是物质的存

---

① 理查德·约翰生：《究竟什么是文化研究》，载罗钢、刘象愚编《文化研究读本》，中国社会科学出版社2000年版，第10页。

② 关于"意识形态"的各种含义及其变化，参见［英］大卫·麦克里兰《意识形态》，孔兆政、蒋龙翔译，吉林人民出版社2005年版，第1章"概念的历程"。

③ 关于马克思的意识形态理论的深入解读，参见周宏《理解与批判：马克思意识形态理论的文本学研究》，上海三联书店2003年版。

④《马克思恩格斯选集》第1卷，人民出版社1995年版，第275页。

⑤《资本论》第1卷，人民出版社2004年版，第156页。

在。意识形态的实体有许多，如宗教、教育、家庭、工会、传媒等，也就是说，意识形态虽然制造想象关系，但是无论如何，它以一定的物质存在为前提，以各具特点的、专门化的机构为形式，直接呈现在我们面前，"意识形态存在于物质的意识形态机器之中，而意识形态机器规定了由物质的仪式所支配的物质的实践，实践则是存在于全心全意按照其信仰形式的主体的物质行动之中"①。阿尔都塞详细分析了家庭、教育、宗教作为意识形态国家机器的功能，却没有提到货币作为一种意识形态国家机器。

阿尔都塞的学生普兰查斯发展了这一理论，提出了"经济机器"以表明人们之间的经济性想象关系，"这些机器一方面包括严格意义上的压迫性的国家机器和它的部门——军队、警察、监狱、法院系统、内务部；另一方面，也包括意识形态的国家机器：教育机器、宗教机器（各种教会）、信息机器（无线电、电视和新闻系统）、文化机器（电影院、剧院和出版系统）、阶级合作的工会机器以及资产阶级和小资产阶级的政党等，在某种意义上，至少是在资本主义的生产模式中，也包含着家庭。但是，正如存在着国家机器一样，就下面这一术语的最严格意义而言，也存在着经济机器，'商业'或'工厂'作为人们占有自然的一种中心的事业，物质化和具体化了它们在与政治的一种意识形态的关系相结合中的经济关系"②。

同样，货币作为人们占有社会关系的一种实体，物质化和具体化了人们之间的经济关系，并且建构出人们对自身真实生存状态的一种想象性关系来，即一种"货币幻象"。③ 马克思虽然没有明确指认货币是一种意识形态国家机器，却分析了货币的意识形态属性。货币的意识形态属性就发生在货币符号被实体化、主体化和神灵化的过程中。

第一，由于货币所交换的是整个对象世界，有着广泛的价值通约性，人们往往将货币符号视为外部感性事物的真正本质，而与它发生实际交换关系的交换对象，反成了货币符号的派生之物。所以，货币持有者往往不经意地将货币符号实体化。"依靠货币而对我存在的东西，我能为之付钱

---

① ［法］阿尔都塞：《意识形态和意识形态国家机器》，《外国电影理论文选》，上海文艺出版社 1995 年版，第 652 页。

② 俞吾金、陈学明：《国外马克思主义哲学流派新编：西方马克思主义卷》，复旦大学出版社 2002 年版，第 494 页

③ 张雄：《货币幻象：马克思的历史哲学解读》，《中国社会科学》2004 年第 4 期。

的东西，即货币能购买的东西，那是我——货币占有者本身。货币的力量多大，我的力量就多大。货币的特性就是我的——货币占有者的——特性和本质力量。"①

第二，货币具有购买现实一切商品的权力或想象拥有一切商品的权力。货币这种创造万物的实际效果使得货币由实体转化为主体。"主体"在自己的运作过程中把自己设定为对象，把一切对象化存在都视为自身逻辑演绎的结果，或是感觉幻化、自由联想的结果。马克思揭示了这一过程的实质："正是劳动（从而交换价值中所包含的劳动时间）的一般性即社会性的对象化，使劳动的产品成为交换价值，赋予商品以货币的属性，而这种属性又意味着有一个独立存在于商品之外的货币主体。"② 货币的主体化给人们造成一种联想，似乎体现自我意识发展的纯粹货币符号是真实世界的推动者和创造力量，"它把我的那些愿望从观念的东西，把那些愿望从它们的想像的、表象的、期望的存在改变成和转化成它们的感性的、现实的存在，从观念转化成生活，从想象的存在转化成现实的存在。作为这样的中介，货币是真正的创造力"③。

第三，货币的主体化也使得人对世界理解趋向物欲化和神灵化。人对货币的顶礼膜拜达到了无以复加的地步。马克思在《论犹太人问题》中指出，"金钱贬低了人所崇奉的一切神，并把一切神都变成商品。金钱是一切事物的普遍的、独立自在的价值。因此它剥夺了整个世界——人的世界和自然界——固有的价值。金钱是人的劳动和人的存在的同人相异化的本质；这种异己的本质统治了人，而人则向它顶礼膜拜。"④

在这个过程中，货币发挥着意识形态的颠倒和扭曲功能。⑤ 它可以颠倒黑白和是非，将现实变成观念，将观念变成现实，将人性翻转为物性，将手段变成目的，将人的产物变成对人的奴役，"因为货币作为现存的和起作用的价值概念把一切事物都混淆了、替换了，所以它是一切事物的普

---

① 马克思：《1844 年经济学哲学手稿》，人民出版社 2000 年版，第 143 页。
② 《马克思恩格斯全集》第 30 卷，人民出版社 1995 年版，第 118 页。
③ 马克思：《1844 年经济学哲学手稿》人民出版社 2000 年版，第 144 页。
④ 《马克思恩格斯全集》第 3 卷，人民出版社 2002 年版，第 194 页。
⑤ 这个过程与马尔库塞等法兰克福学派对作为意识形态的科学技术的分析是一致的。他们认为科学和技术起着掩饰多种社会问题、转移人的不满和反抗情绪、阻挠人们选择新的生活方式、维护现有社会统治的意识形态作用。

遍的混淆和替换，从而是颠倒的世界，是一切自然的品质和人的品质的混淆和替换"①。而且货币还将现实中真实的劳资关系的世界，剥削与被剥削的世界倒转过来，给人们营造一种虚假的、表面的世界。以货币为中介的劳资交换表面的平等和自由掩盖了背后的生产资料占有的不平等。工资制度的货币支付方式也以表面的公平合理遮蔽了背后的剩余价值的剥削关系。正因如此，马克思批判资产阶级经济学家对"作为货币的货币"的简单规定性认识，是一种为现实辩护的意识形态，"货币关系的规定的特点就在于：在从简单意义上来理解的货币关系中，资产阶级社会的一切内在的对立在表面上看不见了，因此，资产阶级民主派比资产阶级经济学家（后者至少是前后一贯的，以致他们会后退到交换价值的和交换的更简单的规定中去）更多地求助于这种简单的货币关系，来为现存的经济关系辩护"②。

二 货币的意识形态功能体现

正如马克思从不认为意识形态一旦被人们所认识，就可以取消；因为对这项意识形态的认识既然是对它在特定社会中的可能性条件、结构、特殊逻辑和实践作用的认识，这种认识必定同时是对意识形态必要性条件的认识。马克思也认为货币作为一种意识形态，也不是随便就可以取消的，"马克思从不认为认识货币的本质（一种社会关系）将能破坏货币的外表和存在形式；因为货币和现存生产方式是同等必要的东西，而货币的外表就是货币本身"③。作为一种意识形态国家机器的货币在社会世界中必然有其存在的社会经济结构和条件，并且发挥着重要的实践和社会的功能。对民族国家认同的建构性力量是货币意识形态功能的重要体现。

1. 货币对民族国家认同的建构作用

民族国家认同是指生活在某一个民族国家之内的人基于对自己国家的历史文化传统、道德价值观、理想信念、国家主权等的认识和理解建立起来的一种归属感、身份感。④ 民族国家认同有助于加强一个国家的文化凝

---

① 马克思：《1844 年经济学哲学手稿》，人民出版社 2000 年版，第 145 页。
② 《马克思恩格斯全集》第 30 卷，人民出版社 1995 年版，第 195 页。
③ ［法］阿尔都塞：《保卫马克思》，顾良译，商务印书馆 2006 年版，第 226 页。
④ 关于民族国家认同更深入的分析，参见贾英健《全球化背景下的民族国家研究》，中国社会科学出版社 2005 年版，第 4 章，"全球化与民族国家的认同重建"。

聚力、社会安定团结、经济稳定发展。任何民族国家认同的建构都需要借助于特定的象征符号和认同媒介。赫尔德指出了语言、文化和历史三种媒介。除此之外，地理坐标、大众传媒、教育体系、重大社会仪式活动等都是建构现代民族国家认同的途径。①

但是现代货币作为一种重要的经济符号和象征媒介，在建构民族国家认同中的作用长久以来未能引起人们的充分重视。② 实际上，马克思早在《1857—1858年经济学手稿》中就精辟地指出，各种铸币形式的货币，它的面值往往由国家规定，它的铸造技术也由国家负责，它的发行和流通在民族国家领土范围之内。因此铸币形式的货币代表着不同的民族国家，具有极强的政治象征意义，"作为铸币的货币，同作为计算货币的货币一样，有地方性和政治性，讲不同的国语，穿不同的民族制服"③。马克思还进一步指出，货币本身就是共同体，"货币在这里实际上表现为他们［社会成员］的共同体，这种共同体以物的形式存在于他们自身之外"④。货币以物的形式象征着作为共同体的民族国家的权力、地位和荣誉。

马克思的论断从理论上已经昭示着货币与民族国家认同的内在关系。而20世纪90年代欧元的倡议及其发行，则从实践上再一次彰显了这一重大问题。在欧元的理念和规划提出以后，一种广泛的抵触情绪在欧洲联盟的许多地方蔓延，特别是英国和德国。虽然这里包含着政治、经济等因素，但是政治象征主义也是重要原因。英国的坎特伯雷大主教是货币联盟坚定的反对者。他坚持认为："在纸币上的女王头像……国家认同的观点非常重要，对我来说，作为英国人是最重要的。"在德国，德国马克从

---

① 安德森认为，民族国家的兴起及其认同建构与19世纪末印刷技术改进、出版业发达、大众传媒出现特别是国民文化普及密切相关。他还进一步指出人口调查、地图、博物馆深刻形塑了殖民地政府的民族国家想象方式。参见［美］本尼迪克特·安德森《想象的共同体》，吴叡人译，上海人民出版社2005年版；此外，西方体育社会学研究也提出国际竞技体育是建构民族国家认同的途径，参见李春华、刘红霞《媒介体育与国家认同：国外相关研究综述》，《北京体育大学学报》2007年第4期。
② 郭艳在博士论文中提到："西方国家主要通过以下做法使公民确立起对国家的认同：（1）使国民感受并服从国家权威的存在。这主要通过官僚制度以及其他代表国家的种种象征，如货币、身份证件等，对人们日常生活的渗透来实现。"但是并未对货币建构民族国家认同的具体机制作出更深入的分析。参见郭艳《全球化语境下的国家认同》，博士论文，中国社会科学院2005年，第41页。
③ 《马克思恩格斯全集》第31卷，人民出版社1998年版，第501页。
④ 《马克思恩格斯全集》第31卷，人民出版社1998年版，第323页。

1948 年以来就被视为神圣之物，当时它取代了希特勒集团留下的老的德国马克。对于德国人来说，新马克不仅是他们战后经济复苏的基石，而且是新德国受人尊敬的国际地位的最明显标志。德国中央银行总裁说："德国人民与其历史有一种破碎的——打断的——关系。他们不能像别人那样炫耀，也不能像别人那样热情地向国旗敬礼，他们的唯一安全象征是马克。"①

2. 货币的民族国家认同建构的具体功能

货币对于民族国家认同的建构性力量主要通过以下几个具体功能体现出来：第一，辩护功能。货币作为一种意识形态，提供着政权合法性的辩护功能。任何一种国定货币都是代表本民族国家利益的，并能为民族成员的利益提供保障，尤其是对于民族国家经济安全的保障。另外，国定货币往往具有浓厚的民族文化传统特色，使人们相信其合法性。所有国家公民都有平等的权利获得货币、使用货币。这样，国定货币所提供的这种意识形态上的论证，使民族成员感受到国家政权的可靠性和依赖性，使他们在国定货币的功能中找到了民族认同的基础，并通过对于国家政权的认同为其提供合法性的重要政治资源。

第二，激励功能。货币虽然是经济现象，但它的发行和流通包含着有关生活行为和社会组织的信念。它具有超越认知的情感意志。稳定的国定货币往往是民族国家国力强盛、经济发达、生活富足的标志。例如美元、英镑、德国马克等。它作为民族国家的一面经济旗帜，能够有效地激发个体成员对本民族国家的信心和热情，甚至能激励个体为群体的长期和整体的目标、利益而牺牲自己的局部利益。例如在韩国金融危机时期，韩国人民向政府低价出售金银，力挺韩元。对此，心理学家林德格瑞说："人们热爱自己的祖国。同样，他们的假想——认为本国的通货有价值，也深深地统一在人们的自我体系之中。"②

第三，规范功能。统一的国定货币作为一种意识形态，可以通过对民族国家内部各种利益、团体之间的关系及其行为进行规范，来实现社会协

---

① 以上材料转引自［美］科恩：《货币地理学》，代先强译，西南财经大学出版社 2004 年版，第 50—51 页。科恩还分析了货币的民族国家象征在斯洛文尼亚、巴勒斯坦、扎伊尔、土耳其、克罗地亚的具体体现。

② ［美］林德格瑞：《金钱心理学》，宿久高、小筠译，吉林人民出版社 1991 年版，第101 页。

调发展之目的。我们在"国家与货币"一节中曾经指出，统一的国定货币形成之前混乱的货币状况往往成为各种经济投机活动的便利条件，阻碍社会经济发展，而且也是社会各阶级、阶层冲突的一个重要根源。统一的国家货币制度，有力地协调着社会经济活动和社会各阶级人群的交往，有利于提高人们的经济诚信，形成良好的自律，促进个体对经济秩序、道德秩序的遵守，减少机会主义行为。

第四，整合功能。货币作为一种意识形态，还具有将民族成员的活动和行为纳入一定"轨道"中而有序进行的功能。当民族国家的经济活动被纳入统一的货币制度中并按一定方式来运行的时候，分散的力量就会聚集起来，形成一种合力，使民族国家的经济力量得到整体发挥。而且统一的货币制度便利了社会各阶级、各阶层人们之间的经济交往，加强了他们之间的社会联系。①

三　货币的意识形态功能的作用机制

任何一种建构意识形态的符号媒介都有自己独特的作用机制和路径。② 那么，现代货币究竟是如何有助于一种民族国家认同的确立？或者说，现代货币的意识形态是如何建构起来的呢？我们需要进一步深入分析货币意识形态的建构路径。大致说来，货币主要通过以下四种路径发挥意识形态功能。

1. 货币图像对民族国家认同的建构

或许现代货币与民族国家认同之间建立联系最显著的方式是通过国定货币上的图像。在现代，任何跨国旅行者或收藏不同国家钱币的爱好者都会很容易地注意到每一种国定货币上具有该国特点的图像。奇怪的是，这

---

① 这里，我们主要探讨的是作为一种经济现象的货币所具有的意识形态功能。反过来，意识形态也具有强大的经济功能。诺斯在讨论意识形态与经济制度的关系时，界定意识形态的经济功能：意识形态简化了人们在交易过程中为达到完全理性的状态而必须考虑的各种变量，从而节约交易费用；意识形态有利于提高人们对诚实、信赖、忠诚、良心等的道德评价，从而修正个人行为，减少集体行动中的搭便车的机会主义行为。参见［美］道格拉斯·诺思《经济史上的结构与变迁》，陈郁、罗华平译，上海三联书店1994年版，第50—60页；罗必良：《意识形态与经济发展》，《开放时代》1999年第3期。

② 例如，汤普森深入分析了广播、影视等现代大众传媒在现代社会中发挥的意识形态功能的作用机制。参见［英］约翰·汤普森《意识形态与现代文化》，高铦译，译林出版社2005年版。

些图像及其影响并未引起民族主义研究者们的兴趣。即使是霍布斯鲍姆关于 19 世纪末民族主义传统的大众化生产的重要文章也忽视了这一问题，尽管他也承认货币是"最普遍的公共图像形式"。①

然而，货币上图像的潜在重要性却并未被 19 世纪民族国家的政策制定者们所忽视。事实上，它一直受到当权者们的重视。在民族国家时代之前，专制君主们都努力将他们的印章或头像镌刻在他们发行的货币上，从而宣扬他们的权力和威望。② 随着 19 世纪民族国家的确立和民族主义的出现，这些图像开始发生变化。

最显著的变化是货币上的图像越来越适应流行的人民主权和民族主义理念。例如，在法国大革命时期，政府用法语取代了货币上的拉丁语，并且发行镌刻象征着法国人民和自由、平等、博爱图像的新货币，即指券（assignats）。当时就有人指出新货币的革命意识形态功能："革命到来之后，人们对纸币的态度发生了明显的变化。形势的发展需要纸币，人民革命的成功不能没有它……革命党人所开展的全面系统的宣传教育有助于彻底地转变大众的观念。宣传教育的目的是要表明新的纸币的独特性。"③同样，在新独立的美国，国会拒绝将华盛顿总统的头像镌刻在硬币上，认为这是一种专制主义的行动。1954 年加拿大中央银行建立初始就致力于发行印有独特加拿大地理风貌的纸币，以塑造民族国家图景。④ 到 19 世纪末，大多数独立的民族国家开始有组织、有系统地将象征本民族国家的图像镌刻在货币上。

为什么货币图像对于国家认同会有重要作用？一封来自当时美国财政部倡导新货币的主管官员的信件是这么解释的："它们（指货币图像）能够告诉大众我们国家历史上的重要时刻。当一个普通工人在每周六收到周薪时，他会看到钞票上的伯格尼将军的投降。他自然会问谁是伯格尼将军？他向谁投降？尽管他没有读过书，受过正式的历史教育，但是这种好

---

① ［英］埃里克·霍布斯鲍姆：《大规模生产传统：1870—1914 年的欧洲》，载埃里克·霍布斯鲍姆编《传统的发明》，顾杭、庞冠群译，译林出版社 2004 年版，第 361 页。

② 从古希腊货币开始，货币图像的设计就带有鲜明的民族和地区特色。这些图像往往是一个城市、地区、民族、文化传统、政治统治的象征性标志。具体参见吉塞拉·罗切特尔《希腊古代货币》，《文博》1994 年第 4 期。

③ ［英］约翰·乔恩：《货币史》，约翰·乔恩译，商务印书馆 2002 年版，第 364 页。

④ Gilbert E, Ornamenting the facade of hell: Iconographies of 19th – century Canadian paper money. *Environment and Planning D: Society and Space* 16 (1), 1998.

奇自然会使得他获得对我们国家历史的认识，从而获得一种民族国家感。"① 在这封信件中，这位官员意识到了在建构一种集体性的国家认同中货币图像所具有的两种力量。首先，货币图像比其他任何媒介能够获得更多的观众。显然，在资本主义飞速发展的 19 世纪，货币的使用已经渗透到人们日常生活的方方面面。货币图像在将民族国家的意象向穷人和文盲传递时特别有效。这些人很难通过其他媒介，例如报纸、学校教育等获得国家认同感。其次，由于货币是人们日常生活中最常见也是最不可或缺的东西，因此货币图像是特别有效的宣传手段。正如布罗代尔所言，货币作为日常生活的基本结构之一，"在社会内部变成一种遗产，必定通过榜样和经验世代相传。它们一代又一代，一个世纪又一个世纪地逐日决定着人们的生活"②。这位官员显然也注意到这一点。每周六的薪水发放都是一次国家教育仪式。因此，国定货币相比国旗、国歌等是更有效的传递爱国主义的方式。

2. 作为社会沟通媒介的国定货币

国定货币不只是通过培育一种集体记忆和民族文化来促进国家认同，而且通过创造一种可沟通的共同的日常经济语言使得人们产生一种具体的社会团结感。③ 我们在货币与社会行动一节中已经阐明了货币和语言都可以作为一种社会沟通和交流的基本媒介。因此，一种国定货币可以被看作国家的建设者们所创造的一种标准化的国家语言。

我们要理解国定货币作为社会沟通媒介的潜在影响，必须看看国定货币之前货币体系的复杂性。我们在"市场与货币"一节中已经指出，19 世纪之前，世界上大多数穷人使用的货币大多是私人发行的低面值铜币，与富人们使用的高面值的金银货币的兑换很不方便。因此，这种货币体系使得穷人和富人之间的经济交换和社会交往受到很大阻碍。整个国家的经济活动也受到这种局面的影响。还有许多外国货币在国内流通。这使得政府和商人不得不设定他们可以接受的兑换比例。随着纸币的出现，各个私

---

① Helleiner E, *The Making of National Money*. Ithaca：Cornell University Press，2003，p. 106.

② ［法］布罗代尔：《15 至 18 世纪的物质文明、经济和资本主义》第 1 卷，顾良、施康强译，生活·读书·新知三联书店 2002 年版，第 567 页。

③ 安德森已经指出，在 19 世纪，一种标准化的统一的"民族的印刷语言"的建构被视为创造一个新的民族政治共同体和认同感的重要途径。具体参见［美］本尼迪克特·安德森《想象的共同体》，吴叡人译，上海人民出版社 2005 年版，第 5 章。

人银行和公共机构也开始发行不同面值、在不同地区经济中流通的纸币。改变这种混乱的货币体系，创造一种统一的国定货币就成为 19 世纪民族国家的建设者们思考的重大问题。这是一个复杂的过程，涉及货币面值、材质、防伪、管理机构与制度等方面的问题。但是最终结果是相同的：大多数国家都建立起一种领土范围内有效的、排他性的、同质性的货币体系。

那么这种新的经济交流媒介是怎样有助于国家认同的建构呢？卡尔·多伊奇（Karl Deutsch）认为，国家认同的出现有赖于一个民族内部能就各种事务进行的有效交流与沟通。在所列举的能促进沟通的社会沟通渠道中，他简要地谈到了一种共同的货币的作用。① 一种国定货币的出现能够大大降低交易中的不确定性和成本，从而有助于促进一国的经济活动。单一的货币形式不仅便利了一国范围内经济关系的建立，而且同样重要的是，穷人和富人能够通过相同的货币语言进行经济交流和社会交往。新的标准化的国定货币成为一种所有人都理解的普遍经济语言。统一的国定货币不仅通过促进人们之间的交往，而且通过给个人带来切实的经济利益，从而促进了一种国家认同感。正如美国统一货币的支持者在 1861 年所言："生活在统一的国家货币环境中的每一个公民，当他从俄勒冈到佛罗里达，从缅因州到新墨西哥旅行时，在他每一次拿出和查看印有国家标志的钞票时，他会感到和意识到国家的统一有利于每一个人的利益，并给所有人带来福音。"②

货币作为传递民族国家认同的社会沟通媒介的作用也曾引起马克思的关注。马克思注意到现代货币经济通过将所有的社会的和私人性的联系转变成非个人性的、工具性的经济计算关系，从而削弱了传统的封建的社会关系。因此，马克思将货币和商品称为"天生的平等派"，破除了与传统社会联系结合在一起的身份等级区分。马克思还相信，世界货币的广泛运用，例如金银，将促进所有商品生产者之间共同认同的一种世界主义形式的出现："随着同国家铸币对立的世界货币的发展，商品所有者的世界主义就发展为对实践理性的信仰，而与阻碍人类物质变换的传统的宗教、民族等等成见相对立。如果同一块金，先以美国鹰币的形式在英国登陆，变

① Deutsch K, *Nationalism and Social Communication*. Boston：MIT Press 1966. p. 50.
② Helleiner E, *The Making of National Money*. Ithaca：Cornell University Press, 2003, p. 111.

成索维林，三天后在巴黎作为拿破仑币来流通，几星期后又在威尼斯变成杜卡特，但是它总是保持着同一个价值，那么，商品所有者就会清楚地看出，民族性'不过是基尼上的印记而已'。在商品所有者看来，整个世界都融化在其中的那个崇高的观念，就是一个市场的观念，世界市场的观念。"① 世界货币在所有商品生产者中建构出一个想象的、观念的世界市场的共同体。马克思的分析充分表明货币流通强烈影响着人们对置身其中的共同体——无论是民族国家还是世界——的感受。

3. 国定货币与共同体的集体感

国定货币建构国家认同的第三种方式是创造一种全新的集体感。这种集体感不是在社会沟通的层面，而是个人体验的层面。简单地说，通过使用相同的货币，一国的人们感知相同的货币现象，有助于人们产生一种置身于共享命运的共同体中的体验。

国定货币能够以几种方式产生这种共同体验。例如，每个人都会体验到国内货币供给的增加对自己日常生活的直接影响。如果一国的外贸状况恶化，那么该国的货币就可能贬值。随之而来的是所有人都会在不同程度上，或不同方面感觉到这种贬值所造成的冲击。如果政府力图维持固定汇率，所有人也会感到这种调整带来的影响（例如银行利率上升、货币供给减少）。这并不是说这些集体体验对不同的个人、群体或地区导致了相同的结果。当然，货币供给的变化、汇率的变化、银行利率的变化对借贷双方、进出口双方都会产生不同的影响。但是关键在于不管这些影响多么不同，至少该国的所有人都会同时同步地、集体性地感受到货币环境的变化。

在国定货币时代之前，这种集体性的货币体验是很难想象的。官方货币汇率的变化或者货币供给的变化对于大多数使用其他货币的、低面值货币的社会底层人来说，几乎是没有影响的。在 18 世纪，"事实上，金钱和市场的网络并没有束缚住人们的全部生活，穷人依旧漏过网眼。在 1713年可以说币值的变化不影响大部分勃艮第农民，因为他们没有钱币"②。

波兰尼曾注意到国定货币对民族国家认同的这种影响。在《大转型》

---

① 《马克思恩格斯全集》第 31 卷，人民出版社 1998 年版，第 547 页。
② ［法］布罗代尔：《15 至 18 世纪的物质文明、经济和资本主义》第 1 卷，顾良、施康强译，生活·读书·新知三联书店 2002 年版，第 558 页。

中他批评 19 世纪的经济自由主义者忽视货币在建构作为决定性的经济和政治单位中的制度性作用。在金本位时代，许多自由主义者以为国定货币没有多大作用，因为每个人都是直接以黄金为货币标准，市场能够自发地调节国际货币汇率。然而，正如波兰尼所标明的，金本位制下各国情况是千差万别的。中央银行发行和管理的国定货币能够强有力地影响国内货币供给状况和对外贸易收支。在他看来，国内货币政策对于国家来说是一种关键性的整合力量："如果说关税壁垒和社会立法产生出一种人造气候的话，那么货币政策所创造的则不折不扣是人造的天气条件，它每天都处在变化之中，并且影响着共同体中每个人的切身利益。……不管是商人、有组织的劳工、思虑家计的主妇、计划生产的农民，还是权衡子女前程的父母以及等待结婚的恋人，在他们选择时机时，影响他们的最重要的单个因素莫过于中央银行的货币政策。……从政治上说，对国家的认同是由政府来建立的；从经济上讲，它却是由中央银行建立的。"[①] 这种围绕着国定货币而建立起来的货币制度是整合国家的强大认同力量。

波兰尼进一步指出，如果说这在货币面值稳定的金本位制下是有效的话，那么当货币不稳定时，这就更有效了。在内战期间，国定货币面值的强烈波动突出表明了人们共享的是一种共同的货币体验。这种体验不仅仅影响到一国之内人们之间的社会关系（例如通货膨胀将改变借贷双方的关系），而且也会影响到人们与其他国家的关系（例如货币贬值国家的人们会发现自己与其他国家的人们被一条深沟所阻隔）。用他的话说："在现代货币经济条件下，没有人不是每天感到金融扩张或收缩的尺度的影响。人们变得对货币非常敏感。"[②] 因此，国定货币的管理必然成为国内政治活动的一个重要支点。

4. 国定货币与人民主权

19 世纪最著名的民族主义者费希特曾经谈到货币与人民主权的关系。在其《闭锁的商业国》一文中，费希特倡导一种由国家独立发行的货币

---

① ［英］卡尔·波兰尼：《大转型：我们时代的政治与经济起源》，刘阳、冯钢译，江苏人民出版社 2007 年版，第 175 页。
② ［英］卡尔·波兰尼：《大转型：我们时代的政治与经济起源》，刘阳、冯钢译，江苏人民出版社 2007 年版，第 20 页。

体制。① 在该文中，费希特激烈抨击当时混乱的国际贸易和国家之间的相互争斗。他倡导一种实行计划经济、政府为人民造福和人民安居乐业的国家模式。而要实现这一国家模式，就必须废除金银等世界货币，发行国家垄断的本国纸币。唯有这种货币体制才能为国家提供控制国家经济命运，保障人民生活福利的必要工具，"很显然，这样一个锁闭的国家的同胞们只是他们自己彼此生活在一起，而极少与外国人生活在一起；由于采取了这些措施，他们就获得了他们特有的生活方式、设施和习俗，他们衷心热爱自己的祖国和祖国的一切东西；在这样一个锁闭的国家里会很快生产出一种高度的国民尊严感和一种非常确定的国民性格"②。

费希特对货币与人民主权、生活福祉关系的思考与他对法国大革命的认识有密切关系。特别是大革命时期不可兑换的指券发行所带来的负面影响。1789 年 12 月国民议会为了克服财政困难，开始发行新的货币，即指券。此后几年中，政府为了应付军事战争导致的财政开支扩大，急剧增加指券的供给，导致了指券的严重贬值和通货膨胀。它给广大普通人民群众带来了灾难性的后果，"损失都落在工人阶级、雇员以及低收入家庭的身上。他们的财产不多，不足以囤积商品或是炒作国家的地皮"③。指券严重损害了人民的利益，违背了大革命的人民主权原则，引起人民的强烈反对，"1796 年 2 月 18 日，早上 9 点，大批的人群将印钞机、模板以及用来印刷指券的纸运到万多姆广场。在这里，人们隆重地拆毁机器、砸碎模板、烧毁币纸"④。政府被迫废除指券。在费希特看来，这一事件表明一种货币之所以失效和被废止，主要原因就在于它损害了广大人民的利益，违背了人民的意志。

相反，在那些国定货币管理符合人民利益和意志的国家里，该货币往往与国家认同密切相连。最明显的例子是二战之后的联邦德国。西德吸取了二战时期中央银行盲目追随希特勒政府的战争政策而滥发马克导致恶性通胀的惨痛教训，赋予中央银行较强的独立性，规定联邦银行以稳定货币

① 费希特的《闭锁的商业国》被视为经济学说史上第一部研究计划经济模式的重要文献。参见梁志学《费希特柏林时期的体系演变》，中国社会科学出版社 2003 年版，第 2 章。
② 转引自梁志学：《费希特柏林时期的体系演变》，中国社会科学出版社 2003 年版，第 51 页。
③ ［英］约翰·乔恩：《货币史》，约翰·乔恩译，商务印书馆 2002 年版，第 372 页。
④ ［英］约翰·乔恩：《货币史》，约翰·乔恩译，商务印书馆 2002 年版，第 373 页。

为目的来调节流通中的货币量和提供给经济部门的信贷量，有权独立制定和执行货币政策，不受政府约束就可作出对贴现、信贷、公开市场业务以及最低储备要求等方面的决定，联邦银行享有独自发行货币的 权力，政府不能靠印制货币来弥补赤字。新的德国马克的管理以德国人民的意志和利益为最高标准。它的稳定促进了战后西德经济的繁荣，增进了广大人民的福利。因此，"德国马克成为民族同一性的象征物"[①]。

---

① N. Klüsendorf：《货币及其同一性问题：对 1948—1990 年两德货币的考察》，《江苏钱币》2005 年第 3 期。

第五章

货币与现代人

马克思主义哲学认为，现实的个人具有个体的、内在的、感性的经验性质。个体生命及其感觉和体验能力的生成基于人的社会历史实践活动的无止境的展开过程，"个体生命的精神、心理要素或机能是人的社会文化活动的内化，而社会文化则是人的生命的共在形式和非人格表现。个体生命在其社会文化活动中的展开和延伸便形成了人的社会文化生命"①。因此，在不同的社会历史时期，不同的社会、经济、文化活动所造就的人的个性、自我意识、人格必定是很不相同的，"一知半解者读古代希腊悲剧，天真地以为古代希腊人的思想感受方式和我们完全一样，放心大胆地议论着俄狄浦斯王的良心折磨和悲剧过失等等。可是专家们知道，这样做是不行的，古代人回答的不是我们的问题，而是自己的问题"②。现代个体自我的生成是一个历史社会过程，它与货币经济存在密切联系。

在现代市场社会中，货币与社会结构、文化价值观念的相互关系必然会塑造出具有独特内涵的现代人的个性心理和意识结构特征。经典马克思主义关于货币拜物教的理论恰恰就是这样的一个理论，即由商品货币关系的生产者和消费者在商品生产和货币交换社会中产生的直接生活经验，使得人与人之间的社会关系表现为物与物（商品、货币）之间的关系，而这又反过来产生了其特征被描述为"拜物教意识"的心理结构以及种种异化、物化的人格表现。可以说，在现代社会，货币的问题已经成为与现代人的个体意识、人格特征休戚相关的重要因素。

---

① 张曙光：《个体生命与现代历史》，山东人民出版社 2007 年版，第 34 页。
② ［美］科恩：《自我论》，佟景韩译，生活·读书·新知三联书店 1986 年版，第 54 页。

第一节 货币与现代个性自我的生成

人在现实性上是社会关系的总和，因而社会关系结构的变迁自然会影响人的个性特征的塑造与变化。作为社会物质生产活动与交换关系产物的货币，随着社会历史发展阶段的变化，也会对身处不同社会关系结构中人们的个性自我的生成产生不同的影响。

一 货币与"人的依赖关系"

马克思指出，在"人的依赖关系"的社会形态中，人的意志发展水平和活动能力比较低下。表现为人对自然界和共同体的绝对依赖，"我们越往前追溯历史，个人，从而也是进行生产的个人，就越表现为不独立，从属于一个较大的整体，"在这里，"无论个人还是社会，都不能想象会有自由而充分的发展，因为这样的发展是同原始关系相矛盾的"①。个人是完全融入自然、宇宙或血缘、族群的共同体之中的，没有独立自在的意义和价值。

进入文明时代，个体开始有了自我意识和个性观念，例如希腊哲学对"认识你自己"的追问，戏剧中的悲剧英雄，晚期伦理思想中的自我内省，中世纪神学面对上帝的自我忏悔，以及造型艺术中的肖像画、人体雕塑兴起。但是这一时期个体的自我意识、个性观念还处于萌芽阶段，程度和范围相当有限，"不管中世纪人的自我意识如何，他仍然感到自己附着于、从属于某人或什么（自己的市政长官、土地、公社、教区）。从属感赋予他以牢固的社会认定性，但是也束缚了他的个体可能性和世界观广度"②。人们仍然处于对群体的直接的依赖关系中。这种依赖关系明显地表现在实物地租为主要形式的封建关系中。

实物地租表现的是农民或农奴对封建主的固定的人身依附关系。在这种关系中，"农奴是土地的附属物……地块随它的领主而个性化……属于这块地产的人们对待这块地产毋宁说就像对待自己的祖国一样。这是一种

---

① 《马克思恩格斯全集》第30卷，人民出版社1995年版，第479页。
② ［美］科恩：《自我论》，佟景韩译，生活·读书·新知三联书店1986年版，第145页。

狭隘的民族性。……那些在领地上干活的人并不处于短工的地位，而是一部分像农奴一样本身就是他的财产，另一部分对他保持着尊敬、忠顺和纳贡的关系。因此，领主对他们的态度是直接的，同时又有其温情的一面"①。因此，这一时期个体的空间依附性，尤其是个体对公社、领主的依附性，根本原因在于封建主义的生产方式。

二 货币与"以物的依赖性为基础的人的独立性"

随着社会生产力的发展，资本主义的兴起彻底打破了人身依附，"在这个自由竞争的社会里，单个的人表现为摆脱了自然联系等等。……这种18世纪的个人，一方面是封建社会形式解体的产物，另一方面是16世纪以来新兴生产力的产物"②。在这个历史过程中资本主义所带来的货币经济的繁荣对于人们的个体独立、个性观念、权利意识的成长具有重要作用。

首先，货币经济消解了封建地租的人身依附关系。个体独立和自我意识的发展意味着人们之间的社会关系从固定的不可替换的主观性的人身依附形式转变为可以互换互替的形式，变成客观性的相互独立形式。个体之间关系的客观化，是个体独立、自由的前提和催化剂。而货币是个体之间关系客观化的前提和催化剂。货币的抽象性、无个性、客观性的特性有助于从人际关系中除去个体因素，降低对特定个体的人身依附。这就是货币地租取代实物地租的最大历史意义所在。因为货币地租使得农民摆脱了对土地劳动和特定封建主的依附，"一旦庄园主只向佃农征收货币地租，佃农就完全放开手脚，决定是想养蜜蜂、牲畜或其他东西。……佃农出售家畜能够赚到钱，然后在别的地方买地，这样就会使其摆脱与先前领主的义务关系"③。所以人身解放和个体意志自由向前迈进的重大一步是通过货币地租的形式达成的。

其次，货币经济的发展是个体权利形成的物质基础。无论是中世纪的城市还是近代的西欧，个人权利的唯物主义因素都是货币性财富占有。用麦克弗森（Macpherson）的话来说，就是"占有性个人主义"（possessive

---

① 马克思：《1844年经济学哲学手稿》，人民出版社2000年版，第44—45页。

② 《马克思恩格斯全集》第30卷，人民出版社1995年版，第22、25页。

③ ［德］西美尔：《货币哲学》，陈戎女译，华夏出版社2002年版，第214—215页。

individualism)。更为确切地说，是"财产积累个人主义"，或者再确切些，是"货币占有性个人主义"①。我们知道，财富是一种社会权力的基础，而货币是实现社会财富最大限度地分散化、个体化占有的手段。马克思也指出，"货币是把财产分割成无数小块，并通过交换把它一块一块消费的一种手段。"② 货币是最典型的可分割且具有多种用途的物品，对任何财产都具有分割和同化作用，因此将社会权力转化为私人权力。韦伯也认为，"从演化的观点看，货币是私有财产之父；它自始就具有这种性质。反之，没有一种具有货币性质的东西而不带有私人所有权的性质。"③ 可以说，货币是个体私有制得以形成的一个重要条件。拉丁语中的货币（mutuum）这个词是从 meum（我的）和 tuum（你的）演变而来的。货币是加深"我"与"你"之间差别的重要因素。个人通过货币占有，逐渐地意识到自己是与别人不同的、与社会相分离的个体。由于货币对财富的分割，社会财富开始分化，使社会权力处于分立、分散状态。个人通过货币占有，获取了一种力量和个体化意识。

最后，货币经济的发展在增加了人们对社会整体依赖的同时，降低了对特定个人的人身依附。与前市场社会中的个体相比，在现代市场社会中，分工的高度发达、知识的专业化、个体需求的复杂化使得现代人所依赖的个体的数量越来越多。古代人受血缘、地缘、等级、人身依附的束缚，他们所依赖的个体是特定的、不能随意替换的。而现代人可以自由选择或随意更换所依赖的个体。因此，虽然现代人"比原始人——他们可以在非常狭小孤立的人群中过生活——更多地依赖社会的整体，但我们却特别地不依靠社会的任何一个确定的成员，因为他对于我们的意义已经被转化成其劳动成就的单方面的客观性，这一成就可以轻而易举地由个性截然不同的其他任何一个人完成，我们与他们的联系不过就是完全以金钱表现的兴趣"④。这是因为现代人更多地依赖货币这一社会抽象劳动的物化符号与整个社会发生联系。有了货币中介，双方的社会交往就不需要考虑对方的特定属性，不需要相识相知。被依赖者对于个体的意义仅仅在于他们

---

① 转引自魏建国：《货币经济视域下近代西方个人权利形成的历史考察》，《广西社会科学》2005 年第 5 期。

② 《马克思恩格斯全集》第 31 卷，人民出版社 1998 年版，第 332 页。

③ ［德］马克斯·韦伯：《经济通史》，姚曾廙译，上海三联书店 2006 年版，第 148 页。

④ ［德］西美尔：《货币哲学》，陈戎女译，华夏出版社 2002 年版，第 224 页。

充当了某项功能的载体，例如资金持有人、服务提供者、物品生产者等，除此之外，他们是什么人就根本无所谓了。因为这样的服务可以由任意一个能胜任此工作的个体来完成。依赖者的重心也放在货币与商品和服务的关系上，不必考虑具体的提供商品和服务的个体。"这是最有利于产生内在的不依赖性和个体的独立性感觉的情形。"① 如果说自由就是不依赖于他人的意志，那么它首先就是不依赖于特定的个体意志。货币"通过取消个人因素这种依赖关系使单个人更强烈地返回自身，使其更积极地意识到自己的自由。货币是这一种关系的绝对理性的载体"②。

第二节 货币与现代人的个性自我特征

可以说，货币经济是滋生个人权利、萌发个体自我意识、增强个体独立性的温床和土壤，为现代个性自我的生成提供了物质基础。不仅如此，在当今市场社会中，货币更以其强大的经济功能和社会价值象征，在现代个体自我的心理世界取得了无可比拟的重要地位，"金钱对人心的穿透力、浸染程度远甚于除语言之外的任何发明物。金钱欲望巧妙地融汇于人们的心理、社会的行为模式，几乎融入了所有人的期待、计划、理想、希望、恐怖、不安与失望之中"③。因此，货币在形塑现代人独特的个性自我的过程中发挥着重要作用。本节我们将通过分析货币与现代人的认知、情感、意志的关系，来考察货币对现代人个性自我特征的内在影响。

一 货币与现代人的认知特征

马克思主义哲学立足于实践去理解认识，认为认识从本质上来说是反映。但这种反映并不是直观的、消极的、被动的摹写，而是一个在社会实践基础上包含主体需要、意向、情感、意志等因素在内的有意识、有目的、有选择的能动过程。人的认知能力同样是在社会实践基础上，在主客

---

① ［德］西美尔：《货币哲学》，陈戎女译，华夏出版社 2002 年版，第 225 页。
② ［德］西美尔：《货币哲学》，陈戎女译，华夏出版社 2002 年版，第 229 页。
③ ［美］林德格瑞：《金钱心理学》，宿久高、小筠译，吉林人民出版社 1991 年版，第 149 页。

体的相互作用中，在客体结构、实践结构不断向主体内化，主体自身不断"筛选"的双向过程中逐步建立和完善起来的。显而易见，在市场社会中，以货币为媒介的经济活动是人们从事的最为频繁的社会实践活动。因此，它是个体认知能力得以形成和发展的重要的社会实践环节。

1. 货币与现代个体认知能力的生成

著名心理学家皮亚杰曾经指出，个人的认知能力的形成开始于儿童期的认识发生过程。[①] 西方国家的许多研究人员从皮亚杰关于儿童思维发育理论的观点出发，探索了儿童对于经济、金钱、商品、财富的态度和行为方式，以观察货币交换等经济行为对儿童社会认知能力的影响，"因为金钱几乎是今日所有经济行动的基础，对它的充分理解显然是理解其他更加抽象的概念的前提（比如信用、利润）"[②]。

大概四岁的时候，孩子逐渐有了自我意识，能够将自我与环境对象区分开来。他们的运动范围扩大，语言运用能力增强，操控对象的独立能力发展，开始直接仿效其他人。在这个阶段，物质环境的重要性变大了。孩子们能够观察父母和其他家庭成员使用金钱和其他物品的方式，看见家长买东西、卖东西，收到零花钱等。但是研究表明，这不一定意味着孩子们充分理解金钱的意义和影响，尽管他们也花钱。一项研究为了调查儿童是如何理解工作报酬这个现象的，曾经访谈 100 名 3—8 岁的孩子。研究人员提出的问题是：钱是从哪里来的？他们将儿童的反应按年龄划分为四种。第一段儿童不知道钱是哪里来的：父母从口袋里取出来的。第二段儿童认为钱的来源与工作无关：有银行，谁要钱就给谁。第三段儿童认为，买东西的时候售货员找给的零头是钱的来源。只有第四段儿童指出工作是金钱的来源。大多数 3—5 岁孩子的反应属于第一段，而大多数 7—8 岁儿童的反应属于第四段。工作挣钱的概念是从第二段和第三段出现的各种自发的和错误的认识中发展出来的，在这两个阶段的儿童还不懂得工作这个概念，而这一点是理解金钱来源的前提。[③]

6—12 岁的学龄期孩子们开始正确理解金钱的来源及其价值。一个孩

---

① 参见［瑞士］皮亚杰《认识发生论原理》，王宪钿译，商务印书馆 1981 年版。

② ［英］艾德里安·弗恩海姆、［英］迈克尔·阿盖尔：《金钱心理学》，李丙太、高卓、张葆华译，新华出版社 2001 年版，第 93 页。

③ ［英］艾德里安·弗恩海姆、［英］迈克尔·阿盖尔：《金钱心理学》，李丙太、高卓、张葆华译，新华出版社 2001 年版，第 94 页。

子可能会明白他的父母不能提供像别的家庭那样的东西。对大部分孩子来说，购买玩具是主要经济活动。如果父母富有，那么他们可能会买很多玩具给孩子；如果父母经济状况不好，那么孩子的玩具可能会少一点。孩子可能会问爸爸妈妈，他为什么不能有和别的小朋友一样的玩具。他的父母可能会回答说："他们比我们有钱。"孩子可能就会明白钱是重要的，因为它能决定他是否能得到他想要的东西。在学校和同伴中，儿童也学会比较各自家庭的经济状况。例如比较吃穿状况，"在学校，有钱人家孩子很容易被认出来，他们的名牌衣服、父母的汽车、大笔零花钱，都会引起羡慕、妒忌和诱惑。……一开始上学，孩子就得面对这种现实，他一下子就会从观察自己和小伙伴们的家长中发现统治大人世界的东西。通过在大人的谈话中听到的议论和看法，他无法不感觉到人们根据职业和财富差别而产生的等级"①。

　　13—16 岁的青少年开始呈现成年人的一些性格特点。孩子们越来越意识到他们各自家庭的经济状况和社会地位与货币的密切关系。货币在青少年社会化过程中的作用更加突出。这一时期，父母都会使用一些物质激励作为手段去训练孩子的社会性行为习惯，同时培养孩子对金钱的态度和价值观。零花钱制度给家长们提供了一种非常有利的机会来教导孩子们有关金钱及其功能的知识，培养孩子对经济、财务的认知和管理能力。父母为孩子开一个银行账户，每周根据情况存入一定数量的零花钱。当孩子攒下足够的零花钱，可以允许他购买自己想要的东西。孩子能够对自己的账户负责，调整自己的开支，在父母的引导下选择合适的物品购买。这样，孩子能够获得一种合理的储蓄价值观，并且增加了财务知识，锻炼了财务管理能力。②

　　现代社会是一个消费社会。孩子们也会参加到这种消费活动中来，甚至是迫切地加入进来。在商业上，儿童和青少年是一个不可或缺的效益丰厚的消费群体，因为他们拥有越来越多的货币和越来越大的购买力。而货币是儿童在消费活动中首先遇到的事物。这就意味着儿童在处理货币问题

---

　　① ［法］蒂耶利·伽鲁瓦：《金钱心理学》，徐睿译，世界图书出版公司 2007 年版，第 17 页。
　　② ［英］艾德里安·弗恩海姆、［英］迈克尔·阿盖尔：《金钱心理学》，李丙太、高卓、张葆华译，新华出版社 2001 年版，第 116 页。

时，也在锻炼应对消费社会中不断增加的复杂性和多样性的能力。儿童在理解金钱的来源和价值后，学习正确地找零头以顺利从事买卖活动，并在计算交易物品的价格和利润的过程中不断发展出各种社会认知能力。例如，有钱，要懂得货币这个抽象符号的来源和价值；花钱，要学会找零头，计算物价差价，在各种商品之间作出适当的选择和判断；预算开支，要有预期和计划能力，对各种选择的估价、推理思维能力；储蓄，要学会克制和推迟当下享受的重要性和益处；借钱，要处理借贷之间的代价和风险；挣钱，要学会推销商品，提高服务他人的能力，懂得竞争等，"显然，在金钱问题上的经验决定儿童和少年多么快了解这个经济世界"①。由此可见，在年轻人（儿童与少年）认知能力的社会化发展过程中，货币经济交易活动在不同的发展阶段对于提高个体的社会认知能力具有重要作用。

2. 货币与现代个体认知能力的特征

人们的认知能力根源于、产生于特定的时间、特定的历史条件下的社会实践，并伴随着这种特定的社会实践的推移而不断成熟、发展。每一具体的认知结构都受到特定社会、政治、历史传统、爱好、信仰、价值观念等因素制约。认知能力中，种种具体的知识、观念、信念、理想、情感和意志等诸如此类的精神因素以特定的方式相互结合。并且，这些精神因素中的一些先入为主的和处于优势地位的要素会以一定方式串联、并联地结合起来，形成一种相对固定的理论框架或思维模式，并在加工、整理、改造客体信息中起到导航、指南的作用。因此在不同的社会发展时期，有着不同特征或类型的认知表现，例如神话型、史鉴型、理知型、实证型、人本型等等。②

毫无疑问，现代社会世界所建构出的是一种理知型的认知特征。这是诸多社会理论家的共识所在。同时，他们也指出，经济活动与实践在建构这种理知型认知图式中起着重要作用。因为在一个市场机制主导的社会世界里，从事货币金融贸易活动是任何现代人生存和发展的必要条件。大量繁杂的经济观察、思考、预期、选择、计划、决策活动极大地增强了现代

---

① ［英］艾德里安·弗恩海姆、［英］迈克尔·阿盖尔：《金钱心理学》，李丙太、高卓、张葆华译，新华出版社 2001 年版，第 91 页。

② 参见欧阳康《社会认识论导论》，中国社会科学出版社 1990 年版。

人认知图式的理知化。正如熊彼特所言："人类心理上的理性态度首先是由于经济上的必要性才不得不如此的。就是说，日常经济工作才使我们人类获得理性思想和行为的基础训练——我毫不犹豫地说，所有逻辑俱来自经济决策模式。"① 那么货币究竟在现代人的认知结构中起了怎样的作用呢？我们需要研究货币扩展并增强人们的思考和认知过程的具体机制。

第一，货币提高了个体认知的效率性。卡西尔在《人论》中提出，人是使用符号的动物，符号化思维和符号化行为是人类生活中最富于代表性的特征。现代认知心理学认为，个体的认知过程在很大程度上是一种借助于符号的信息加工过程。符号不限于语言文字或其他代码和记号，任何一种听觉的、视觉的或其他人类感官或思维能加以鉴别的模式都可以归入符号这个范畴。② 符号、记号的使用，有助于强化人们的认知能力，提高认知效率。

货币在其完成形态上，是一种"交换价值的被人承认的符号"，是"作为商品的商品的象征"③。特别是现代货币，例如纸币、电子货币，其符号特征更加明显，"货币从它最早所具有的直接性以及物质性的形式最终演变成为一种理想化的形式，即现在它只行使其体现在某种符号性表达形式之中的作为一种理念的有效功能"④。因此，货币在现代社会中作为一种重要的经济符号，同样是提高人们认知能力的重要工具。

货币提供了一个获取各种各样物品，满足不同需求的更加包容性的途径。尽管货币不是万能的，不能购买到世界上所有的事物，但是在现代社会中，货币是获得绝大多数事物的最方便快捷的途径。正如马克思所言，"货币本来是一切价值的代表；在实践中情况却颠倒过来，一切实在的产品和劳动竟成为货币的代表。"⑤ 因此，货币能帮助我们直接快捷地获取我们所需要的各种物品和服务。

货币使得不同属性、价值和品质的事物之间的比较成为可能。从马克

---

① ［美］约瑟夫·熊彼特：《资本主义、社会主义与民主》，商务印书馆1999年版，第198页。

② 参见［美］西蒙《人类的认知》，荆其诚、张厚粲译，科学出版社1986年版，第10—11页。

③《马克思恩格斯全集》第30卷，人民出版社1995年版，第93—94页。

④ ［德］西美尔：《货币哲学》，陈戎女译，华夏出版社2002年版，第82页。

⑤《马克思恩格斯全集》第30卷，人民出版社1995年版，第99页。

思到西美尔、韦伯，都认为货币是激进的平等派，将所有事物和价值在性质上的不可通约性转化成可比较、可通约的数量差异。现代社会中的高度分工和分化使得人们的需求多种多样，事物所体现的价值也多种多样，因此，人们的社会经济决策必须对各种需求进行比较，对多样的价值进行统一度量，否则无法选择。在认知系统中，这种统一的量可以是众多相互抑制的神经模块的兴奋程度。食欲、性欲、危险、劳累等诸多因素最终都化为神经元兴奋强度这个统一尺度来进行对比和决策。有了这个统一尺度，头脑中的综合决策才能进行，使得头脑这一极其复杂的系统实现决策的最佳化。① 金钱对于个体认知的作用，也是在复杂系统中作为统一的评价尺度，以利于个体总体决策的最佳化。当个人生活在社会中时，可以享受分工合作的利益，通过满足他人的需求来达到满足自身需求的目的，但他人需求或社会结构所包含的他人利益是非常复杂的，个人的认知结构中所包含的知识储备、价值偏好通常不具备判断他人需求或社会结构需求的能力，因此金钱就成为个人判断社会需求的重要评价信息，"货币的创制依赖于此，因为货币是以数的形式来表征纯粹的量，而不管被衡量的价值的对象所有特殊的质如何"②。

第二，货币强化个体认知能力的抽象性。抽象思维是人们认知能力发展的重要标志。抽象是在经验的感知的基础上进行的，它是将一种思想或观念与其他感性内容相脱离，形成反映事物本质的观念或概念，即对事物的一般性或规律性的反映。

货币有助于抽象思维。货币本身是从具体商品中抽象出来的一般等价物。从金属货币到现代电子货币的货币形态的演进过程，就是一种货币不断摆脱其具体性、物质性的符号化、抽象化过程，"货币越来越从价值等价物之间的联结纽带而变成为代表这些等价物的符号，并且因此而越来越独立于其质料的价值"③。现代社会大量的货币经济活动无形中强化着人们的抽象认知能力。例如我们会非常习惯地说"一座300万的别墅"，一只"20元的手表"，一朵"5元的鲜花"。这种说法不仅出自厂商或购买过程中的顾客，还是描述事物的基本说法。当一个人说到"300万的别

---

① 参见赵南元《认知科学与广义进化论》，清华大学出版社1994年版，第357—358页。
② ［德］西美尔：《货币哲学》，陈戎女译，华夏出版社2002年版，第84页。
③ ［德］西美尔：《货币哲学》，陈戎女译，华夏出版社2002年版，第91页。

墅"的时候，主要关心的不是它的用途或它漂亮的外观，或者说，它的具体特征，而是在说一种商品，它的主要品质是用金钱数量形式表达的交换价值。当然，这并不意味着这个人并不关心这座别墅的使用价值或外观，但的确表明，在我们对事物的认知过程中，它的具体（使用）价值低于它的抽象（交换）价值。同样的一种抽象化思维可以见于如下的表达中，某报纸刊登的一条新闻标题是"注册会计师＋经济学博士＝年薪20万"。用一个方程式把科学学位与金钱数量联系起来的这样一种表达事实的方式，正是一种抽象化和数量化思维的表现，在这种思维方式中，我们是通过人格市场上一定数量的交换价值的形式获得知识的。这种抽象化并非只发生在市场上出卖的商品的各种交易中，如一场洪灾，报纸头版头条报道这次洪水，标题竟是"数百万元的灾难"，强调的仍然是抽象的数量因素，而非人类灾难的具体事实。

第三，货币发展了个体认知能力的分析性。所谓分析，是把一个事物、一个问题、一种现象，从一定角度，按一定方式分成各个部分，找出这些部分的本质属性、特征和相互之间的关系。认知能力的发展意味着个体分析日益繁杂的事件和问题的心智能力的增长。

货币经济之所以有助于人们的分析性思维能力，主要在于无论是人们日常的生活开支，还是大规模的企业经营活动，都涉及货币的不同分配和使用途径。人们需要不断地将各种货币收入汇聚起来，同时又要不断地将货币分散开来，针对不同的情况和目的分别使用。弗罗姆说："现代的商人不仅要面对上百万的资金，而且要面对数百位的顾客，数以千计的股东，数以千计的工人和雇员，所有这些人变成了一架大型机械的如此众多的部件，必须加以控制，其作用必须加以计算。"① 特别是货币价格的灵活变化，需要人们更加密切关注各种经济活动的走向，分析价格波动的直接、间接、短期、长期影响。这是因为价格是国民经济运行状况的综合反映，价格变化直接或间接受到宏观经济、政策、生产、供给、需求、消费、投资、财政、税收、国际贸易、世界经济、社会和自然因素等多方面的影响。因此价格问题不仅仅是一个经济问题，也是一个社会问题、政治问题。比如粮食价格与农民和城市居民的关系，涉及农民收入和城市居民特别是低收入居民生活的安定，涉及经济的平衡发展和国家粮食安全。市

---

① ［美］弗罗姆：《健全的社会》，蒋重跃译，国际文化出版公司2003年版，第96页。

场价格处于不断发展变化过程中，不断有新情况、新问题出现，价格指导和经济决策要适应这种变化，对市场价格出现的新情况、新问题及时进行总结和概括。所以，复杂的现代货币经济强化了现代人对复杂事物的计算、控制、量化的分析能力。

第四，货币增强了个体认知的实用性、实效性。货币经济着眼于"利"，追求的是利润最大化。因此它要求参与者的社会认知必须是一种以实际的经济利益、经济效益为目标和对象的思维活动。它所要解决的主要矛盾是"赢"与"亏"、"赚"与"赔"的矛盾。进行任何经济活动都必须从实际情况出发，无论生产、交换、分配或消费，无论工业、农业、商业、交通或服务业，各种经济活动都要从各自所要解决的特殊矛盾及其运作规律出发，贯彻实事求是的思想。

在货币经济中，企业经营者对市场和利润的实际追求要求人们掌握更加复杂的有关投资领域、市场机会、预期收益、变动利率等货币金融知识和技能。而对于大多数消费者而言，则需要掌握关于工资明细、奖惩条例、储蓄利率、贷款风险、税收升降等实际知识和技能。在货币经济中，人们必须时刻保持警惕，并根据现实经济状况随时调整自己的想法和行动。因为货币价值的波动比自然事物更加迅速，货币导致的影响比其他经济事物更加直接。弗罗姆将这种对实用性和实效性的追求称为"买卖思维倾向"。在这种倾向中，人体验自己是一个能够在市场上被别人成功利用的东西，人并不把自己看作自身权利的持有者、一个积极的作用者，他的目标是成功地在市场上销售自己。他的自我意识并不来自作为一个富有爱心和思想的个体的活动，而是来自他的社会经济角色。他的自我价值取决于成功与否，即能否把自己卖个好价钱，能否赚到比本钱更多的钱。他的肉体、头脑和灵魂是他的资本，生活的任务就是有利地投资，使之为自己创造出利润。在通常情况下，交换只是一种达到经济目标的手段。在资本主义社会中，交换却变成了自身的目的，"现在，商业的目的不是直接消费，而是谋取货币，谋取交换价值"[①]。这一原则同时也变成现代被异化的人的最深层的精神需求之一。交换已经失去了其作为一种达到经济目的的手段的理性功能，成为了自身的目的，走出了经济王国："对大多数人来说，一朵玫瑰不是一朵玫瑰而是一朵有一定价格的花，在某些社会场所

---

① 《马克思恩格斯全集》第30卷，人民出版社1995年版，第98页。

可以买到；即使是最美丽的花，假如它是一朵野花，不值一文，我们因而不能感受到它与玫瑰花一样的美丽，是因为它没有交换价值。"①

第五，货币突出了个体认知的数量性、计算性。认知科学认为，人的认知过程可以看作符号的形式操作的过程。而计算就是基于某种特定规则的符号串的变换过程。计算能力的发展是人们认知和处理复杂社会事物和问题的必要条件。②

货币的诞生及货币经济的发展恰恰正是一种"需要计算的环境"。货币本身就是从交换过程中对具体事物价值的计算中诞生的，是抽象劳动价值的数字化表征。以算术上的用语来说，货币是一种公分母，它根据公认的标准单位来使价值具体化、数量化。货币本身不但可以测量，而且也能测量别的可以被量化的东西。借助于货币，两种不同的实物可以用数字术语进行比较："这种工具一旦被确定下来，它就可以提供一种计量单位，根据这种计量单位可以把某个标识数量的常数指派给计量所适用的那个集合中的每一个元素。这意味着某一抽象属性将被确认为该集合的所有元素的共同性质。"③

货币为不同商品和服务的价值的测量提供了标准，而测量结果可以按照这一标准陈述出来。货币成为"那种以数字表示的系数与受测物体之间的连接纽带"。因此，在人类的各个民族，货币都被视为一种典型的数字习俗，"在认知领域，货币为初等算术提供了最主要的模式，因为它的一个根本就是关注那些与基数有关的运算"④。而在现代社会中，货币经济本身数字化进一步加剧了人们认知能力的数量性和计算性。现代货币经济迫使我们在日常事物处理中不断地进行数字计算。由此造成的后果则是人们对数量的兴趣成为我们生活中所关心的重要的、具有决定意义的东西。"这个东西值多少钱？""多少钱才够？"这些问题成为每个人的一生中许

---

① ［美］弗罗姆：《健全的社会》，蒋重跃译，国际文化出版公司2003年版，第99页。

② 这不意味着在本体论上人的认知可以完全还原为计算的计算主义，而是在认识论和方法论意义上认为人的认知能力的发展包含数字计算能力的发展。数字、计算当作是认知世界的方式或视角。关于计算的本质、计算主义及其争论，参见李建会《走向计算主义》，中国书籍出版社2004年版；刘晓力：《计算主义质疑》，《哲学研究》2003年第4期。

③ ［英］托马斯·克伦普：《数字人类学》，郑元者译，中央编译出版社2007年版，第135页。

④ ［英］托马斯·克伦普：《数字人类学》，郑元者译，中央编译出版社2007年版，第172页。

多重要时期都会反复追问的问题：结婚、生子、持家、教育、娱乐、休闲、医疗、退休等。可以说这些问题纠缠着每个人一生的所有重要阶段。整个世界、整个人生都转化成一道巨大的算术题。这一切，正如西美尔所言："惟有货币经济才给实践生活，或许甚至还有理论生活，带来了数字计算的理念。"①

二 货币与现代人的情感特征

在马克思主义哲学视野中，情感作为人对周围客观事物产生的反映形式，是指主体对客体是否符合自己的需要所做出的对客体态度的一种特殊反映，是通过主体对客体的内在心理感受和体验表现出来的。这种内在心理态度和体验通常表现为喜悦或悲哀、欢乐或忧愁、喜欢或厌恶、热爱或憎恨、满意或不满意等。一个人的情感能反映出他的认识和愿望的系统，反映出他的精神世界，揭示着他的个性特征。正如马克思在《1844 年经济学哲学手稿》中明确指出："人作为对象性的、感性的存在物，是一个受动的存在物；因为他感到自己是受动的，所以是一个有激情的存在物。激情、热情是人强烈追求自己对象的本质力量。"②

现代社会学、社会心理学对情感的研究进一步深化了马克思对情感的实践性、社会性、历史性的强调。社会学家注重在情感建构中社会结构、文化、认知评价等社会性因素的作用。他们认为，人们的感受是文化社会化以及参与社会结构的结果。当文化、意识形态、信念、道德规范与社会结构紧密联系时，它们就界定了什么被体验为情感，以及如何表达情感。从这个意义上来说，情感是社会建构的，受到文化规范、价值和信念的调节。而现代心理学、社会生物学则突出了情感的生物基础，认为人们的情感反应包含神经系统的生理变化的因素。因此，"情感是文化、社会结构、认知和生物力量复杂交互作用的结果"③。文化、社会结构、认知模式以及生物因素都是在不断形成的过程中，人们的情感结构也始终处于塑造和再塑造的复杂过程之中。马克思在《1844 年经济学哲学手稿》中清

---

① ［德］西美尔：《货币哲学》，陈戎女译，华夏出版社 2002 年版，第 359 页。
② 马克思：《1844 年经济学哲学手稿》，人民出版社 2000 年版，第 107 页。
③ ［美］乔纳森·特纳、［美］简·斯戴兹：《情感社会学》，孙俊才、文军译，上海人民出版社 2007 年版，第 7 页。

楚地表明，在私有制经济和异化劳动主宰的资本主义社会中，资本家对商品、货币、资本的追求导致工人们在生产和生活中体验到痛苦感、屈辱感、贬低感、压迫感，"他在自己的劳动中不是肯定自己，而是否定自己，不是感到幸福，而是感到不幸，不是自由地发挥自己的体力和智力，而是使自己的肉体受折磨、精神遭摧残。因此，工人只有在劳动之外才感到自在，而在劳动中则感到不自在，他在不劳动时觉得舒畅，而在劳动时就觉得不舒畅"①。马克思认为情感性可以外化于物质的商品之中，从而在内在感受和经济、物质实践活动之间打进了一个楔子，也为我们进一步研究货币经济对现代人的情感结构的影响奠定了思想基础。

1. 货币与现代人的情感生成

情感是社会文化、认知过程与生理因素系统建构的产物。任何社会中个体的情感生成都必然受到该社会中各种经济、社会、文化因素的影响和制约。在货币经济和市场机制主导的社会形态中，货币作为重要的社会经济文化符号和满足人们各种需要的手段，必然对人们的日常情感生成产生重大影响。例如，我们常常为金钱而兴奋、忧郁、感到阵阵犯罪般的不安，其中也不乏激动不已的体验。爱恨交加和矛盾重重是金钱观的特征：金钱是讨人嫌的又是让人关心的，是公开的又是私密的，是让人宽慰的又是令人不安的。心理学家威尔森将货币具有的内在的情感心理意义称为"金钱的私生活"，认为"金钱也许是当代生活中最富情感意义的东西，只有性和食物这两种日常的东西可以与之相比，它们都拥有强烈而又抵触的情感、意义和挣扎"②。正因为生活在今日的世界里，获得、占有、使用等与金钱有着千丝万缕的关系，所以人们无一例外对金钱都表现出热情。那么货币究竟是如何对现代个体的情感生成发挥作用的呢？

从情感的社会结构看，特定社会结构所具有的权力、财富、资源的改变对个体积极或消极情感的生成具有重大效应。在现代市场社会中，拥有货币财富的数量往往标志着个体在社会结构中的优劣，在社会分层中的高低，"如果要在社会上获得相当地位，就必须保有相当财产。如果要在社会上获得相当声望，就必须从事于取得财产，积累财产。一旦累积的财物

---

① 马克思：《1844年经济学哲学手稿》，人民出版社2000年版，第54页。
② [澳]维莱丽·威尔森：《金钱的私生活》，夏骞译，吉林摄影出版社1999年版，第264页。

在这样的情况下成为能力的公认标志，财富的保有就必然成为博得尊敬的独立的、确定的基础"①。拥有货币财富多的人，处于社会结构的优势地位，他们将享受到伴随服从和尊重而来的积极的情感，而那些遭受到货币匮乏和经济困境而处于社会底层的人们很少体验到积极的情感。获得货币财富，将生成积极的情感，例如满意、安全和自信。而失去货币财富将导致人们体验到消极的情感，比如羞愧、悲哀、恐惧和愤怒。因此，在很大程度上，社会结构不平等所导致的货币财富分配的不平等将对应于积极和消极情感的分配，"职位高的人们比职位低的人们体验到较多的积极情感唤醒"②。不仅如此，归因过程与地位状态机制交互影响情感生成。如果人们把他们从职位中获得的高收入看作自己行动和能力的结果，将体验到积极的情感，比如自信与自豪；如果人们把地位的丧失和收入的减少看作他们自己行为和能力的结果，将体验到自信的丧失、焦虑、恐惧和悲伤；如果认为他人应对自己的地位和收入降低负责，他们将会体验和表达愤怒和怨恨。

从情感的文化价值看，在现代这个以货币经济为主导的社会中，货币在现代文化价值系统中的意义已经得到了空前的提升。拥有尽可能多的货币，以求得社会文化的认同，确立自我价值与尊严，是一种普遍的社会心理。"在这里，行为的动机只有持续不变的金钱动机。这种金钱动机反映了一种价值系统，这种价值系统由那一时代自然地占据统治地位的商业阶级直接或间接的优越地位所决定。"③ 因此，当个体得到或拥有较多的金钱财富，知觉到他的行为符合文化框架的期望和价值原则，积极的情感将涌现出来，并且个体将体验到自尊的增强。反之，当个体丧失或缺乏金钱财富，知觉到他的行为不能满足文化观念的期望，或者行为不能实现文化框架所预设的价值时，将体验到消极的情感。这样的情感将降低自尊。正如社会心理学家林德格瑞指出："在社会金钱竞争中，濒临失败、垮台的人，最初还只是扫兴（欲望得不到满足），继而是忧郁，最后干脆变得麻木不仁了。人们很清楚，一旦没有钱，便削弱了奋斗的基础，这种心理上

---

① ［美］凡勃伦：《有闲阶级论》，蔡受百译，商务印书馆1964年版，第25页。

② ［美］乔纳森·特纳、［美］简·斯戴兹：《情感社会学》，孙俊才、文军译，上海人民出版社2007年版，第241页。

③ ［美］库利：《社会过程》，包凡一译，华夏出版社1999年版，第273页。

的影响会降低自我价值感。"①

从情感的认知评价看，在货币经济社会，"金钱评价是社会认知一般过程的一个阶段"②。金钱财富既是人们获取各种商品和服务，满足各种需要的重要手段，同时其本身也成为人们追求的重要目标和行动指南，用西美尔的话说，金钱是现代社会的宗教，"是世界的世俗之神"。因此，在价值目标的认知评价中，货币既是纯粹的手段也是重要目的。这就致使人们的情感满足维系于金钱的多少：金钱多，人们获得的有价值的事物就多，人们越能获得积极情感。反之，人们感到窘迫、无助、绝望。无疑，在货币经济条件下，金钱也成了人们情感的目的，"货币对主体的人激起了两种相反的情绪：最深的悲哀和最大的幸福"③。

从情感的生物基础看，现代生物学、心理学认为，在货币经济时代，货币与食物、性一样成为激发人们行动和情感的重要心理动机。而这种货币动机的形成，除了因为货币是获取其他物品的工具外，还有一种生理上类似于毒品的"成瘾性"。与可卡因、吗啡等本身就具有生物学效应，能够直接作用于神经系统的"成瘾品"不同的是，货币是一种"认知性成瘾品"，本身没有生物学效应，它的效果取决于社会文化环境，取决于我们的知识和理解能力。货币正是这种认知性的成瘾品。货币之所以具有动机性的力量，就是因为它在现代消费文化中，能够产生与感知性成瘾品相同的神经性的、行为性的或心理性的效果，能够实现和模仿源于互惠性利他主义的交易本能（Instinct to trade）和游戏本能（Instinct to play）。例如在花钱的过程中，人们往往能体验到某种兴奋和愉悦：心理释放的快感、自我认同的愉悦、社会身份的标识等。④ 货币的这种成瘾性发展到一定的程度就有可能形成一些极端的或病态的情感反应，例如赌徒的极度兴奋或购物狂的狂热。赌徒在金钱的输赢中体验到一种逃避现实世界的短暂而又舒畅的感受。金钱赌注越大，感受越刺激。购物狂在购物之前的紧张、压抑，在购物后的轻松、畅快，"这种购物的迷醉，当沉迷者没有钱不能再

① ［美］林德格瑞：《金钱心理学》，宿久高、小筠译，吉林人民出版社1991年版，第96页。

② ［美］库利：《社会过程》，包凡一译，华夏出版社1999年版，第247页。

③ ［德］西美尔：《货币哲学》，陈戎女译，华夏出版社2002年版，第207页

④ Lea S and Webley P, Money as Tool, Money as Drug: The Biological Psychology of a Strong Incentive. *Behavioral and Brain Sciences*, 29 (2), 2006.

购买的时候，会引起真正的戒断反应，伴随着一系列生理反应，头痛、失眠、消化紊乱等。他们就经历像吸毒者那样的感受"①。其实多数时候，金钱成瘾者并不能真的感到快乐。他其实是把自己放到一种希望得到快乐的情景中。他希望通过重复成瘾行为而再次体验到同样的兴奋和强烈的快感。

2. 货币与现代人的情感表达

现代人的情感特征总是植根于特定的社会经济结构与生活方式，并受到文化传统、社会制度和意识形态的影响。货币经济的发达以及货币的社会经济功能的扩展使得货币成为现代人生活最直接的目标，不断地刺激着现代人的心理状态，从而塑造了种种以金钱为中心的各具特色的情感表达。

金钱与贪婪。自从货币诞生以来，它作为社会财富的代表，在任何时代和社会中都是人们普遍追求的一种目标。可以说赚钱是一种非常普遍的社会欲望。但是，最强烈的、最广泛的金钱欲望却只是发生在一些特别的时代和社会里。用马克思的话说："贪欲在没有货币的情况下也是可能的；致富欲望本身则是一定的社会发展的产物，而不是与历史产物相对立的自然产物。"② 只是在追求资本无限增殖欲望的资本主义条件下，在货币交换成为社会生活主导的市场社会中，对金钱的欲望演变成一种普遍的强烈的社会心态。

在现代社会，对金钱的欲望主要表现为两种形式：贪财和吝啬。马克思说："一般形式的享受欲以及吝啬，是货币欲的两种特殊形式。"③ 贪婪和吝啬显著地表现在对具体物品和不问其价值多少钱的心理性的狂热积聚行为上。这些人聚积任何贵重的东西而不问是否能从这些东西中获得满足。并且经常是在积聚之后对它们甚至连看都不看一眼。换句话说，贪财是为赚钱而赚钱，而不问赚钱的意义。吝啬是为存钱而存钱，而不问存钱的目的。对这样的人来说，光把这些货币揽入囊中就是有价值的。西美尔将守财奴对金钱的爱比作人们对崇拜的偶像的爱，"这个人只需要存在于

---

① ［法］蒂耶利·伽鲁瓦：《金钱心理学》，徐睿译，世界图书出版公司2007年版，第95页。

② 《马克思恩格斯全集》第30卷，人民出版社1995年版，第174页。

③ 《马克思恩格斯全集》第30卷，人民出版社1995年版，第174页。

那儿，以及只需爱他的人知道这一点并与他同在，就会使我们感到极大的幸福，而不需要我们与他个人之间存在什么形式的、能给我们带来具体快乐的关系"①。贪财与吝啬都有意识地放弃了把货币作为能指向任何确定的快乐的手段。相反，储藏在货币中的力量被视为最终的、绝对的令人满足的价值。"对守财奴来说，所有其他商品都位于存在的边缘上，而从任何一个商品那里都有一条笔直的路通向一个中心——金钱。"

金钱与奢侈享乐。奢侈享乐是人类普遍存在的社会现象。柏拉图将满足奢侈欲望的城邦称为"猪的城邦"。②但是资本主义的发展和货币经济的发达，在两个方面改变了奢侈：首先，资本主义的意识形态和文化改变了传统对奢侈享乐的负面评价，奢侈享乐成为一种人人渴望追求的东西，成为一种普遍的社会心态；其次，货币经济能够在更大程度上满足人们日益增长的奢侈需求，改变了人们满足奢侈的方式。

所谓奢侈，桑巴特曾经做了一个简单的定义，就是指"任何超出必要开支的花费"③。确切地说，奢侈描述的是在各种商品和服务的生产和使用过程中超出必要程度的费用支出及生活方式的某些方面。桑巴特承认，"必要开支"是一个相对概念，时代不同，个人的经济条件不同，必要开支的限度和范围也不同。因此，奢侈的含义是由不同社会、社会结构、社会文化内涵以及经济条件所决定的。在古希腊，奢侈被视为一种贪得无厌的欲望的表现。它损害城邦正义美德，造成寡头政制，威胁社会秩序。在古罗马，奢侈是非自然、非自由、腐化生活的标志，违反了自然、简朴的生活伦理目标。在基督教时代，奢侈是人的"七宗罪"之一，是上帝的敌人和弃民的征兆。④总之，在近代资本主义以前，奢侈现象虽然存在，但是一直受到社会伦理、宗教观念的强有力的制约。

正是资本主义的发展开始了奢侈的去道德化的过程。资本主义是受无限获取财富的欲望驱动的体系，其发展是没有界限的。奢侈消费则是促进其不断成长的空间，因而是合理的。曼德维尔在《蜜蜂的寓言》中揭示

---

① ［德］西美尔：《货币哲学》，陈戎女译，华夏出版社 2002 年版，第 171 页。

② ［古希腊］柏拉图：《理想国》，郭斌和、张竹明译，商务印书馆 1986 年版，第 63 页。

③ ［德］桑巴特：《奢侈与资本主义》，王燕平、侯小河译，上海人民出版社 2005 年版，第 86 页。

④ 关于奢侈的历史流变，参见 ［美］克里斯托弗·贝里《奢侈的概念：概念及历史的探究》，江红译，上海人民出版社 2005 年版。

出那些把渴望得到物质繁荣好处的富庶的人们斥为"罪孽和讨厌"的道学家是"无理和愚蠢"的。相反，他认为奢侈有助于公共利益，因为一个富裕的社会比贫穷的社会在政治上更为强大。休谟在《论奢侈》中也认为奢侈生产可以增加国家的幸福。一个鼓励贸易并因此倡导勤奋和奢侈的社会，不仅富有而且幸福。因为许多人现在"都有机会体验到他们本来无法了解的享受"。在斯密看来，现代世界是一个商业世界，是人人都成为商人的世界。在这个世界中，"富足与自由"是"人能够拥有的两大幸事"。这些思想家对奢侈的合理性、世俗性辩护正是对当时资本主义发展的一种意识形态反映，"奢侈的维护者也是资金和社会流动性的维护者。如果依照我们熟悉的意识形态分析模型，问'谁是受益者'，那么回答就是中产阶级或资产阶级"①。

　　奢侈享受在文化和道德上的合法化为奢侈成为一种社会时尚提供了前提条件。而发达的货币经济则强有力地改变了人们满足奢侈享受的方式。在货币经济不发达，货币并未成为社会经济活动支配性手段的社会中，也存在奢侈现象。但是这种奢侈主要是一种物品性奢侈，满足的是一种纯粹的感官上的愉悦和心理的本能冲动。

　　但是在货币经济支配下的社会中，当一个国家的人民面对急剧增加的财富时，数额更加庞大的奢侈品消费就不仅仅是用于满足感官愉悦，更主要是用来表明自己的经济实力和社会地位的选择，也是凡勃伦所言的最自然最具有炫耀性的心理诉求。相对于一般消费品来说，奢侈的意义可以很清楚地被看作是更多的金钱，是更高的地位，是"并非生活必需"的身份象征的意义符号。特别是随着都市化的全面推进，交通日趋发达，人口流动渐趋频繁，人们由此而进入一个陌生人的世界中。同时，人们置身于一个以工资劳动和现金支付为特征的商品社会中。在这个陌生人的世界中，他所接触到的广大群众要推断他的声望和地位，除了以他在直接观察之下所能夸示的财物为依据外，别无他法。"一个人要使他日常生活中遇到的那些漠不关心的观察者，对他的金钱力量留下印象，唯一可行的办法是不断地显示他的支付能力。"② 由此，物品性奢侈转化为货币性奢侈。

────────────

　　① ［美］克里斯托弗·贝里：《奢侈的概念：概念及历史的探究》，江红译，上海人民出版社2005年版，第139页。

　　② ［美］凡勃伦：《有闲阶级论》，蔡受百译，商务印书馆1964年版，第69页。

对于货币性奢侈来说，挥霍行为的那一刻的吸引力同时超过了对物品本身的合理欣赏。在货币性奢侈中，人们所获得的正是一种"虚拟享用"："虚拟享用中的虚不是虚无，不是不存在，它是一种客观的存在状态；虚拟带有构造的性质，是人基于想象力而构造出来的不足、匮乏、释放的解除，以及对这种解除的体验。尽管它是人为的，或想象出来的，并未使物质价值物发生任何的变化，却使人的生理和心理发生事实上的变化，或兴奋、愉悦，或沮丧、苦恼，因为它已经在主观上经历了享用的过程。"①货币作为一种财富和享用的符号形式，把人们带入一个虚拟享用的世界，并在虚拟享用的推动下进行实际的消费、享用、奢侈。对于他们来说，一旦拥有了对象，他就会变得兴味索然。他的快感注定永远不会得到安宁和持久，因为在他拥有某一对象的时刻总是伴随着对快乐的否定。

金钱与躁动焦虑。前现代社会，人们生活在固定的社会等级秩序中，每个人在社会中的位置、在宇宙中的位置是相当明确的。人们在这个"存在的巨链"中追求着各自不同的社会目标。君主追求权力，贵族追求荣誉，商人追求财富，农夫追求土地。但是资本的形成和货币经济的到来，改变了这一切。资本、货币不仅打破了固定的社会等级秩序，而且改变了社会追求的目标。这一切造成了现代动荡不安的社会心态。当代社会学家伯曼以马克思的"一切坚固的东西都烟消云散了"，鲜明地标识出了现代人的焦虑不安、躁动不休的情感状态。

工业革命所激发的巨大生产力，资产阶级对货币、资本的狂热追求、世界市场的不断开拓彻底瓦解了传统的、固定的社会等级制度，造成了整个社会关系的动荡。特别是货币、资本具有融化一切确定性、使一切固定的东西都摇晃起来的冲动和本性，这一点破坏了稳定的社会秩序，导致了所有可靠的价值基础的建立都成为不可能。资本的唯一目的就是不断实现自身的增殖，这一点决定了它不断膨胀、骚动和扩张的欲望和冲动，它要求不断地把剩余价值再转化为资本，以实现资本的不断积累，同时，资本积累的根本目的又是无止境地繁殖剩余价值，为此，资本家必须不断提高劳动生产力，以在激烈的市场竞争中求得生存和壮大。这就是说，它不能有丝毫的停顿，不能有片刻的歇息，任何停顿和歇息都意味着资本生命力的衰竭和死亡。在资本这种无休止的冲动的支配之下，整个社会必然处于

---

① 晏辉：《虚拟享用：伦理辩护与批判》，《中国社会科学》2005 年第 6 期。

永不停息的动荡不安之中，"生产的不断变革，一切社会状况不停的动荡，永远的不安定和变动，这就是资产阶级时代不同于过去一切时代的地方。一切固定的僵化的关系以及与之相适应的素被尊崇的观念和见解都被消除了，一切新形成的关系等不到固定下来就陈旧了。一切等级的和固定的东西都烟消云散了，一切神圣的东西都被亵渎了"①。

在现代社会，金钱的作用越来越突出，它逐渐获得了绝对中心地位，成为人们心目中的上帝。对金钱的渴望轻而易举地成了货币经济中激励人们的一种持续的"精神状态"，"点燃我们最大的渴望和激情的并非遥不可及和禁止我们涉足的东西，而是我们暂时没有拥有的东西，特别是当我们对它们的拥有日趋接近的时候，正如通过货币组织所产生的那样"②。货币的无限可使用性、无限可能性、恒久需求性，使得人们容易产生对幸福接近的感觉，仿佛有可能比以往更容易获得所有的东西，也可能一下子获得值得追求的东西。因此，"货币给现代生活装上了一个无法停转的轮子，它使生活这架机器成为一部'永动机'，由此就产生了现代生活常见的骚动不安和狂热不休"③。人们奋斗的目标只有一个即为了金钱，不计手段和后果地"快速致富"。但是他们的奋斗又缺乏恒心与务实精神，缺乏对自己的智力与发展能力的准确定位，因而显得异常脆弱、敏感、冒险，稍有"诱惑"就会盲从、冲动。而且，金钱的诱惑往往和个人利己主义相纠缠，形成一种超社会、支配人们命运的神秘力量，现代人心理就会呈现出一种递进性的形式。人们获得的财富愈多，他们的求金心理就愈加膨胀。这时金钱对求金者表现为一种强迫力量，它驱使着人们不断向敛财聚财的下一个目标奋斗。这种聚财敛财心理膨胀速度之迅猛，躁动迸发的程度之深有时甚至是求金者本人都始料未及的。

现代社会中人们都充满着对金钱的渴望，都希望通过财富急切改变自己的地位与命运，并在这种对金钱的狂热躁动中不断迷失，再迷失，"他们全都被一种变化的意愿——改变他们自身和他们所处世界的意愿——和一种对迷失方向与分崩离析的恐惧、对生活崩溃的恐惧所驱动。他们全都

---

①　《马克思恩格斯选集》第 1 卷，人民出版社 1995 年版，第 275 页。

②　[德] 西美尔：《现代文化中的金钱》，载 [德] 西美尔《金钱、性别、现代生活风格》，顾仁明译，学林出版社 2000 年版，第 12 页。

③　[德] 西美尔：《现代文化中的金钱》，载 [德] 西美尔《金钱、性别、现代生活风格》，顾仁明译，学林出版社 2000 年版，第 12 页。

了解一个'一切坚固的东西都烟消云散了'的世界的颤动和可怕"①。

金钱与怨恨。市场交换机制的建立、对资本利润的无限追逐、货币在经济与社会活动中的功能的无限放大，这一切使得人们产生一种金钱至上的普遍价值观念。人们把追求货币财富作为自己的目标。每个人都试图在经济上、在财富上、在拥有的货币数量上赶上和超过别人。而当人们付出了努力而又赶不上别人的时候，怨恨的心态就会产生。②

所谓怨恨，在舍勒看来，"是一种有明确的前因后果的心灵自我毒害。这种自我毒害有一种持久的心态，它是因强抑某种情感波动和情绪激动，使其不得发泄而产生的情态；这种'强抑'的隐忍力通过系统训练而养成……这种自我毒害产生出某些持久的情态，形成确定样式的价值错觉和与此错觉相应的价值判断"③。它的产生与一种将自身与别人进行价值攀比的特殊方式有关。在进行价值攀比时，怨恨者一方面对自身价值的低下而感到压抑、紧张，另一方面对高于自身价值的别人产生嫉妒、报复、仇恨的冲动。两者之间的心理冲突又不能直接地发泄出来，于是它就以某种隐蔽的形式表现出来。虽然怨恨在历史上任何时候都可能出现，但是只有在市场社会和货币经济的条件下，才可能成为一种普遍的社会情感表现。

在一种内在等级森严的社会制度下，每个人都觉得自己的位置是安置好的，因而很少有等级间的比较。13 世纪之前，中世纪农夫并没有与封建主攀比，手工业者不与骑士攀比，等等。农夫至多与较为富裕或较有声望的农夫攀比；就是说，每个人都只在他的等级范围内攀比。每个人的自我价值感和他的要求只是在这一位置和等级的价值内部徘徊，社会怨恨程度相对较低。

随着社会经济的发展和资产阶级力量的兴起，全力追求财富利益成为一种合法的、正常的、伦理上可赞扬的最重要活动，"变成了合规律的经济生活起支配性的灵魂"，获得了道德、法律、宗教和教会的一致认可。社会舆论宣传正当求利的合理性并把货币价值奉为社会经济活动的主要动

---

① ［美］马歇尔·伯曼：《一切坚固的东西都烟消云散了》，张辑、徐大建译，商务印书馆 2003 年版，第 13 页。

② 王晓升探讨了嫉妒心理与市场经济的关系。本文认为嫉妒是怨恨的一种初级形态。怨恨是现代社会中更普遍的社会心理。参见王晓升《价值的冲突》，人民出版社 2003 年版，第 122—137 页。

③ 《舍勒选集》，上海三联书店 1999 年版，第 401 页。

机，"原先总是某种质性的价值单位的'拥有'和'享受'，而货币其时只起转换目标（作为交换工具）的作用，那么，这个程序单位的'终端'便通过一种货币价值量而被征用，财物之质就成为'转换目标'。动机结构原先是：商品—货币—商品，现在变成：货币—商品—货币"①。与此同时，资产阶级的启蒙思想高举平等自由博爱的大旗，摧毁了以巴士底狱为象征的封建等级秩序，在法律上确认了人与人之间形式上的平等关系，在市场上保证了每一个人平等的交换主体地位。这一形式上的人与人之间的平等社会秩序使得每一个人都认为自己应该获得同等的社会经济权利。但是市场经济条件下，人们之间的实际权力、地位和财富的差距相当巨大。一些人可能由于某种特殊的机会而一夜暴富。金钱财富的价值渴求与实际对比的差异使得怨恨成为现代社会普遍的社会心态。因此，"在这一社会中，人人都有'权利'与别人相比较，然而'事实上又不能相比'。即使撇开个人的品格和经历不谈，这种社会结构也必然会积聚强烈的怨恨"②。

金钱与腻烦厌倦。与传统乡村社会相比，现代市场社会的经济生活、职业生活、社会生活的节奏加快。生活于现代都市中的人们需要消耗更多的意识和精神来应付纷至沓来、瞬息万变的社会事物，精神刺激的变化无常和持续紧张，最终必然导致精疲力竭，于是，一种腻烦厌倦之感油然而生。

腻烦厌倦心态的本质是对事物的价值与意义的细微差异的辨别力的迟钝，"厌世态度的本质在于分辨力的钝化，这倒并非意味着知觉不到对象，而是指知觉不到对象的意义与不同价值，对象本身被毫无实质性的经验，这与白痴与事物之间的关系一样"③。这种情感状态是完全内化了的货币经济的忠实的主观反映。在市场社会中，所有事物的本身的特点、价值都化约为它的交换价值，都以货币数量来衡量。因为货币可以充当任何事物的等价物，是最强有力的校平器，能够将事物之间一切性质的差异表达为价格的多少。货币成了一切价值的公分母，无可挽回地掏空了事物的核心，抹煞了它们的个性、它们的独特价值，以及它们之间的不可比性，

---

① 《舍勒选集》，上海三联书店 1999 年版，第 413 页。
② 《舍勒选集》，上海三联书店 1999 年版，第 406 页。
③ ［德］西美尔：《时尚的哲学》，费勇译，文化艺术出版社 2001 年版，第 190 页。

"在奔流不息的金钱溪流中，所有事物都以相等的重力飘荡。所有事物都处在相同水平上，它们相互的差异只是体现在它们覆盖空间的大小上"。当所有事物与金钱发生关系，染上金钱的铜臭时，人们对事物的价值与意义的感觉就只剩下通过货币的占有、拥有感，"一切肉体的和精神的感觉都被这一切感觉的单纯异化即拥有的感觉所代替"，"一切情欲和一切活动都必然湮没在贪财欲之中"①。

无论是拜金主义式的只对金钱有感觉，还是腻烦厌倦式的对金钱毫无感觉，无论是聚敛钱财的吝啬，还是挥霍无度的奢侈，无论是财富攀比中的怨恨，还是金钱竞争中的躁动不休，都表明了现代社会以金钱为中心的情感状态。这些看似各异的现代人情感状态实际上一体多面，存在内在联系：在以钱生钱的资本冲动支配下的社会经济结构必然导致人们在社会生活中对追求金钱和持有财富的狂热欲望。金钱欲望，既是推动人们追逐金钱和财富的驱动力，也是推动人们进行消费和享受的动力。随着赚钱欲望的不断满足，人们的消费心理和行为也在不断膨胀和延伸。这种不断膨胀和延伸的消费心理，在极大地唤起人们的奢侈享乐感的同时，也将奢侈和享乐作为一种生活方式而炫耀，更加刺激着人们躁动不休的心理。同时财富炫耀、竞争、攀比中的不平衡，加剧了社会的怨恨心态。而当人们发现居然什么都能用钱买到，什么都只能用钱买到，所有价值都转化为金钱价值的时候，必然对物和金钱本身丧失感觉，一种腻烦厌倦的心态油然而生。这就要求货币、资本再生产出更大的、更强的欲望和刺激。由此形成一种以金钱为中心的情感状态的循环再生产。

三　货币与现代人的意志特征

意志是人重要的个性心理品质。马克思主义哲学认为，"所谓意志，是人在社会实践的基础上自觉地确定目的，并进而根据目的积极地激活和调节自己的力量与活动以掌握一定对象、实现预定目的的精神力量，它是人对自己的需要、欲望、要求等的一种集中和凝聚。"② 人的意志具有实践性、对象性、目的性和历史性特征。物质生产实践是人的意志的来源和推动意志发展的根本动力。人的意志活动总是指向某种对象化的客体，即

---

① 马克思：《1844 年经济学哲学手稿》，人民出版社 2000 年版，第 85、124 页。
② 张明仓：《实践意志论》，广西人民出版社 2002 年版，第 211 页。

"人化自然"。目的性是意志的鲜明特征。目的总是指向一定客体，并以一定客观现实为依据。人的意志是社会历史活动的产物，在不同的社会关系和历史时期，人们的意志表现出不同的特征。正如马克思所言："……而且连所谓精神感觉、实践感觉（意志、爱等等）……人的感觉、感觉的人性，都是由于它的对象的存在，由于人化的自然界，才产生出来的。五官感觉的形成是迄今为止全部世界历史的产物。"①

自由是意志的根本规定性。意志自由意味着不是服从外在力量的强制而是按照自己的意愿去活动，强调人的活动的自愿、自主性、独立性。在马克思看来，意志自由决不只是思想、观念中的自由，它还是现实实践中的自由、生存的自由、活动的自由、人与人社会关系中的自由。马克思说："自由不仅包括我靠什么生存，而且也包括我怎样生存，不仅包括我实现着自由，而且也包括我在自由地实现自由。"② 意志自由是人的一种现实的生存状态，是在合理地改造世界的实践活动中，在特定的社会历史条件下得以实现的。马克思恩格斯指出："只有在现实的世界中并使用现实的手段才能实现真正的解放；没有蒸汽机和珍妮走锭精纺机就不能消灭奴隶制；没有改良的农业就不能消灭农奴制；当人们还不能使自己的吃喝住穿在质和量方面得到充分保证的时候，人们就根本不能获得解放。'解放'是一种历史活动，不是思想活动，'解放'是由历史的关系，是由工业状况、商业状况、农业状况、交往状况促成的。"③ 那么在市场社会中，在以"物"的依赖为基础的人的独立性的时代，物、商业状况、货币经济究竟对人的意志及其意志自由发挥着怎样的作用呢？

1. 物、财产所有权与自由意志

黑格尔曾指出，人的自由意志决不是空洞的抽象意志，"主观的意志要求它的内部的东西即它的目的获得外部的定在"。这个外部的定在最初的感性材料就是事物，即"外界的物"④。人作为自由意志的存在，总是要将自身的自由意志变为定在。自由意志的定在过程，就是对物的占有过

① 马克思：《1844年经济学哲学手稿》，人民出版社2000年版，第87页。
② 《马克思恩格斯全集》第1卷，人民出版社1956年版，第77页。
③ 《马克思恩格斯选集》第1卷，人民出版社1995年版，第74—75页。
④ ［德］黑格尔：《法哲学原理》，商务印书馆1982年版，第50页。

程。这个占有通过人对外部世界的能动活动实现。"人有权把他的意志体现在任何物中",人对一切物有"据为己有的绝对权利"。① 因此,人对物的占有过程是一种对象化存在的过程。在这个对象化存在过程中,同时存在着两个方面的运动:将物变为自己的意志,将自己的意志变为物。即人对物的占有,一方面使人的自由意志成为实在的,另一方面,又扬弃物的自然自在性而使其成为自由意志的定在表达。

财产所有权是人对物的占有的基本内容之一,是自由意志的定在表达。意志者不占有财产,就会要么是空洞的,要么是无理性的本能冲动。"真正的观点在于,从自由的角度看,财产是自由最初的定在,它本身是本质的目的。"② 每个人都有自己的自由意志和内在人格方面的要求,而这些要求往往存在于人的最内在、最隐秘的私人领域中,因此意志、人格只有在私人需要的满足中才能得到实现,只有在占有财产的情况下,才能得到实现。因此保障财产所有权不仅是为了满足个体的需要,而且也是实现人的意志自由和人格的必要手段。人的意志自由如果只是停留在一般抽象主观的层面,那么,这种意志自由就不是现实的自由。人格、人的意志及其权利必须从其纯粹抽象性、主观性中走出来,必须通过客观、物的东西使自己成为现实的。财产所有权就是意志自由走出这种纯粹主观性成为客观定在的中介。财产之所以是我的,是因为我的意志体现于其中,我占有财产。当我能够说我占有某财产时,我就已"把某物置于我自己外部力量的支配之下"了。③ 这是一个具有感性直接性的事实。在这种感性直接性中,标识出我自己是作为现实的主体存在和意志自由。如果人们不能将财产置于自己外部力量的支配之下,或者换言之,如果人们不能有效地对财产行使支配权,就无所谓对物的占有,亦无所谓主体地位和意志自由。因此,以物的占有为标识的财产所有权是自由的定在。"没有财产权,就没有自由。没有财富,一切自由都是空洞虚幻的。如果一个人连基本的生存都得不到保证,各种所谓的人格权、自由权,都不过是水月镜花。"④ 所以,要真正获得意志自由,必须占有财富,必须争得财产权。这也正是

---

① [德] 黑格尔:《法哲学原理》,商务印书馆 1982 年版,第 52 页。

② [德] 黑格尔:《法哲学原理》,商务印书馆 1982 年版,第 54 页。

③ [德] 黑格尔:《法哲学原理》,商务印书馆 1982 年版,第 54 页。

④ 高兆明:《作为自由意志定在的财产权——黑格尔〈法哲学原理〉读书札记》,《吉首大学学报》(社会科学版) 2006 年第 1 期。

马克思从政治经济学角度分析资本主义生产关系，要求打破资产阶级所有权，使无产阶级获得经济上的解放这一思想的深刻之处。

2. 货币与自由意志的表达

作为社会抽象劳动的价值符号的货币，它的出现以强大的社会经济功能，改变了人们持有的财富的性质和形式，从而对人们的意志及其自由表达产生重要影响。这种影响表现在扩展了物的占有、使用范围与解放主体活动两个方面。

黑格尔指出，对物的占有是自由意志从可能性转为现实性的条件之一，"我作为自由意志在占有中成为我自己的对象，从而我初次成为现实的意志"[①]。占有物是自我意志的表达。占有财产意味着个体的意志可以凌驾于财产之上，用个体的意志去塑造财产，使它能够表达个体的性情特征。对财产的占有具有不同的形式。一种是实物财产的直接占有，如用手等身体器官把握某物，拥有某处房屋或地产。这种占有方式的特点是主观性和暂时性。它对主体意志的自由表达极为有限。一方面，它虽然在感性方面是最完善的，但是在对象的范围上则受到极大的限制，因为我不能占有比我的身体所接触到的更多的实物，况且实物财产比我能直接把握的范围更为广大。另一方面，个体的意志品性与其财产的"特质"是密不可分，并且相互制约的。"对象如何对他来说成为他的对象，这取决于对象的性质以及与之相适应的本质力量的性质；因为正是这种关系的规定性形成一种特殊的、现实的肯定方式。"[②] 掌握、占有、使用特定的财产需要特定的力量、才能与努力。例如管理一个工厂，需要特殊的管理知识、技能、素质乃至意志品质。因此，个体的活动在某种程度上取决于其财产的"特质"，财产越具体，它对个体的内在和外在的意志的影响就越大，越具有决定性，个体越要适应它，受制于它。因此，这种占有方式大大限制了人们意志的自由表达。

货币的出现以及货币成为财产的主要表现形式则将人们的占有方式变为一种观念上的占有。马克思指出："货币是一种外在的、并非从作为人的人和作为社会的人类社会产生的、能够把观念变成现实而把现实变成纯观念的普遍手段和能力，它把人的和自然界的现实的本质力量变成纯抽象

---

① ［德］黑格尔：《法哲学原理》，商务印书馆1982年版，第54页。

② 马克思：《1844年经济学哲学手稿》，人民出版社2000年版，第86—87页。

的观念。"① 因此，货币财产完全打破了个体与实物财产对立的约束以及个体接纳能力的限制。货币能提供一种独特的个体扩展。因为"货币根本未把事物本身据为己有，排除了一切有赖于具体事物的具体享乐"。所以，个体不必通过占有实物来满足自己的无穷无尽的对实物的"宰制感"，这样就不会遭遇实物财产占有形式的局限性。

西美尔把财产分为两类：非货币财产和货币财产。非货币财产与其所有者联结在一起的是其"纯粹的性质"；而货币财产与其所有者联结在一起的是其"纯粹的数量"。个体占有土地就能进行耕种，占有一片森林就能伐木、打猎等。这些活动都受制于财产的特别形式。但是如果拥有了货币，可以买到谷物、木材、猎物以及其他许多物品。"如果财产通过货币来实现，这种产权观在某种程度上就被提高了。因为，如果某人有钱，按照国家的宪法他占有的不仅是货币，而且也占有了许多其他的东西。……故而货币产生一种高于一般产权观的潜能，对这个潜能而言，其他一切种类的实物财产的具体特征已经被依法消解了，并且拥有货币的个体面对的是无穷无尽的东西，享用这些东西同样受到公共秩序的保障：这也意味着只有货币没有固定其未来的用途和结果，它不像那些被单方面确定下来的客体。"② 西美尔视纯粹的货币占有类似审美观照。审美自由自在地观照任何对象，彻底地消除自我和对象的壁垒。货币是一种"纯粹形式"，类似于康德意义上的绝对命令，对任何身份的人都同样适用。人们可以把货币这个实践法则（客观的，对一切有理性的存在者的意志有效）自由运用于任何实践法则（主观的，对具体个体的意志有效）之中。当一切经济活动都通向货币，这就决定了占有货币就占有了一切可能性。货币可以不加区分、不费周折地化身于每一种形式和每一种目的；它意味着比其他任何实物财产更多的东西；它可以毫无保留地遵循个体的意志，是形式上最百依百顺的对象；它同等程度地听从任意一道指令，如怎样花钱，买卖哪一种物品等。因此"货币赋予自我最明确、最彻底的方式在一个客体中表现自我……货币是和拥有的东西，一切都毫无保留地献给人的意志，被意志完全吸收"③。正是在这个意义上，马克思认为地产作为私有财产的

① 马克思：《1844 年经济学哲学手稿》，人民出版社 2000 年版，第 145 页。
② ［德］西美尔：《货币哲学》，陈戎女译，华夏出版社 2002 年版，第 235 页。
③ ［德］西美尔：《货币哲学》，陈戎女译，华夏出版社 2002 年版，第 249 页。

第一个形式，是不动的、腐朽的、狭隘的；而货币战胜地产，人们才能摆脱束缚，获得自由，张扬个性。货币使个体存在与具体实物财产相分离，实现了个体意志自由的扩展。

货币财产在扩展主体占有对象的范围的同时也解放了主体的活动。货币使得"对公司的经营管理不闻不问却按股权分红利的人，从未造访过其债务国的掌权人，出租土地的大地产所有者"能把财产交给纯粹技术的经营机构，从财产中坐收赢利。货币的距离化作用使得货币财产和货币财产所有者各自高度独立，遵照各自的规则自我行动。一方面，财产完全根据客观的经济要求被经营管理，另一方面，财产的所有者无须考虑其财产的具体要求，自由地过他自己的生活，"由于货币的距离化作用，自我可以在最遥远的客体身上感受到他的力量、他的满足、他的意志"[1]。因此，个人对货币的管理、掌控和享用比他拥有其他财产对象的要求条件更少，因而他可以控制的货币财产的规模，以及将之建构成经济的个人意志的范围也比别的财产形式更大。

货币促进了个体认知能力的生成，提高了现代人认知的效率性、抽象性、分析性、实用性和计算性。货币影响着人们的情感表达，并将其转化为一种具有交换价值的劳动。货币化的财产占有方式也加强了现代个体意志自由的表达。因此，货币处在我们认知、情感和意志的交叉口，是个体自我在这个世界上心理结构的反映。

第三节　货币对于现代自我的心理意义

货币对个性自我的影响不仅表现在事实层面上，而且表现在价值层面上。前者指的是货币对现代个性自我的知情意等心理因素的影响，后者指的是货币在现代人心目中具有什么样的心理象征意义和价值。可以说货币已经成为现代人自我的一种延伸，"严谨地说，人们所具有的钱是自我环境的一部分，而不是自我的一部分。可是，自己的金钱状况一旦发生了变化，人们却会立刻反应到：是否自我本身发生了变化，进而在行为上也发

---

① ［德］西美尔：《货币哲学》，陈戎女译，华夏出版社 2002 年版，第 254 页。

生了变化"①。因此，货币在每个人心目中的意义和价值反映着我们对自我的理解和我们的人格行为特征。

一 货币是个体自我的确证与延伸

马克思认为，人是对象性存在物。人的个性、自我意识是在人的对象化实践活动及其产物中生成和体现出来的。对象化的实践活动形成并丰富人的本质力量，使每个活动者的独特力量和个性特征在人的手和脑的创造物中实现和对象化。各种创造物从而具有了人的对象特性。只有把握这种特性，并使之成为自己认识和改造的对象，人才能体现其个性、能动性、创造性，体现人的本质力量。同时赋予这些对象物以不同的感性特征和内在意义，以确证人的个性、自我存在："我在我的生产中使我的个性和我的个性的特点对象化，因此我既在活动时享受了个人的生命表现，又在对产品的直观中由于认识到我的个性是对象性的、可以感性地直观的因而是毫无疑问的权力而感受到个人的乐趣。"② 从这个意义上说，人们所创造的任何财富都是人们表现其个性、自我的现实的、感性的对象，也是个性、自我的一种确证。

在封建生产方式中，地产作为财富的主要表现形式，总是打上封建领主的个人烙印，成为领主的个人自我的一种延伸。马克思说："地块随它的领主而个性化，有他的爵位，随他而有男爵或伯爵的封号；有它的特权、它的审判权、它的政治地位等等。土地仿佛是它的领主的无机的身体。……正像一个王国给它的国王以称号一样，封建地产也给它的领主以称号。他的家族史，他的世家史等等——对他来说这一切都使他的地产个性化，使领地名正言顺地变成他的世家，使领地人格化。"③ 封建领主把他的意志、权力、个人历史置于地产之中，在地产中表现其个性、自我、人格。

在现代心理学看来，现代个体自我的确证范围已经远远超出了个人拥有的地产，还包括人、地点、集体财产、身体部位、个人身份、象征符

---

① ［美］林德格瑞：《金钱心理学》，宿久高、小筠译，吉林人民出版社 1991 年版，第92 页。

② 马克思：《1844 年经济学哲学手稿》，人民出版社 2000 年版，第 184 页。

③ 马克思：《1844 年经济学哲学手稿》，人民出版社 2000 年版，第 44—45 页。

号、思想理念。心理学家詹姆斯（William James）认为："一个人的自我是他能够称作是他所有东西的总和，这不仅仅包括他的身体和心智能力，还包括他的衣物和房子、他的妻子和孩子、他的祖先和朋友、他的声誉和作品、他的土地，以及他的游艇和银行账户。所有这些东西给他带来同样的情感。如果这些东西增加、繁荣，他就有胜利的感觉；如果它们缩减消失，他就会一蹶不振。"① 人们通过他们所拥有的去寻求、表达、确认和确定一种自我、一种存在的感觉。

货币，作为人在生产和交换过程中的创造物，作为一般社会财富的象征，"是需要和对象之间、人的生活和生活资料之间的牵线人"。在市场社会中，它对于个体自我的心理确证意义更加重要和突出。马克思在《1844 年经济学哲学手稿》中就深刻指出了在异化劳动和私有制条件下，货币对于个体自我的心理意义："货币的力量多大，我的力量就多大。货币的特性就是我的——货币占有者的——特性和本质力量。"② 存在主义哲学家萨特也指出，购买一个物品是将财产融入个体自我，表现自我的一种形式，即使金钱的潜在购买力对自我感受也是有意义的："由于口袋里有钱，你们在橱窗前停下来，陈列的对象已经有一半是属于你们的了。于是金钱在自为和世界的对象的整个集合之间建立起化归己有的联系。"③ 从这个意义上讲，我们可以认为金钱确证了自我，因为它延伸了我们能想象得到的所有可能拥有和可能做的事情。

现代人本主义心理学家唐纳德·斯尼古和亚瑟·S. 科姆斯进一步阐明了人们如何反映自己在金钱状态上的变化。他们的自我论如图 1 所示。

图 1 的外缘线包括了我所能认识的领域，称之为"现象环境"；我把与我有关、我所经历的现象环境的部分叫作我的"现象自我"；中心的领域就是我的"自我概念"。在"现象自我"领域中，虽然不是我的自我概念的一部分，但在心理上仍然与自我有关联。物品、人、概念、事项等等，例如我的家庭、我的经历、我的理想和价值、我的钱等。虽然这些不是"我本身"，但是附带有"我的东西"特征的一切，也囊括在这个

---

① 转引自［美］罗素·贝尔克：《财产与延伸的自我》，载孟悦、罗纲编《物质文化读本》，北京大学出版社 2008 年版，第 112 页。

② 马克思：《1844 年经济学哲学手稿》，人民出版社 2000 年版，第 143 页。

③ ［法］萨特：《存在与虚无》，陈宣良译，安徽文艺出版社 1998 年版，第 750 页。

领域。

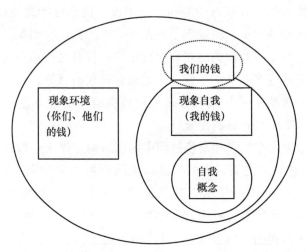

图1　唐纳德·斯尼古和亚瑟·S. 科姆斯的自我论①

储蓄在我的银行账户上的金钱，在现象自我的领域之内。而那些我捐赠慈善事业的金钱，或者送给孩子的零花钱，虽然已经不是我的钱，已经被排斥在现象自我的圈子外，但是我仍然关心这些钱的使用，希望它能用得恰到好处。如果它被滥用，我会感到不愉快。因为它是"我们的钱"。

人们的个体自我体系是自己对现实的独特翻译。尽管我们对这个世界的印象大部分来源于别人的态度和行为，但是我们也从个人体验中对现实做出区别于他人的自我见解，我们努力探求能够使他人保持善意的态度和方法，因此我们才与社会展开金钱竞争，以求获得社会的赞赏。赞赏就是得到他人的认同，一旦得到他人的认同，我们的自尊心就会提高。金钱作为社会势力和影响力的流动性形态，在这场竞争中起着很大的作用。一方面，有钱会得到别人的尊敬；另一方面，得到的"赏金"又可以帮助人们去寻觅竞争成功之路。与此相反，在社会金钱竞争中失败的人，便会削弱奋斗的基础，这种心理上的影响会降低自我价值感。他们常常顾虑自己是否会被人战胜、被人利用、遭到抛弃、受到伤害，由此他们行为退缩，很难再去主动寻找成功的机会。

① ［美］林德格瑞：《金钱心理学》，宿久高、小筠译，吉林人民出版社1991年版，第93页。

货币对于个体自我的心理意义不仅仅在于获得权力、成功，而且人们还将货币与自我保护、安全感联系起来。社会心理学家多伊奇（K. Doyle）认为当人们发现他们自己不能压制、消除一种威胁时，他们会试图通过创造出一种护身符（Talisman）来控制这种威胁。护身符是一种警示。我们赋予它力量去保护我们免于恐惧。世界上有许多潜在的护身符，包括宗教、性、食物、教育，也包括货币与财产。如果维特根斯坦说的是正确的话，即一个事物的意义在于它的用法和功能，那么货币和财产的核心意义就在于保护。简而言之，如果说货币和财产表面的经济功能是便于交易，那么它的根本的心理功能是保护我们免于对自我的任何攻击。因此，个体与护身符之间的关系是如此密切以至于护身符事实上成为了自我的一个部分，一个扩展的自我。例如，我不是房子，但是当我的房子被外人侵袭时，我自己会感到被侵犯。我不是汽车，但是当我的汽车被别人赞美时，我会感到高兴。我不是银行账户，但是当我的银行账户数额增加到一定的程度时，我会感到安全，有信心。因此，货币以及货币所购买到的物品呈现出某种额外的意义：它作为自我的一部分，显示着自我在世界中的位置和价值。因此，"货币与财产的核心社会意义是抵御对自我的攻击。因此，中心动机是恐惧，中心意义是保护"①。

总而言之，货币对于现代个体自我的种种心理意义都表明，货币是个体自我的一种确证和延伸，是个体生命之内的现象，"它的全部意义在于是对意识存在的反射和情感的反射，这是灵魂对自我和对象关系的响应。在相同的意义上，任何发生在财产对象身上的事件都是主体所起的一种作用，他把他的意志、他的情感、他的思维方式置于财产之上，并在财产中表现自我"②。

二　不同人格类型中的货币意义

人格是人的个性自我的重要组成部分，是人在社会情境中所表现的独特动作、思维和情感方式的一整套社会习惯和方式，是完整而稳固的行为倾向总和。人的个性人格无疑是社会、经济和文化生活的产物。但是这仅

---

① Doyle K, *The Social Meanings of Money and Property*：*In Search of a Talisman*. Sage Publications1998. p. 41.

② ［德］西美尔：《货币哲学》，陈戎女译，华夏出版社2002年版，第255页。

仅是问题的一个方面。面对社会，作为一种能动的存在者，个人并不是社会影响的消极适应者，而是在自己的发展过程中积极地选择社会环境，并对不同的社会情境创造性地做出反应。因此，每个个体都形成了自己独特的个性意识和人格特征，"每个人都以自己独特的方式，在自己的活动、情感和思维中融合着社会关系的影响"。① 因此，同一对象物，在处于不同社会位置，具有不同个性人格的人们看来，具有不同的意义和价值。马克思不无深刻地指出："忧心忡忡的、贫穷的人对最美丽的景色都没有什么感觉；经营矿物的商人只看到矿物的商业价值，而看不到矿物的美和独特性；他没有矿物学的感觉。"②

同样，货币作为一种社会关系，在具有不同个性人格的人的心目中，往往呈现出不同的意义。爱财如命的人对金钱充满热情和渴望。对这些人来说，金钱意味着权力、自我尊严。对于挥金如土的人而言，金钱意味着行动与自由。而追求神圣和精神高尚的人一般回避谈论金钱问题。因为对他们而言，金钱常常使得他们感到焦虑、不安。对此，可以从威斯曼（T. Wiseman）的一段话获得清晰的观念："大家知道有偷窃癖的人，也知道有的女人一心把男人的钱财挤干。对这样的人来说，金钱，这是他们竭力要挖走的，象征着一系列内心世界自我形成的目标景象，而这些目标他们始终未能争取到。还有患抑郁症的人，他们害怕挨饿而视金钱为潜在的食物。还有的男人认为金钱象征他们性机能的能力，如果失去金钱就像遭到阉割一样。还有的男人，当处在危险中时，宁肯牺牲金钱，把这作为一种预防性的自我阉割。还有的人，根据他们灵机一动，攒钱或花钱，或者在这两者之间交替更迭，他们这样做是出于一种强迫感，并非考虑金钱的真正意义，而且常常是对自己有害的。"③ 所以，货币的意义绝不是固定不变的，或显而易见的。不同个性人格的人们赋予了货币不同的心理含义。

弗洛姆从社会心理和精神分析的角度阐明了货币与现代人格特征的关系，他将人的性格划分为四种类型：接受型、剥削型、囤积型与市场型。

---

① 韩震：《生成的存在：关于人和社会的哲学思考》，北京师范大学出版社 1996 年版，第 59 页。

② 马克思：《1844 年经济学哲学手稿》，人民出版社 2000 年版，第 87 页。

③ T. Wiseman, *The Money Motive*. 转引自［英］艾德里安·弗恩海姆、［英］迈克尔·阿盖尔：《金钱心理学》，李丙太、高卓、张葆华译，新华出版社 2001 年版，第 52 页。

货币在每一种类型人格的形成中具有不同的意义。

接受型：他们时时感到一切好的来源都在外面，同时相信他所需要的无论是物质方面，还是诸如情感、爱、知识、快感等精神方面，其唯一获得的方法是从外面取得。因此，对这种类型的人来说，货币往往成为获取情感、爱、快感的标志和途径。例如，一些溺爱孩子的祖父母们，经常为孙子孙女花钱从而表达他们的疼爱。或者整天忙于工作赚钱而很少关心孩子的父母常常会想用钱来补偿这种缺失。钱成为爱的替代品。

剥削型：基本前提与接受型一样，认为一切好的来源在外面，不同在于剥削型不希望从别人那里收到礼物似的取得别人的东西，而是利用强迫或诈骗手段，将别人的东西占为己有。在金钱物质方面，他们坚持"偷来的水果最甜"的座右铭。对一切人、一切事物都要加以利用和盘剥。这些人并不是没钱而是不喜欢买的东西，只喜欢偷的东西。

囤积型：接受型和剥削型都具有从外界捞一把的倾向，而囤积型则截然不同。具有这种性格的人对于获取外界的东西缺乏信心，他们的安全感完全建立在囤积和节省的基础上，把消费花钱看作一种威胁。这些人好像在自己的周围筑起了一道围墙，目的是囤积自己的钱财在自己的仓库之中，防止流露出去。自己有多少钱同谁也不敢讲，处处提高警惕，防备自己的东西丢失："对具有这种心向的人来说，财富就是他的自我，就是无上价值获得保护的象征。这种心向使他获得了很大的安全感，他对财富与家庭的拥有构成了一个安全并易于驾驭的世界。"①

市场型：将自己当成商品并以交换价值作为个人价值的性格倾向。成功主要取决于一个人如何出卖自己的人格，一个人关心的不是他的生活和幸福，而是如何使自己卖出去。想方设法把自己装潢得既精美又很实用，并追求最流行的款式：这种人扮演着双重角色。既是卖主又是商品。②

无独有偶，现代社会心理学家多伊奇（K. Doyle）在总结了古代元素论和医学、存在主义精神分析理论、当代社会心理学以及当代人格研究中对人格类型的区分的基础上，也提出了四种人格类型即驱动型、依附型、分析型和表现型，并指出各种人格具有不同的金钱动机和行为。③ 驱动型

① ［德］弗罗姆：《寻找自我》，陈学明译，工人出版社1988年版，第104页。
② ［德］弗罗姆：《寻找自我》，陈学明译，工人出版社1988年版，第79—86页。
③ Doyle K, Toward a Psychology of money. *Amercian Behavioral Scientist*, 35（6）1992.

的人做事情不仅仅是因为他们在做事的过程和结果中体验到愉悦，而且更主要的是因为能保护他们免于被发现无能的恐惧。因此他们通过从别人或别处获得金钱来证明自己并不是自己以为的那样无能。① 抵制无能感、征服自我、"我是能者"、喜欢冒险和竞争、金钱是证明能力。人们会将财富的外在标志放到身前，以保持富足和成功的表象。他们总是通过体现自身价值的薪资去寻求尊重。他们相信金钱会使身边的人为他骄傲，向他表示情感和钦佩。

依附型的人做事不仅仅是因为他们感到被关怀和关怀别人，而且更主要的是因为能保护他们免于被别人唾弃的恐惧。因为害怕财富会使得熟悉他们的人认为他们堕落，所以依附型的人拒斥财富。② 抵制唾弃感、任何奢侈都是邪恶的、蔑视金钱、"我很健全"、强调合作、依赖、适应、顺从。金钱培育相互关系。金钱因为其易堕落的特质，不能用于愉悦自己，满足自己，因为这样可能会使我们忘记他人。

分析型人做事不仅仅因为他们喜欢稳定可靠，而且主要是因为他们害怕失去控制。分析型的人会守卫他们的金钱和财产，因为他们害怕失去金钱就意味着失去控制（抵制混乱感）。分析型人格的人的基本倾向是"精打细算"。如果说表现型人格的人不能容忍约束，那么他们则不能容忍放任。如果分析型人格不能将各种事物置于有序的掌握之中，那么他们就会感到不安和恐惧。③

表现型的人做事不仅仅是因为他们喜欢随意、自由、自主、活泼，而且主要是因为他们害怕受到约束、限制。发散型的人会以各种方式消费金钱以证明他们的自由、随意、自主。④（抵制约束感）。表现型人格的人的基本倾向是"随意而为"。他们会避免做任何受约束的事情，例如做收支预算等。所以他们花钱随意，甚至浪费。但是他们的消费或浪费具有一种自恋的属性，即他们花钱是为了自我认同，或者说创造一种自我形象。简而言之，对于这种类型的人来说，金钱和财产是一种工具和媒介，通过财物表现自己，避免受约束受控制的恐惧，从而释放自

---

① 抵制无能感、征服自我、"我是胜者"、喜欢冒险和竞争、金钱是证明能力。

② 抵制唾弃感、任何奢侈都是邪恶的、蔑视金钱、"我很健全"、强调合作、依赖、适应、顺从。

③ 管理自我、"我很稳定"避免风险；具有计划性，系统性。金钱确保安稳。

④ 抵制约束感。

我。金钱表现个性。

　　从社会心理学的角度看，金钱是内在秉性、自我感受、社会习俗和经济现实的混合体。可以说，每个人都有一部个人金钱心理史。意识到我们基本的金钱取向，理解我们的货币观念和态度，可能会帮助我们从自己非理性的金钱观和行为中解放出来。

危机中的重建:货币与现代
社会世界关系的理性重构

货币是现代社会世界的中心结构与象征。它与整个社会发展、文化氛围和个体生活息息相关。但是货币与现代社会世界的关系仍然充满矛盾、冲突。现代历次货币金融危机充分表明了货币与现代社会世界关系的不稳定性、脆弱性。从社会理论的视角看,危机的根源仍在于现代社会、文化与人之间存在的种种问题。因此,要实现货币与社会世界的和谐互动,就必须立足现实,建构新的社会发展模式、文化氛围和个性自我。在此基础上,为实现人的自由全面发展开辟道路。这是货币与现代社会世界和谐互动的终极目标。

第一节　社会理论视野中的货币金融危机

从资本主义诞生以来,货币金融危机是一个挥之不去的幽灵,却又总是在最为辉煌、光鲜的时刻显现。1929 年 10 月 24 日,纽约,那个星期四的早晨与往常没有什么不一样。街道依然车水马龙,人们依然谈笑风生,股票市场指数看起来也依然坚挺。然而到了 11 点,突然之间,股价开始狂跌,抛盘如潮水般涌现,短短半个小时,气氛已由疯狂变为惊恐,交易者完全听凭盲目无情的恐慌所摆布。在一个小时之内,股价的暴跌导致的无助与绝望使得 11 名业界小有名气的投机商相继自杀身亡。这就是著名的纽约股市大崩盘的开始。接下来,美元贬值,市场消费力减弱,大量企业倒闭,人们手中的资产减值。货币贬值产生的通货膨胀压力,使消费意欲大减,整个社会经济运作疲弱不堪。当整个社会经济放慢运转,人们面对减薪、裁员和失业的威胁时，经济的复兴和增长前景更加黯淡。接着，美国经济危机在资本主义世界范围内形成多米诺骨牌效应。这样的危机模式在战后不断重复出现：80 年代的拉丁美洲债务危机、1992 年的欧洲货币危机、1994 年的墨西哥货币危机、1997 年的亚洲金融危机、1998 年的俄罗斯金融危机、2003 年阿根廷严重的金融危机等。

经济学家们对历次货币金融危机的成因和影响的研究著作可谓汗牛充栋。除了各自特定的一些具体原因外，较具普遍性的因素无非是国内经济政策失误、金融体制不健全、金融监管不力、国际投机资本作祟等。人们对货币金融危机的认识还仅仅停留在经济领域，针对的仅仅是一些技术性的问题，所提出的改进意见也仅仅局限在政策制度层面。实际上，正如当代马克思主义政治经济学家们所言："货币与金融的不稳定并不仅仅是由于政策的错误，或者货币与金融机制的缺陷所造成的。要想全面地确定这种不稳定的根源，有必要全面考察实际资本积累同货币与金融的社会联系，并证明它们的矛盾冲突和经常的不合理特征。要超越对于货币与金融狭窄的技术方面的处理，特别是关于这一问题的大量的专业论著，揭示更广泛的问题，并关心对劳动人民生活的影响，同样是非常重要的。"[1] 可见，要深入考察货币金融危机的成因及其社会影响，我们需要放宽学科视野，拓展思想资源，站在社会理论的高度来审视货币金融危机。

从哲学层面看，危机是社会发展过程中矛盾状态的一种表征。[2] 因此，危机根源于社会发展过程中各种社会因素、社会关系的不协调、矛盾、冲突。本文在前面已经指出，货币本质上是一种社会关系。社会关系会随着社会生产力的发展和历史的变迁而发生变化。因此在不同的社会历史时期，货币与社会、文化、人的关系会呈现不同的特点。货币金融危机的出现，则是在资本主义制度下，货币与现代社会世界各个要素存在根本矛盾与冲突的表现。

一　货币金融危机的社会根源

首先必须注意到现代货币生成的资本主义制度社会历史背景。在第 2

---

① ［日］伊藤·诚、［希］考斯达斯·拉帕维查斯：《货币金融政治经济学》，孙刚、戴淑艳译，经济科学出版社 2001 年版，第 3 页。

② 郝永平：《危机问题的哲学探究》，《求是学刊》2003 年第 5 期。

章我们已经指出，现代货币实质上是在市场经济发展过程中，特别是在资本主义经济发展过程中，与资本、国家、市场、科技、信任共同作用的产物。因此，从根本上说，货币金融危机的根源在于现代资本主义生产方式的根本矛盾。

日本经济学家林直道在《危机与萧条的经济理论——对日、美及东亚经济衰退的剖析》中强调指出"危机和萧条虽然也是令人讨厌的事情，给人们带来了灾难，但与地震、台风和火山爆发等自然灾害不同，其根源存在于人们的社会关系之中……如果先概括结论，则危机和萧条的根本原因在于资本主义生产方式的基本矛盾之中。"① 其实，马克思在《资本论》中已经对此问题做了近乎完美的解释。马克思指出货币金融危机是生产过剩的经济危机的症候。危机根源于生产的社会化与资本主义私人占有制之间的矛盾。这一基本矛盾首先表现为资本主义生产能力的巨大增长和劳动人民有支付能力的需求相对缩小之间的矛盾，即生产与市场的矛盾；其次表现为个别企业内部生产的有组织性和整个社会生产的无政府状态之间的矛盾。正如马克思指出的："一切真正的危机的最根本原因，总不外乎群众的贫困和他们有限的消费，资本主义生产却不顾这种情况而力图发展的生产力，好象只有社会的绝对的消费能力才是生产力发展的界限"，"这种现实买卖的扩大远远超过社会需要的限度这一事实，归根到底是整个危机的基础。"② 因此，对任何货币金融危机的分析都离不开现代资本主义的社会制度背景。

其次，在第 3 章我们同时阐明现代社会中的货币的形成与运作，是需要一定的社会条件的。国家、法律、科技、银行、金融机构以及各种经济、社会制度的建立与维持，才保障了现代货币有效发挥作用，从而形成了货币的社会建构。资本、国家、市场、科技、信任关系构成了现代货币的社会生产和再生产结构。因此，货币金融危机的发生同样与这些社会因素存在密切关系。

现代货币具有资本性质。随着国际经济一体化的发展，世界各国纷纷实行对外开放政策，优先实现金融市场国际化，各国货币可以自由兑换，

---

① 林直道：《危机与萧条的经济理论——对日美及东亚经济衰退的剖析》，中国人民大学出版社 2005 年版，第 27 页。

② 马克思：《资本论》第 3 卷，人民出版社 2004 年版，第 555 页。

货币资金运动速度急剧加快。国际资本以前所未有的速度和规模在国与国之间流动。追逐超额利润是国际资本的本性。据国际货币基金组织估计，目前在全球货币市场间流动的国际投机资本即国际游资至少有 7.2 万亿美元，相当于全球每年总 GDP 的 20%，每天有相当于 1 万亿美元的投机资本四处游荡，寻找归宿。国际投机资本的流动表现出极强的投机性、无序性和破坏性。它往往构成了货币金融危机的外在因素。现代货币是一种国定货币，其经济功能的发挥往往与国家的货币经济制度有关。发生货币危机的国家在国内经济发展战略、宏观经济政策和微观经济基础等方面存在的一些共同弱点构成了影响危机形成的内在因素。而且一国国内的企业融资体制、银行及其他金融机构的脆弱性、金融监管体系、金融市场发育程度和公众预期都会不同程度地影响货币危机的形成和演进。从世界市场看，在经济一体化、全球化的今天，货币金融危机的国际蔓延往往与各国货币经济政策之间缺乏协调、各行其是，及各种经济矛盾日益加剧有关。现代货币是一种信用货币。现代信用关系由银行信用、商业信用、国家信用和消费信用组成。其中国家信用、银行信用占主导地位，是现代信用关系建立的标志和作用于经济生活的主要途径。因此，历次货币金融危机的实质是信用危机。在危机过程中，我们看到各国居民对国家信用保障的货币失去了信心，纷纷抛出本国货币、购进外币，使本国货币急剧贬值。而信息、网络技术的飞速发展把世界经济融合成为全球一体化的"网络经济"，产生了一些跨越国界的货币金融新型运行方式。如电子货币、网络购物、网络支付等。网络经济的飞速发展加大了货币金融监管的难度，必然会给国家经济发展和国际贸易带来风险。

二　货币金融危机的文化因素

社会经济层面的问题并不是导致货币金融危机的唯一原因。因为在许多显现的经济问题的背后蕴含着深层次的道德、文化和价值观念因素。1998 年诺贝尔经济学奖获得者阿玛蒂亚·森在《伦理学和经济学》一书中指出，任何人的经济行为都是在一定的伦理背景中进行的，离开了伦理而单纯地强调经济理性只会减弱对经济问题的分析研究能力。

在第 4 章我们指出，在以"物的依赖"为典型特征，以货币为主要交换媒介的商品经济条件下，社会的文化精神不可避免受到货币经济的强烈冲击。货币超越了经济的范围，它所导致的思维倾向和价值原则，渗透到整个社会的文化精神之中，对人们的外在行为与内在信念都产生着重要的影响。以金钱为中心的种种社会心态、价值观念及其意识形态功能不过是现代市场社会经济结构在思想文化上的反映。其根本特征是以物质财富的追求与享用为中心的现代文化。

韦伯在《新教伦理与资本主义精神》中已经感觉到以对个人贪婪、拜金主义谴责为核心的新教的禁欲职业伦理观在转变为资本主义精神以后，新教徒的尽职尽责的宗教伦理变成了纯粹的获取物质财富和享受生活的手段。资本主义文化发展最终必将导致这样的现象："财富的追求已被剥除了其原有的宗教和伦理涵义，而趋于和纯粹世俗的情欲相关联。……专家没有灵魂，纵欲者没有肝肠；这种一切皆无情趣的现象，意味着文明已经达到了一种前所未有的水平。"① 现代学者丹尼尔·贝尔承接这一思路，认为随着资本主义自由市场经济的发展和社会的充分商品化，那种对物质财富渴求的"经济冲动力"不断亢奋，而限制物欲的"宗教冲动力"却显得苍白无力，节节败退，最后消失得无影无踪。结果，经济冲动力成为唯一支配、推动和统治资本主义社会运行变化的精神力量，"新教的伦理观念曾经有助于对于消费积累的限制。当这种观念为现代资产阶级社会所摒弃时，剩下来的只有享乐主义，……推动社会经济系统向前迈进的力量时一种基于个人欲望和无穷无尽的享受之上的追求奢侈的观念"②。其结果反映在资本主义大众文化中的非理性主义和享乐主义。两者体现了当前资本主义社会文化中所包含的文化危机。恰恰是这种文化危机构成了经济和政治动荡的潜在原因。正如贝尔所说的，"一旦社会失去了超验纽带的维系，或者说当它不能继续为它的品格构造、工作和文化提供某种'终极意义'时，这个制度就会发生动荡。"③

在市场社会中，货币作为物质财富的象征符号，具有配置经济资源、掌握社会权力、推动整个社会经济机器运行的巨大力量，再加上货币转化为资本所具有的盈利本性，使得人们以对金钱的追逐和数量的积累为生活

---

① ［德］韦伯：《新教伦理与资本主义精神》，于晓、陈维纲译，生活·读书·新知三联书店 1987 年版，第 143 页。

② ［美］丹尼尔·贝尔：《资本主义的文化矛盾》，赵一凡、蒲隆、任晓晋译，生活·读书·新知三联书店 1989 年版，第 280 页。

③ ［美］丹尼尔·贝尔：《资本主义的文化矛盾》，赵一凡、蒲隆、任晓晋译，生活·读书·新知三联书店 1989 年版，第 67 页。

的最大幸福和快乐。但是当货币形态受限在普通商品甚至特殊的金银商品之上时，人们追求货币的积累就是受到限制的，商品类货币的自然数量就是这种积累的自然边界。当现代货币形态变化为纸币、电子形式及数字记录时，事情就发生了根本的变化。货币的数量边界消失殆尽，人们积累货币的边界也消失殆尽。货币形态的变化配合人们对物质财富的狂热追求，使得人们制造出了规模日益增大的既不能吃又不能穿的"金融产品"，如股票、债券、基金以及数不清的金融衍生产品，开辟了一个更大的金融商品交易市场，以此来创造更多的货币财富空间：一张一元面值的股票，可以完全脱离发行股票的企业经营情况而被"炒"到十倍、百倍面值价格之上，本来就是"虚拟"的金融产品，被再一次"虚化"成为纯粹的数字，这就是"金融资产泡沫"了。现代人为满足对无限货币财富的渴望所创造的种种金融活动、金融产品，"给人类自己提供了一种永远也无止境的生命追求游戏——货币数量的积累游戏"①。它在其形成那天满足了人们对千万富翁、亿万富翁的财富神话的想象，而在其破灭那天也埋下了货币金融危机的种子。

三 货币金融危机的人性层面

在不同的社会经济环境和不同的文化价值观指导下，人们会形成不同的心理和人格特征，并在社会活动中采取不同的行为，从而对社会发展产生反作用。正如弗洛姆所言："我们所说的社会经济结构塑造了人的性格，我们只涉及到了社会组织和人的相互关系中的一个方面，另一个要加以考虑的方面是人性反过来对他所生活于其中的社会状况的塑造作用。只有当我们开始了解人的现实，他的心理特性以及生理特性，当我们考察了人性和外在条件的性质之间的相互作用时——他正是生活在这些条件下，而且他要继续生存的话就必须掌握这些条件——只有做到了这些，社会的进程才能被真正地理解。"②

市场社会时代，货币在增强个体独立性的同时也导致了人的依赖性。这种依赖性主要表现在货币对现代人的精神世界和心理结构影响深刻，以至于成为现代人确证自我，表现个性的重要标志。拥有货币，自我才感觉

---

① 陈彩虹：《亚洲金融危机十年祭》，《书屋》2007年第12期。
② ［美］弗洛姆：《健全的社会》，蒋重跃译，国际文化出版公司2003年版，第69页。

到拥有权力、成功、快乐、安全。由此现代人形成了一种重占有、重交换价值的市场人格、金钱人格。于是，人们形成了"有钱就有了一切"的心理，表现在行为上则是只要能挣到钱，不管采取什么手段都可以。金钱人格进一步刺激了人性中的贪婪欲望：有一百元想一千元，有一千元想一万元。一旦出现无限货币财富积累的外部环境，金钱人格与贪婪本性的结合将使得现代人不能理性地面对各种社会经济因素，更不能理性地处理，容易盲目地去追求利益的最大化，进而转化成金融活动中追求无限制货币数量积累的"疯狂激情"和投机心理。这种狂热和非理性必将冲垮一切自然的、社会的、文化的、心理的约束边界，直到制造出又一次的经济泡沫和货币金融灾难。国际金融史领域的权威专家查尔斯·金德尔伯格在他的《疯狂、惊恐和崩溃——金融危机史》中就指出，任何泡沫经济和金融危机的发生都经过"疯狂—恐慌—崩溃"三个发展阶段。危机前一般都呈现经济景气，人们对经济前景乐观，因此出现投资膨胀和信贷扩张。乐观者都会振振有词，认为经济自然有泡沫，泡沫是正常的。然而历史在不断重复着一条简单的规律：危机之前群体狂热，不相信危险；一旦到了临界则信心动摇，产生强烈恐惧；之后危机爆发，泡沫破灭，破产、萧条、失业、贫困紧随。无论是南海泡沫还是密西西比泡沫，无论是 1929 年的股市崩盘，还是 1992 年的欧洲货币危机，还是 1997 年的亚洲金融风暴，其疯狂—惊恐—崩溃的过程如出一辙。[①] 金融危机的历史，正是在金钱人格和贪婪本性驱动下"大众恐慌或者说是集体的歇斯底里"的市场非理性的重复上演。

著名经济学家凯恩斯曾经指出："要颠覆现存社会的基础，再没有比搞坏这个社会的货币更微妙且更保险的方式了。这一过程引发了经济规律的破坏性一面中隐藏的全部力量，它是以一种无人能弄明白的方式做到这一点的。"[②] 历次货币金融危机所引发的灾难性社会经济后果都证明了这一点。但是危机作为社会发展中矛盾状态的一种表征，又内在地隐含着宝贵的机遇与机会。俗话说，问题的产生也就预示着问题的解决。马克思也指出，自我异化同异化的扬弃走着同一条道路。货币金融危机的存在既表

---

① 参见［美］查尔斯·金德尔伯格《疯狂、惊恐和崩溃——金融危机史》，叶翔、朱隽译，中国金融出版社 2007 年版。

② 转引自［美］弗里德曼：《货币的祸害》，安佳译，商务印书馆 2006 年版，第 182 页。

明了货币与现代社会世界之间存在着的矛盾、冲突，也为我们重塑货币与
社会世界的和谐互动关系指明了方向。

第二节　货币与现代社会世界关系的理性重构路径

货币与社会世界关系和谐互动的理性重构是根据社会历史实践和历史
发展中货币与社会世界关系的特点和趋势，改变其赖以产生和发展变化的
社会环境和条件，而对其进行经常性的调节、整合，使之处于一种和谐状
态，以保证货币与社会世界的良性运行和稳定、协调发展。这是一项非常
复杂的系统工程。货币与现代社会世界的现实关系，是本文分析的重点，
也是我们重构货币与社会世界和谐互动，实现人的真正自由和解放的起
点。我们"只是希望在批判旧世界中发现新世界"①。只有通过对货币与
现代社会世界的现实关系的系统考察，我们才能发现货币与社会世界和谐
互动的建构路径。

一　以新的社会发展模式重塑货币与社会的关系

新自由主义经济学派代表人物哈耶克在论及货币的著作《货币的非国
家化》中从经济自由角度出发，在陈述了政府控制货币问题上的种种弊端
后得出的结论是：货币太重要了，所以必须交给市场。② 而著名货币主义
经济学家弗里德曼根据历史上货币结构中种种微不足道的变化对经济产生
的深远的后果，得出的结论是：货币太重要了，所以只能由政府按照规则
负责并由中央银行管理。③ 而我们的上述分析表明，货币不仅仅是一种经
济现象，而且与社会、文化和人的生存方式都密切关联，所以货币太重要
了，必须交给社会。

毫无疑问，重构货币与现代社会世界和谐互动的根本途径是消灭资本
主义私有制的生产方式，建立"以联合起来的个人的所有制"。因为货币
与现代社会世界的矛盾冲突的根源在于资本主义生产方式的基本矛盾。而

---

① 《马克思恩格斯全集》第 1 卷，人民出版社 1956 年版，第 416 页。
② 参见［英］哈耶克《货币的非国家化》，姚中秋译，新星出版社 2007 年版。
③ 参见［美］弗里德曼《货币的祸害》，安佳译，商务印书馆 2006 年版。

资本主义所有制只有将其"改造为非孤立的单个人的所有制，也就是说改造为联合起来的社会个人的所有制，才可能被消灭"①。也就是说，在未来社会，全部生产资料转归全社会直接占用，由社会全体成员组成的自由人联合体对全部生产和分配进行有计划的组织和管理，充分利用生产力来为全社会谋福利。在这时，货币、资本都失去了私有性质而被社会化了，"资本不是一种个人力量，而是一种社会力量。因此，把资本变为公共的、属于社会全体成员的财产，这并不是把个人财产变为社会财产。这里所改变的只是财产的社会性质。它将失掉它的阶级性质"②。在走向这一未来社会的过程中，仍处在"以物的依赖性"时代的现代社会，该如何不断革新自身以更好地协调货币与社会的关系呢？

要解决这个问题，首先必须将其放在更大的宏观社会发展模式的背景中去思考。社会发展模式是指人为了实现社会发展目标所选择实行的方式、方法、道路的统一体。当用它来描述历史上发展的过程时，它就是对人类历史发展进化所遵循的方式的抽象和概括。当用它来勾画未来经济社会的发展前景时，它就是人类社会从现实状态向未来状态进化时所遵循的设计蓝图。虽然人们对社会发展的认识和构想在不断演进，例如从"经济增长"到"增长极限论"，再到"综合发展观""可持续发展观"以及相伴而行的"以人为中心的发展观"等，但是，现实的社会发展模式在很大程度上依然是"以物为本"的经济增长主导模式，或者说一种"生产主义"的社会发展模式。③ 其根本特征是生产的根本目的是最大限度地提高效率，最大限度地增加产量，以实现经济利润的最大化，而不是满足人们的需要。在这种社会里，支配经济行动的形式和活动目的的是"获得不受需要限制的利润"，其结果是物质财富的快速增长和积累。在现实经济生活中，这种发展模式将社会发展归于经济发展，将经济发展归于经济增长，将经济增长归于GDP。这种片面的社会发展模式为货币金融危机的爆发埋下了种种祸根：经济活动中盛行短期行为，市场诚信失效；经济结构和产业结构失调，通货膨胀和高失业交替发生；效率与公平、发展与稳定

---

① 《马克思恩格斯全集》第48卷，人民出版社1982年版，第21页。
② 《马克思恩格斯选集》第1卷，人民出版社1995年版，第287页。
③ 参见何怀远《发展观的价值维度——"生产主义"的批判与超越》，社会科学文献出版社2005年版。

的对立和社会关系的全面紧张；国家之间经济贸易冲突；人的主体性、人的价值失落，成为经济增长的工具与手段；在价值观念选择上拒斥崇高，将经济效益、物质利益和感官享受作为唯一的人生追求，加剧了人性的贪婪与拜金主义。这些诱因在货币金融危机中集中表现出来。

因此，重构货币与社会的和谐互动必须首先从宏观层面入手，即从现代社会发展模式转变入手，建构一种以人为根本价值取向的经济、政治、文化以及自然协调而全面发展的整体的、综合的发展模式。新的社会发展模式应该是整体的、综合的和内生的，经济增长只是发展的手段，发展的目的以人的价值、人的需要和人的潜力的发挥为中心，旨在满足社会和人的基本需要，而且这种需要不仅仅是物质需要，还包括与各个民族的价值及传统相一致的社会、文化和精神等需要，促进生活质量的提高和共同体每位成员的全面发展。同时这种模式将人与人、人与环境、人与组织、组织与经济的合作作为新的发展主题，把发展看作以民族、历史、文化、环境、资源等内在条件为基础，包括经济增长、政治民主、科技水平、文化观念、社会转型、自然协调、生态平衡等各种因素在内的综合发展过程。

其次，在这种新的社会发展模式下，货币与社会的协调互动同样需要加强微观具体层面的建设下，综合、统筹社会各方面的因素考虑，例如加强国家财政金融政策的民主科学决策，推进货币金融市场制度的法治建设，推广社会信用体制的规范化，合理运用网络信息科技，大力改革银行金融机构，加强国际货币金融体系的协调，增强投资和投机活动的风险意识，提升对股市、汇市动荡的社会心理承受能力等。因此，可以肯定地说，货币主义者弗里德曼认为的"通货膨胀在任何时候、任何地方都是一种货币现象"[①] 是错误的，因为他只看到货币供应数量的变化与物价、工资、投资等经济现象的关系，而忽视了货币与其他社会因素的联系。

二　以"以人为本"的财富观重塑货币与文化的关系

一个社会在一定阶段所形成的文化心理和价值取向，不仅塑造着人们的文化生活方式，而且渗透到政治和经济领域，从根本上改变着人们的生活态度，从而影响到整个社会的稳定与发展。作为社会文化和价值理念重要组成部分的财富观念极大地影响着人们在追求财富过程中的行为、态

---

① ［美］弗里德曼：《货币的祸害》，安佳译，商务印书馆2006年版，第250页。

度。健康正确的财富观能够起到规范人们财富行为、约束人们财富活动的巨大作用。而错误的财富观则往往是引发社会矛盾，导致社会不稳定的重要文化因素。

在马克思主义哲学看来，财富就是人通过其劳动而实现的人的"对象性本质"与"主体本质"的统一，因而是人的对象化确证与主体性发挥。[①] 财富表现为两种基本的存在方式：一种是客体存在方式，另一种是主体存在方式。财富的客体存在方式是指人的本质力量的对象化形式，即财富作为活动产品形式的存在，其中既包括物质产品，又包括精神产品的可感知的感性物质形式。财富的主体存在方式是指人作为历史主体的实际发展状况，具体表现为人的能力、智能、素质等的发展水平。[②] 而财富观是人们对财富的基本看法，是人们在特定时期对待财富的基本态度，是对财富的性质、形态、来源、获取，以及财富的分配与享用的基本看法和观点。与财富的两种存在方式对应，在对待财富问题上也就衍生出了两种不同的财富观念："以物为本"的财富观和"以人为本"的财富观。

在前一节中我们指出，以单纯物质财富的创造和享有为核心的财富观念刺激了人们对货币财富的贪婪。因为在以平等交换为主要特征的商品经济社会里，任何形式的财富都可以取得"货币"这种一般等价物形式，"货币在质的方面，或按其形式来说，是无限的，也就是说，是物质财富的一般代表，因为它能直接转化成任何商品"[③]。这就使得在现实社会中，人们对财富的追求与积累表现为对货币或金钱的追求与积累。这种"以物为本"的财富观念是导致货币与现代社会世界产生冲突、矛盾的重要文化氛围。要重构货币与社会世界的和谐互动，从文化层面看，必须建构一种"以人为本"的财富观和社会价值理念。

"以人为本"的财富观念体现财富的"人"的主体性，"事实上，如果抛掉狭隘的资产阶级形式，那么，财富不就是在普遍交换中产生的个人的需要、才能、享用、生产力等等的普遍性吗？财富不就是人对自然力——既是通常所谓的'自然'力，又是人本身的自然力——的统治的充

---

① 关于马克思财富理论的哲学研究，参见刘荣军《财富、人与历史——马克思财富理论的哲学意蕴与现实意义》，复旦大学 2007 年博士论文。

② 丰子义：《关于财富的尺度问题》，《哲学研究》2005 年第 6 期。

③ 马克思：《资本论》第 1 卷，人民出版社 2004 年版，第 156 页。

分发展吗？财富不就是人的创造天赋的绝对发挥吗？"① 马克思在"抛掉狭隘的资产阶级形式"的前提下，强调了财富的主体发展向度，即财富的创造意味着个人的需要、才能、享用、生产力等等的普遍性，意味着人的创造天赋的绝对发挥，意味着人的自由全面发展。正因此，马克思才得出了"真正的财富就是所有个人的发达的生产力"② 这一具有主体性价值的观点。因此"以人为本"的财富观在注重"物"的生产的同时也要注重"人"的发展，就是说，社会能够在财富的物的生产过程中不断提升人的自我发展的能力，丰富人的社会关系，满足人的多层次需要，发掘人的多方面潜力。这种财富观使得人们在充分肯定市场经济中货币的作用与价值的同时，也能意识到货币的局限性。认识到货币不过是人们相互交换、衡量物质价值的一种工具，认识到金钱的真正价值在于人，是人的价值赋予了金钱价值，而不是相反。社会发展的终极目的不是货币财富的积累，而是人的自由全面发展。整个社会形成良好理性的财富心态，有助于将追求财富的欲望与热情限定在合理的界限内，避免人们在社会经济活动中的种种狂热、盲目与利令智昏。因此，"以人为本"的财富观念是与人类历史发展进程中"建立在个人全面发展和他们共同的、社会的生产能力成为从属于他们的社会财富这一基础上的自由个性"的未来社会相适应的财富发展理念。

三　以成熟健康的金钱人格重塑货币与人的关系

社会的发展不仅是经济的增长与制度的进步，更是文化的发展和人的主体精神的提升。当单纯追求经济增长和物质财富的享用的片面发展观念与实践引发严重的社会分化与动荡，导致精神世界的拜金主义、享乐主义，造成人与金钱的紧张关系之后，人们的目光不约而同地聚焦于人自身的问题，思索社会发展的人性意义，因为"只有当工业和政治的体制、精神和哲学的倾向、性格结构以及文化活动同时发生变化，社会才能达到健全和精神健康。只注重一个领域的变化而排除或忽视其他领域的变化，才不会产生整个变化"③。因此，要重构货币与人的和谐关系，人格自身的

---

① 《马克思恩格斯全集》第 30 卷，人民出版社 1995 年版，第 479—480 页。
② 《马克思恩格斯全集》第 31 卷，人民出版社 1998 年版，第 104 页。
③ 〔美〕弗洛姆：《健全的社会》，王大庆译，国际文化出版公司 2003 年版，第 227 页。

完善和发展同样重要。

建构一种与市场社会和货币经济相适应的成熟健康的个性人格，是经济和社会实现健康发展的重要保障。因为在很大程度上，现代人是"经济范畴的人格化，是一定的经济关系和利益的承担者"[①]。在合理追求经济利益的过程中，现代人一方面要增强独立自主、民主平等、敢于竞争、勇于创新、积极进取的现代意识，另一方面要培养互惠互利、合作协商、遵纪守法、尊重他人、讲究诚信等优秀品质，将市场人格与道德人格结合起来。在此过程中，成熟健康的金钱人格的培养显得格外重要。所谓金钱人格就是人们在对金钱的性质、价值、意义、获取、使用、管理的理解与认识中所表现出来的具有稳定性和持久性的个性特征。金钱人格在内涵上大体可以分为三个基本层面：对金钱的价值理解、获取金钱的途径、安排使用金钱的方式。建构现代人成熟健康的金钱人格需要从这三个基本层面入手。

第一，在对待金钱的价值认识和态度上，要避免两种极端倾向：一是拜金主义的价值理解，即将金钱财富视为人生的唯一目的，认为"人为财死，鸟为食亡"，有了钱就有了一切，"有钱能使鬼推磨"；一是视金钱为万恶之源的浪漫主义理解，认为"人一有钱就变坏"。要以一种正常的心态去对待金钱，不夸大金钱的功能，不迷信和神话金钱。认识到金钱的功能不过是人们相互交换、衡量物质价值的一种工具，它的本质是人们之间的一种社会关系；认识到金钱的真正价值在于人，是人的价值赋予了金钱价值，而不是相反。

第二，在获取金钱的途径上，要遵循一定的原则，"君子爱财，取之有道"。这个"道"包括两个方面的内容，一是道德规范，二是法律制度。因此，在赚钱的过程中，要通过自己的诚实劳动和合法经营；要讲信用，重信誉，"信用就是金钱"，通过信用去赚钱，赚钱的同时也将给你赚来声誉，赚来进一步去赚取更多钱的条件；要讲求互利，在自己去赚钱的同时，也要尽可能使别人有利可图，积极地去促进别人利益的实现。

第三，在安排使用金钱上，以合理的、有意义的方式去用钱。表面看来，如何安排自己的金钱是纯粹个人的自由，"自己的钱自己花，想怎么花就怎么花"，与道德无关，其实不然。分配和安排自己金钱财富的方式

---

① 《马克思恩格斯选集》第 2 卷，人民出版社 1995 年版，第 101 页。

不仅会影响到个人的道德和精神生活质量，而且对整个社会的消费氛围、价值观念也有影响。所谓"他穷得除了钱什么都没有了"的评价用语，说的就是财富安排失当出现的异常状态。而捐资慈善则能极大促进社会对财富的尊重。因此，一方面，我们要把金钱用在有利于自身身心健康的事情上，在理性的指导下去用钱。既不奢侈浪费、夸豪斗富，使每一元钱都用得其所；也不吝啬小气，斤斤计较，该花的钱就慷慨解囊，让金钱成为实现自我健康全面发展的条件。另一方面，在可能和有条件的情况下，把金钱用在有利于社会和他人的事情上，用自己的财富扶持贫困的人们，帮助弱势群体，不仅解决了他人的危难，也使自己得到一种道德和精神上的愉悦和人性的升华，让金钱闪现出道义的光彩。这样，就可以在整个社会营造出一种良好的道德氛围，促成人们把取利与守义、金钱与道德协调起来，促进市场经济的良性运行和社会道德的健康发展。

第三节　走向自由：货币与现代社会世界关系的理性重构的终极追求

所有伟大的社会理论家们的一个共同终极价值指向就是在对社会世界的阐释、批判、变革中，实现人的真正自由与解放。同样，我们对货币作为现代社会世界的中心结构与文化象征的系统分析和阐释，不能仅仅停留在解释世界的层面，"问题在于改变世界"："应当指出，哲学对货币的批判，不是拾捡货币的感觉碎片，而是将物性化的世界还原为人的世界，单维的世界转变为完整的世界。哲学家关心的不是货币本身的此在问题，而是货币背后所牵动的属人的本性和人的生活状况及其前景问题。"[①] 因此，我们要追问的问题是货币在实现人的真正自由与解放的历史过程中究竟具有什么样的意义与作用。这正是本部分所要探讨的主要问题，也是本书的逻辑旨归。

---

① 张雄：《现代性逻辑预设何以生成》，载张雄、鲁品越编《中国经济哲学评论·资本哲学专辑》，社会科学文献出版社 2007 年版，第 106 页。

一　货币自由的内在缺陷

"如果我有钱，我就会……"这是现代人最惯用的一个句式。我们会发现有无穷无尽的方式去完成这个句式：旅游、买衣服、买大房子、帮助穷人、继续学业等。这个列表可以一直随着人的需要和梦想而无止境地继续下去。因此拥有货币似乎意味着人的真正自由发展。但是，货币对于人的自由仅仅是一种形式上的、消极意义上的、缺乏实质内容的自由。

马克思认为人的自由发展是其需要、能力、关系和个性全面发展的历史过程，是"任何人都没有特殊的活动范围，而是都可以在任何部门内发展，社会调节着整个生产，因而使我有可能随自己的兴趣今天干这事，明天干那事，上午打猎，下午捕鱼，傍晚从事畜牧，晚饭后从事批判，这样就不会使我老是一个猎人、渔夫、牧人或批判者"[1]。这种自由是一种具有丰富内涵的、个性价值的自由，意味着人以一种全面的方式，作为一个总体的人占有自己的全面的本质。自由不是一种消极状况，而是一种体现人的主体能动性、创造性的积极状态。用马克思的话说就是："人不是由于有逃避某种事物的消极力量，而是由于有表现本身的真正个性的积极力量才得到自由。"[2] 这一目的的实现，毫无疑问必须通过人类对财富的生产与创造而达到。而在不同的社会历史发展阶段，财富的具体表现形式对于人的自由发展具有不同的意义和影响。

在"以人的依赖关系"的世界里，人所占有的主要是自然财富，同时"财富不表现为生产的目的"，因而充其量也就"只有享乐的意义，而没有作为财富本身的意义"[3]。由此，财富没有激起"人对自然力的统治的充分发展"和"人的创造天赋的绝对发挥"，当然也就不可能建构起人与自然、与社会、与自身的全面而丰富的关系。

在以物的依赖性为基础的人的独立性时代，人所占有的不再是个别的自然财富，而是一般财富。作为一般财富，货币虽然是可以感觉到的个别的、物化的财富形式，但它却只代表一般，即代表凝结在产品中的抽象社会劳动时间。而凝结在产品中的质的方面，表现人的本质力量、人的个性

---

① 《马克思恩格斯选集》第 1 卷，人民出版社 1995 年版，第 85 页。
② 《马克思恩格斯全集》第 2 卷，人民出版社 1957 年版，第 167 页。
③ 《马克思恩格斯全集》第 30 卷，人民出版社 1995 年版，第 479 页。

的方面却被抽象掉了。由于货币"完全不以自己占有者的人和个性关系为前提"，因此，"占有货币不是占有者个性的某个本质方面的发展，倒不如说，这是占有没有个性的东西"①。人们又往往以这种没有个性的东西作为表现自己本质的东西，把占有金钱的多寡作为衡量一个人的身份、地位、富有的标志，作为衡量人的自由和价值的尺度。所以，货币带来的自由是一种消极自由。② 它极易转变成一种形式化的自由。货币所能提供的自由只是一种潜在的、形式化的、消极的自由，牺牲掉生活的积极内容来换取钱暗示着出卖个人价值。这是因为现代货币本身越来越成为一种没有内在价值的符号，成为一种价值的理想化形式，成为具体商品之间价值关系的一种纯粹表达。事物的货币价值无法全部取代我们可以从事物中、从劳动中获取到的所有价值。正如音乐表演艺术家不止满足于金钱，还期待着掌声。教师想得到的也不只是薪水，还有人们的尊敬。而如果人们把个体的确定性、财产和劳动成果像普通商品那样频频被出售和交换成金钱，那么有内在价值的、有实质内容的、有个性的生活就会丧失，"商人整天为生意忧心忡忡，迫切希望无论如何要把货物出手，但最后当钱到手，商人真的'自由'了后，他却常常体会到食利者那样典型的厌倦无聊，生活毫无目的，内心焦躁不安，这种感受驱使人或者以极端反常、自相矛盾的方式竭力使自己忙忙碌碌，目的是为'自由'填充一种实质性的内容"③。虽然人们凭借货币，不再为物所役，自由度增加了、自我扩张了，但货币使人觉得生活中的所有时刻中没有一个是最终目的，就好像我们的价值感不会停留在任何一个时刻上，似乎每一时刻都是通向越来越高阶段的转换点和手段而已。人们把希望寄托在货币无穷无尽的可能性上，而这种自由却没有带来理想的状况，富足或宁静的生活方式很快成为一种内在的失望。

在此，让我们重新回到本书在导论中提到的两个社会场景。可以说，在某种意义上，川西高原上的年轻母亲和曼哈顿的年轻人分别处于人的依赖关系和以物的依赖性为基础的人的独立性这两个社会历史阶段。在川西

---

① 《马克思恩格斯全集》第 30 卷，人民出版社 1995 年版，第 174 页。

② 关于消极自由与积极自由的区别，参见〔英〕伊赛亚·伯林《消极自由有什么错》，达巍、王琛、宋念申编，文化艺术出版社 2001 年版。

③ 〔德〕西美尔：《货币哲学》，陈戎女译，华夏出版社 2002 年版，第 320 页。

高原，生产力、经济的滞后以及社会结构、制度的不完善导致货币在年轻母亲的社会生活中并不具有重要的财富意义和价值。她更多是靠自制的劳动产品，靠自然财富。因此，她的社会关系、交往活动、思想观念还并未受到货币的深刻支配和影响，正如马克思所说："在发展的早期阶段，单个人显得比较全面，那正是因为他还没有造成自己丰富的关系，并且还没有使这种关系作为独立于他自身之外的社会权力和社会关系同他自己相对立。"在这种直接的社会关系中，虽然个人之间的关系表现为"较明显的人的关系"，但他们"只是作为具有某种规定性的个人而相互发生关系"，因而年轻母亲并没有获得真正丰富和全面的社会关系和个人能力的发展，个人自由也是相当有限的。

而对于曼哈顿的年轻人来说，货币已经成为物质生活和精神生活的中心要素。他白天在股票交易所工作赚钱，晚上去酒吧花钱娱乐：通过这种交换行为与货币关系，使得他的"一切产品、活动、关系"都可以"无差别地同一切相交换"，摆脱了各种自然发生的和传统的社会关系，从而摆脱了个人对直接共同体的隶属和依附，获得了形式上的独立性，为人的全面发展创造了条件。正如马克思所说，在货币关系中，在发达的交换制度中，"人的依赖纽带、血统差别、教养差别等等事实上都被打破了，被粉碎了（一切人身纽带至少都表现为人的关系），各个人看起来似乎独立地（这种独立一般只不过是错觉，确切些说，可叫作——在彼此关系冷漠的意义上——彼此漠不关心）自由地相互接触并在这种自由中相互交换"①。但是年轻人通过货币所获得的仅仅是一种"看起来似乎独立的自由"，是一种形式上的自由。因为他只能通过出卖自己的劳动力获得金钱，整个生活和工作过程充满着紧张、压抑、强迫，所以他不得不每天通过去酒吧娱乐来释放、消解。所以这种以物的依赖性为基础的个人，被马克思称为"偶然的个人"，还不是真正的个人。货币所带来的自由还不是真正意义上的自由，而只是通向人的自由全面发展的一个历史阶段。

二　超越货币、走向自由

人的真正自由发展是在被马克思赋予较多祈盼和情感的第三个历史阶段，其典型特征就是"建立在个人全面发展和他们共同的、社会的生产能

---

① 《马克思恩格斯全集》第30卷，人民出版社1995年版，第113页。

力成为从属于他们的社会财富这一基础上的自由个性"。在这个历史阶段，人类通过曲折的历史发展超越外在必然性（自然必然性和经济必然性）的支配而获得真正的自由，用马克思的话说，"我们的目的是要建立社会主义制度，这种制度将给所有的人提供健康而有益的工作，给所有的人提供充裕的物质生活和闲暇时间，给所有的人提供真正的充分的自由"①。因此，这种自由不是货币中形式化的自由，而是具有深刻个性价值的、实质意义的自由。而在这个历史阶段，在建立起"联合起来的社会个人所有制"条件下，商品货币关系消亡了。

　　马克思指出："在一个集体的、以共同占有生产资料为基础的社会中，生产者并不交换自己的产品；用在产品上的劳动，在这里也并不表现为这些产品的价值，不表现为这些产品所具有的某种物的属性，因为这时，同资本主义社会相反，个人的劳动不再经过迂回曲折的道路，而是直接作为总劳动的组成部分存在着。"② 这段话表明，在未来社会，人们的生产劳动直接是社会总劳动的一部分，具有社会性质，不再需要通过中介物的形式表现出来。社会成员在生产过程之间所体现的各种社会关系，不必通过商品生产和商品交换的方式来表现，而只需要通过直接的劳动交换来实现。在这里，劳动时间将会充当劳动生产和分配的记账单位："设想有一个自由人联合体，他们用公共的生产资料进行劳动，并且自觉地把他们许多个人劳动力当作一个社会劳动力来使用。……这个联合体的总产品是一个社会产品。这个产品的一部分重新用作生产资料。这一部分依旧是社会的。而另一部分则作为生活资料由联合体成员消费。因此，这一部分要在他们之间进行分配。……我们假定，每个生产者在生活资料中得到的份额是由他的劳动时间决定的。这样劳动时间就会起双重作用。劳动时间的社会有计划的分配，调节着各种劳动职能同各种需要的适当的比例。另一方面，劳动时间又是计量生产者个人在共同劳动中所占份额的尺度，因而也是计量生产者个人在共同产品的个人消费部分中所占份额的尺度。在那里，人们同他们的劳动和劳动产品的社会关系，无论在生产上还是在分配上，都是简单明了的。"③ 此时，社会和人将从对货币的依赖和拜物教的

　　①　《马克思恩格斯全集》第 21 卷，人民出版社 1965 年版，第 570 页。
　　②　《马克思恩格斯选集》第 3 卷，人民出版社 1995 年版，第 303 页。
　　③　马克思：《资本论》第 1 卷，人民出版社 2004 年版，第 96—97 页。

力量中彻底解放出来。但是这是一个漫长的历史过程，需要一定的社会发展条件。正如马克思所说："在共产主义社会中，即在个人的独创的和自由的发展不再是一句空话的唯一的社会中，这种发展正是取决于个人间的联系，而这种个人间的联系则表现在下列三个方面，即经济前提，一切人的自由发展的必要的团结一致以及在现有生产力基础上的个人的共同活动方式。"① 就此而言，未来社会中的自由并不是一种什么制造出来的"乌托邦"观念，而是建基于货币、经济、财富、生产力、社会与发展关系上的一种人类历史活动。

因此，可以肯定的是，在现代社会世界中，货币作为商品交换的重要媒介、物化的劳动时间、抽象的交换价值符号、财富的物质代表，还会有相当长的生命，还会对社会、文化、精神生活产生深刻影响。马克思在坚信"两个必然"（资产阶级的灭亡和无产阶级的胜利是同样不可避免的）这一原理的同时正视"两个决不会"（无论哪一个社会形态，在它所能容纳的全部生产力发挥出来以前，是决不会灭亡的；而新的更高的生产关系，在它的物质存在条件在旧社会的胎胞里成熟以前，是决不会出现的②）原理。我们在批判货币给现代社会世界带来的种种异化、灾难的同时，也要重视货币为人类迈向真正的自由发展所蕴含的积极因素和价值。正如马克思所言："在以交换价值为基础的资产阶级社会内部，产生出一些交往关系和生产关系，它们同时又是炸毁这个社会的地雷，……另一方面，如果我们在现在这样的社会中没有发现隐蔽地存在着无产阶级社会所必需的物质生产条件和与之相适应的交往关系，那么一切炸毁的尝试都是唐·吉诃德的荒唐行为。"③ 在这里，问题的关键正在于这一过程必须以社会生产力的充分发展、社会关系的革命性变革和物质财富的极大丰富为基本前提。

随着生产力的发展，人类终归会走向每个人的自由发展。在《人类学笔记》中，马克思摘录了摩尔根的一段话："现在，财富的增长是如此巨大，它的形式是这样繁多，以致这种财富对人民说来已经变成一种无法控制的力量。人类的智慧在自己的创造物面前感到迷惘而不知所措了。然

---

① 《马克思恩格斯全集》第3卷，人民出版社1960年版，第516页。
② 《马克思恩格斯全集》第31卷，人民出版社1998年版，第413页。
③ 《马克思恩格斯全集》第30卷，人民出版社1995年版，第109页。

而，总有一天，人类的理智一定会强健到能够支配财富……单纯追求财富不是人类的最终的命运。自从文明时代开始以来所经过的时间，只是人类已经经历过的"和"将要经历的生存时间的一小部分。社会的瓦解，即将成为以财富为唯一的最终目的的那个历程的终结，因为这一历程包含着自我消灭的因素……这（即更高级的社会制度）将是古代氏族的自由、平等和博爱的复活，但却是在更高级形式上的复活。"① 我们相信，虽然货币在现代社会世界中似乎也已经变成一种无法控制的力量，人类的智慧在自己的创造物面前常常感到迷惘，但是未来人类社会一定会扬弃、超越货币：无论是川西高原的年轻母亲还是曼哈顿的年轻人，每个人都能实现自由全面发展。

---

① 《马克思恩格斯全集》第45卷，人民出版社1985年版，第397—398页。

参考文献

一　中文著作

《2007 中国发展报告》，中国统计出版社 2007 年版。

包亚明主编：《现代性与空间的生产》，上海教育出版社 2003 年版。

陈先达：《陈先达文集》第 1 卷，中国人民大学出版社 2006 年版。

陈泽环：《个体自由与社会义务：当代德国经济伦理学研究》，上海辞书出版社 2004 年版。

戴建兵：《金钱与战争：抗战时期的货币》，广西师范大学出版社 1995 年版。

费孝通：《乡土中国》，生活·读书·新知三联书店 1998 年版。

高鉴国：《新马克思主义城市理论》，商务印书馆 2006 年版。

高宣扬：《鲁曼社会系统理论与现代性》，中国人民大学出版社 2005 年版。

韩震：《生成的存在：关于人和社会的哲学思考》，北京师范大学出版社 1996 年版。

何怀远：《发展观的价值维度》，社会科学文献出版社 2005 年版。

侯才：《青年黑格尔派与马克思早期思想的发展》，中国社会科学出版社 1994 年版。

黄光国编：《中国人的权力游戏》，台北巨流图书公司 1988 年版。

黄仁宇：《资本主义与二十一世纪》，生活·读书·新知三联书店 1997 年版。

贾英健：《全球化背景下的民族国家研究》，中国社会科学出版社 2005 年版。

姜波克：《国际金融新编》，复旦大学出版社 1997 年版。

瞿铁鹏：《马克思社会研究方法论》，上海人民出版社 1991 年版。

柯武刚、史漫飞：《制度经济学：社会秩序与公共政策》，商务印书馆
　　2000 年版。

李春玲：《断裂与碎片：当代中国社会阶层分化的实证研究》，社会科学
　　文献出版社 2005 年版。

李德顺、马俊峰：《价值论原理》，陕西人民出版社 2002 年版。

李建会：《走向计算主义》，中国书籍出版社 2004 年版。

李锦彰：《货币的力量》，商务印书馆 2004 年版。

李强：《转型时期中国社会分层》，辽宁教育出版社 2004 年版。

李友梅、孙立平、沈原：《当代中国社会分层：理论与实证》，社会科学
　　文献出版社 2006 年版。

厉以宁：《资本主义的起源》，商务印书馆 2003 年版。

梁志学：《费希特柏林时期的体系演变》，中国社会科学出版社 2003
　　年版。

林直道：《危机与萧条的经济理论》，中国人民大学出版社 2005 年版。

刘小枫：《现代性社会理论绪论》，上海三联书店 1998 年版。

刘永佶：《马克思经济学手稿的方法论》，河南人民出版社 1993 年版。

鲁品越：《资本逻辑与当代社会》，上海财经大学出版社 2006 年版。

鲁世巍：《美元霸权与国际货币格局》，中国经济出版社 2006 年版。

陆学艺：《当代中国社会阶层研究报告》，社会科学文献出版社 2002
　　年版。

陆震：《中国传统社会心态》，浙江人民出版社 1996 年版。

罗钢、刘象愚编：《文化研究读本》，中国社会科学出版社 2000 年版。

罗嘉昌：《从物质实体到关系实在》，中国社会科学出版社 1996 年版。

马克思：《1844 年经济学哲学手稿》，人民出版社 2000 年版。

马克思：《德意志意识形态》（节选本），人民出版社 2003 年版。

《马克思恩格斯全集》第 1 卷，人民出版社 1956 年版。

《马克思恩格斯全集》第 20 卷，人民出版社 1979 年版。

《马克思恩格斯全集》第 21 卷，人民出版社 1965 年版。

《马克思恩格斯全集》第 27 卷，人民出版社 1972 年版。

《马克思恩格斯全集》第 2 卷，人民出版社 1957 年版。

《马克思恩格斯全集》第 30 卷，人民出版社 1995 年版。

《马克思恩格斯全集》第 31 卷，人民出版社 1998 年版。

《马克思恩格斯全集》第 3 卷，人民出版社 1960 年版。

《马克思恩格斯全集》第 40 卷，人民出版社 1982 年版。

《马克思恩格斯全集》第 45 卷，人民出版社 1985 年版。

《马克思恩格斯全集》第 48 卷，人民出版社 1982 年版。

《马克思恩格斯全集》第 4 卷，人民出版社 1958 年版。

《马克思恩格斯全集》第 6 卷，人民出版社 1965 年版。

《马克思恩格斯选集》第 1、2、4 卷，人民出版社 1995 年版。

马克思：《资本论》第 1—3 卷，人民出版社 2004 年版。

马克垚：《英国封建社会研究》，北京大学出版社 1992 年版。

孟悦、罗纲编：《物质文化读本》，北京大学出版社 2008 年版。

欧阳康：《社会认识论导论》，中国社会科学出版社 1990 年版。

彭学农：《从制度经济学看哲学与经济学之互动》，上海大学出版社 2004
年版。

彭兆荣：《旅游人类学》，民族出版社 2004 年版。

千家驹、郭彦岗：《中国货币演变史》，上海人民出版社 2005 年版。

苏国勋：《社会理论与当代现实》，北京大学出版社 2005 年版。

孙德忠：《社会记忆论》，湖北人民出版社 2006 年版。

唐正东：《斯密到马克思——经济哲学方法的历史性诠释》，南京大学出
版社 2002 年版。

汪文天：《社会时间论》，中国社会科学出版社 2004 年版。

王晓朝、杨熙楠主编：《经济与伦理》，广西师范大学出版社 2006 年版。

王晓升：《价值的冲突》，人民出版社 2003 年版。

文军：《西方社会学理论：经典传统与当代转向》，上海人民出版社 2006
年版。

吴向东：《重构现代性：当代社会主义价值观研究》，北京师范大学出版
社 2006 年版。

阎云翔：《礼物的流动》，上海人民出版社 2000 年版。

杨耕：《为马克思辩护》，北京师范大学出版社 2004 年版。

仰海峰：《形而上学批判——马克思哲学的理论前提及当代效应》，江苏
人民出版社 2006 年版。

余英时：《内在超越之路》，中国广播电视出版社 1992 年版。

俞文钊：《当代经济心理学》，上海教育出版社 2004 年版。

俞吾金编：《国外马克思主义哲学流派新编：西方马克思主义卷》复旦大学出版社 2002 年版。

张杰：《天圆地方的困惑——中国货币历史文化之总考察》，中国金融出版社 1993 年版。

张明仓：《实践意志论》，广西人民出版社 2002 年版。

张曙光：《个体生命与现代历史》，山东人民出版社 2007 年版。

张曙光：《生存哲学：走向本真的存在》，云南人民出版社 2001 年版。

张雄、鲁品越编：《中国经济哲学评论·货币哲学专辑》，社会科学文献出版社 2005 年版。

张雄、鲁品越编：《中国经济哲学评论·资本哲学专辑》，社会科学文献出版社 2007 年版。

张一兵：《回到马克思》，江苏人民出版社 1998 年版。

张一兵：《马克思历史辩证法的主体向度》，河南人民出版社 1995 年版。

张一兵：《问题式、症候阅读与意识形态》，中央编译出版社 2003 年版。

张一兵、周晓虹、周宪编：《社会理论论丛》，南京大学出版社 2001 年版。

张宇燕、高程：《美洲金银与西方世界的兴起》，中信出版社 2004 年版。

赵一凡编：《美国的历史文献》，生活·读书·新知三联书店 1989 年版。

赵南元：《认知科学与广义进化论》，清华大学出版社 1994 年版。

郑先炳：《西方货币理论》，西南财经大学出版社 2001 年版。

周宏：《理解与批判：马克思意识形态理论的文本学研究》，上海三联书店 2003 年版。

周志山：《马克思社会关系理论及其当代意义》，齐鲁书社 2004 年版。

朱晓慧：《哲学是革命的武器：阿尔都塞意识形态理论研究》，学林出版社 2007 年版。

资中筠：《散财之道：美国现代公益基金会述评》，上海人民出版社 2003 年版。

二 译著

［德］大卫·切尔：《家庭生活的社会学》，彭铟旎译，中华书局 2005 年版。

［德］弗兰茨·奥本海：《论国家》，林荣远译，商务印书馆 1994 年版。

［德］伽达默尔：《真理与方法》下卷，黄颂杰等译，上海译文出版社
　　2004 年版。

［德］贡德·弗兰克：《白银资本》，刘北成译，中央编译出版社 2005
　　年版。

［德］哈贝马斯：《交往行动理论》第 2 卷，洪佩郁、蔺青译，重庆出版
　　社 1994 年版。

［德］哈贝马斯：《重建历史唯物主义》，郭官义译，社会科学文献出版社
　　2000 年版。

［德］哈拉尔德·韦尔策编：《社会记忆：历史、回忆、传承》，季斌、王
　　立君、白锡堃译，北京大学出版社 2007 年版。

［德］黑格尔：《法哲学原理》，范扬、张企泰译，商务印书馆 1982 年版。

［德］黑格尔：《小逻辑》，贺麟译，商务印书馆 1980 年版。

［德］卢克曼：《无形的宗教》，覃方明译，中国人民大学出版社 2003
　　年版。

［德］卢曼：《信任》，瞿铁鹏、李强译，上海人民出版社 2005 年版。

［德］尼采：《权力意志》，张念东、凌素心译，商务印书馆 1996 年。

［德］桑巴特：《德意志社会主义》，杨树人译，华东师范大学出版社
　　2007 年版。

［德］桑巴特：《奢侈与资本主义》，王燕平等译，上海人民出版社 2005
　　年版。

［德］舍勒：《舍勒选集》，刘小枫译，上海三联书店 1999 年版。

［德］滕尼斯：《共同体与社会》，林荣远译，商务印书馆 1999 年版。

［德］滕尼斯：《新时代的精神》，林荣远译，北京大学出版社 2006 年版。

［德］韦伯：《经济通史》，姚曾廙译，上海三联书店 2006 年版。

［德］韦伯：《儒教与道教》，王容芬译，商务印书馆 1995 年版。

［德］韦伯：《韦伯作品集：非正当性支配——城市的类型学》，康乐、简
　　惠美译，广西师范大学出版社 2005 年版。

［德］韦伯：《韦伯作品集：经济行动与社会团体》，康乐等译，广西师范
　　大学出版社 2004 年版。

［德］韦伯：《韦伯作品集：经济与历史》，康乐、胡昌智等译，广西师范
　　大学出版社 2004 年版。

［德］韦伯：《韦伯作品集：社会学的基本概念》，顾忠华译，广西师范大

学出版社 2005 年版。

［德］韦伯：《韦伯作品集：支配社会学》，康乐、简惠美译，广西师范大学出版社 2004 年版。

［德］韦伯：《新教伦理与资本主义精神》，于晓、陈维纲等译，生活·读书·新知三联书店 1987 年版。

［德］西美尔：《货币哲学》，陈戎女、文聘元等译，华夏出版社 2002 年版。

［德］西美尔：《金钱、性别、现代生活风格》，顾仁明译，学林出版社 2000 年版。

［德］西美尔：《桥与门——齐美尔随笔集》，涯鸿等译，上海三联书店 1991 年版。

［法］阿尔都塞：《保卫马克思》，顾良译，商务印书馆 2006 年版。

［法］埃蒂安·巴利巴尔：《马克思的哲学》，王吉会译，中国人民大学出版社 2007 年版。

［法］柏拉图：《理想国》，郭斌和、张竹明译，商务印书馆 1986 年版。

［法］鲍德里亚：《象征交换与死亡》，车槿山译，译林出版社 2006 年版。

［法］布罗代尔：《15—18 世纪的物质文明、经济和资本主义》第 1—3 卷，顾良、施康强译，生活·读书·新知三联书店 2002 年版。

［法］布罗代尔：《资本主义论丛》，顾良、张慧君译，中央编译出版社 1997 年版。

［法］居依·德波：《景观社会》，张新木译，南京大学出版社 2006 年版。

［法］孟德斯鸠：《论法的精神》，张雁深译，商务印书馆 1970 年版。

［法］莫里斯·哈布瓦赫：《论集体记忆》，毕然、郭金华译，上海人民出版社 2002 年版。

［法］皮埃尔·罗桑瓦隆：《乌托邦资本主义：市场观念史》，杨祖功译，社会科学文献出版社 2004 年版。

［法］萨特：《存在与虚无》，陈宣良等译，安徽文艺出版社 1998 年版。

［法］涂尔干：《社会分工论》，渠东译，生活·读书·新知三联书店 2000 年版。

［法］涂尔干：《自杀论》，冯韵文译，商务印书馆 1996 年版。

［法］涂尔干：《宗教生活的基本形式》，芮传明、赵学元译，上海人民出版社 2006 年版。

［加］马歇尔·麦克卢汉：《理解媒介》，何道宽译，商务印书馆 2000
　　年版。

［美］D. P. 约翰逊：《社会学理论》，国际文化出版公司 1988 年版。

［美］埃里克·赖特：《阶级》，刘磊、吕梁山译，高等教育出版社 2006
　　年版。

［美］艾伯特·赫希曼：《欲望与利益》，李新华译，上海文艺出版社
　　2003 年版。

［美］爱德华·苏贾：《后现代地理学——重申批判社会理论中的空间》，
　　王文斌译，商务印书馆 2004 年版。

［美］保罗·康纳顿：《社会如何记忆》，纳日碧力戈译，上海人民出版社
　　2000 年版。

［美］本杰明·科恩：《货币地理学》，代先强译，西南财经大学出版社
　　2004 年版。

［美］本尼迪克特·安德森：《想象的共同体》，吴叡人译，上海人民出版
　　社 2005 年版。

［美］彼得·贝格尔：《神圣的帷幕》，高师宁译，上海人民出版社 1991
　　年版。

［美］彼得·贝格尔：《世界的非世俗化》，李骏康译，上海古籍出版社
　　2005 年版。

［美］伯特尔·奥尔曼：《辩证法的舞蹈——马克思方法的步骤》，田世
　　锭、何霜梅译，高等教育出版社 2006 年版。

［美］查尔斯·金德尔伯格：《疯狂、惊恐和崩溃——金融危机史》，朱
　　隽、叶翔、李伟杰译，中国金融出版社 2007 年版。

［美］戴维·博伊：《金钱的运作》，李阳译，新星出版社 2007 年版。

［美］戴维·哈维：《后现代状况》，阎嘉译，商务印书馆 2003 年版。

［美］戴维·赫尔德：《全球大变革》，杨雪冬译，社会科学文献出版社
　　2001 年版。

［美］丹尼尔·贝尔：《后工业社会的来临》，高铦译，新华出版社 1997
　　年版。

［美］丹尼尔·贝尔：《资本主义的文化矛盾》，赵一凡等译，生活·读
　　书·新知三联书店 1989 年版。

［美］道格拉斯·诺思：《经济史上的结构与变迁》，上海三联书店 1994

年版。

［美］凡勃伦：《有闲阶级论》，蔡受百译，商务印书馆 1964 年版。

［美］弗兰克·奈特：《风险、不确定性与利润》，安佳译，商务印书馆
　　2006 年版。

［美］弗罗姆：《健全的社会》，蒋重跃译，国际文化出版公司 2003 年版。

［美］弗罗姆：《寻找自我》，陈学明译，工人出版社 1988 年版。

［美］赫伯特·西蒙：《人类的认知》，荆其诚、张厚粲译，科学出版社
　　1986 年版。

［美］赫伯特·西蒙：《现代决策理论的基石：有限理性说》，杨烁、徐立
　　译，北京经济学院出版社 1989 年版。

［美］加里·S. 贝克尔：《人类行为的经济分析》，王业宇、陈琪译，上
　　海三联书店 1995 年版。

［美］克里斯托弗·贝里：《奢侈的概念：概念及历史的探究》，江红译，
　　上海人民出版社 2005 年版。

［美］库利：《社会过程》，包凡一等译，华夏出版社 1999 年版。

［美］列特尔：《货币的未来》，林罡译，新华出版社 2003 年版。

［美］伦斯基：《权力与特权：社会分层的理论》，关信平、陈宗显译，浙
　　江人民出版社 1988 年版。

［美］罗伯特·吉尔平：《国际关系政治经济学》，杨宇光等译，经济科学
　　出版社 1989 年版。

［美］罗伯特·林德：《中镇：当代美国文化研究》，盛学文译，商务印书
　　馆 1999 年版。

［美］罗伯特·默顿：《社会理论和社会结构》，唐少杰、齐心译，译林出
　　版社 2006 年版。

［美］罗森堡、小伯泽尔：《西方致富之路》，生活·读书·新知三联书店
　　1989 年版。

［美］罗斯托：《经济增长的阶段》，中国社会科学出版社 2001 年版。

［美］马尔库塞：《理性与革命——黑格尔和社会理论的兴起》，程志民等
　　译，重庆出版社 1993 年版。

［美］马歇尔·伯曼：《一切坚固的东西都烟消云散了》，张辑、徐大建
　　译，商务印书馆 2003 年版。

［美］迈克尔·罗斯金等：《政治科学》，林震等译，华夏出版社 2001

年版。

[美] 麦克尔·哈特、安东尼奥·奈格里:《帝国——全球化的政治秩序》,范一亭译,江苏人民出版社 2003 年版。

[美] 麦克洛斯基编:《社会科学的措辞》,许宝强等译,生活·读书·新知三联书店 2000 年版。

[美] 曼纽尔·卡斯特:《网络社会的崛起》,夏铸九译,社会科学文献出版社 2001 年版。

[美] 米尔顿·弗里德曼:《货币的祸害》,安佳译,商务印书馆 2006 年版。

[美] 米尔洽·伊利亚德:《神圣与世俗》,王建光译,华夏出版社 2002 年版。

[美] 米尔斯:《社会学的想象力》,陈强、张永强译,生活·读书·新知三联书店 2001 年版。

[美] 米歇尔·博德:《资本主义史:1500—1980》,吴艾美译,东方出版社 1986 年版。

[美] 诺尔曼·布朗:《生与死的对抗》,贵州人民出版社 1994 年版。

[美] 诺尔曼·丹森:《情感论》,魏中军、孙安迹译,辽宁人民出版社 1989 年版。

[美] 乔纳森·特纳、简·斯戴兹:《情感社会学》,孙俊才、文军译,上海人民出版社 2007 年版。

[美] 乔治·瑞泽尔:《后现代社会理论》,谢中立等译,华夏出版社 2003 年版。

[美] 乔治·瑞泽尔:《社会的麦当劳化》,顾建光译,上海译文出版社 1999 年版。

[美] 萨林斯:《文化与实践理性》,赵丙祥译,上海人民出版社 2002 年版。

[美] 史蒂文·塞德曼:《后现代转向》,吴世雄、陈维振译,辽宁教育出版社 2001 年版。

[美] 斯蒂芬·罗西斯:《后凯恩斯主义货币经济学》,余永定、吴国宝、宋湘燕译,中国社会科学出版社 1991 年版。

[美] 斯塔夫里阿诺斯:《全球通史——1500 年以后的世界》,吴象婴、梁赤民译,上海社会科学院出版社 1999 年版。

［美］斯特伦：《人与神：宗教生活的理解》，金泽、何其敏译，上海人民出版社1991年版。

［美］泰德·克劳福德：《钱的秘密生活》，罗汉、丁洁译，上海人民出版社2003年版。

［美］威尔逊：《新的综合——社会生物学》，李昆蜂译，四川人民出版社1985年版。

［美］沃勒斯坦：《历史资本主义》，路爱国、丁浩金译，社会科学文献出版社1999年版。

［美］沃勒斯坦：《现代世界体系》第1、2卷，高等教育出版社1998年版。

［美］希尔斯：《论传统》，傅铿等译，上海人民出版社1991年版。

［美］熊彼特：《经济分析史》第1卷，朱泱、孙鸿敬、李宏译，商务印书馆1991年版。

［美］熊彼特：《资本主义、社会主义与民主》，吴良健译，商务印书馆1999年版。

［美］詹姆斯·博曼：《社会科学的新哲学》，李霞等译，上海人民出版社2006年版。

［美］詹姆斯·科尔曼：《社会理论的基础》，邓方译，社会科学文献出版社1999年版。

［美］詹姆斯·汤普逊：《中世纪晚期欧洲经济社会史》，徐家玲等译，商务印书馆1996年版。

［南非］保罗·西利亚斯：《复杂性与后现代主义：理解复杂系统》，曾国屏译，上海人民出版社2006年版。

［日本］广松涉：《事的世界观的前哨》，赵仲明、李斌译，南京大学出版社2003年版。

［日本］广松涉：《物象化论的构图》，彭曦、庄倩译，南京大学出版社2002年版。

［日本］栗本慎一郎：《经济人类学》，王名译，商务印书馆1997年版。

［日本］伊·藤诚、［希腊］考斯达斯·拉帕维查斯：《货币金融政治经济学》，孙刚、戴淑艳译，经济科学出版社2001年版。

［瑞典］汤姆·伯恩斯：《结构主义的视野》，周长城译，社会科学文献出版社2004年版。

［瑞士］皮亚杰：《认识发生论原理》，王宪钿等译，商务印书馆 1981
年版。

［瑞士］索绪尔：《普通语言学教程》，高名凯译，商务印书馆 1980 年版。

［苏］卢森贝：《十九世纪四十年代马克思恩格斯经济学说发展概论》，生
活·读书·新知三联书店 1958 年版。

［苏］伊·科恩：《自我论》，佟景韩等译，生活·读书·新知三联书店
1986 年版。

［英］E. F. 舒马赫：《小的是美好的》，李华夏译，译林出版社 2007
年版。

［英］埃里克·罗尔：《经济思想史》，陆元诚译，商务印书馆 1981 年版。

［英］艾德里安·弗恩海姆、迈克尔·阿盖尔：《金钱心理学》，李丙太、
高卓、张葆华译，新华出版社 2001 年版。

［英］艾瑞克·霍布斯鲍姆编：《传统的发明》，顾杭、庞冠群译，译林出
版社 2004 年版。

［英］艾瑞克·霍布斯鲍姆：《资本的年代》，张晓华译，江苏人民出版社
1999 年版。

［英］巴本：《铸币论》，商务印书馆 1964 年版。

［英］巴特莱特：《记忆：一个实验的与社会的心理学研究》，黎炜译，浙
江教育出版社 1998 年版。

［英］彼得·高恩：《华盛顿的全球赌博》，顾薇、金芳译，江苏人民出版
社 2003 年版。

［英］波特：《新编剑桥世界近代史》第 1 卷，中国社会科学院世界历史
研究所组译，中国社会科学出版社 1999 年版。

［英］布赖恩·摩根：《货币学派与凯恩斯学派》，薛蕃康译，商务印书馆
1995 年版。

［英］布赖恩·特纳：《Blackwell 社会理论指南》，李康译，上海人民出版
社 2003 年版。

［英］大卫·麦克里兰：《意识形态》，孔兆政、蒋龙翔译，吉林人民出版
社 2005 年版。

［英］蒂耶利·伽鲁瓦：《金钱心理学》，徐睿译，世界图书出版公司
2007 年版。

［英］格雷戈里：《礼物与商品》，姚继德、杜杉杉、郭锐译，云南大学出

版社 2001 年版。

［英］哈耶克:《个人主义与经济秩序》,邓正来译,生活·读书·新知三联书店 2003 年版。

［英］哈耶克:《货币的非国家化》,姚中秋译,新星出版社 2007 年版。

［英］吉登斯:《批判的社会学导论》,郭忠华译,上海人民出版社 2007 年版。

［英］吉登斯:《社会的构成》,李惠斌、杨雪冬译,生活·读书·新知三联书店 1998 年版。

［英］吉登斯:《社会理论与现代社会学》,文军、赵勇译,社会科学文献出版社 2003 年版。

［英］吉登斯:《现代性的后果》,田禾译,译林出版社 2000 年版。

［英］吉登斯:《资本主义与现代社会理论》,郭忠华、潘华凌译,上海译文出版社 2007 年版。

［英］卡尔·波兰尼:《大转型:我们时代的政治与经济起源》,冯钢、刘阳译,江苏人民出版社 2007 年版。

［英］卡尔·门格尔:《国民经济学原理》,刘絜敖译,上海人民出版社 2001 年版。

［英］凯恩斯:《货币论》,商务印书馆 1986 年版。

［英］凯恩斯:《就业、利息和货币通论》,高鸿业译,商务印书馆 1999 年版。

［英］林德格瑞:《金钱心理学》,宿久高、小筠译,吉林人民出版社 1991 年版。

［英］迈克尔·曼:《社会权力的来源》第 1 卷,刘北成、李少军译,上海人民出版社 2002 年版。

［英］汤因比:《历史研究》,曹未风译,上海人民出版社 1997 年版。

［英］托马斯·克伦普:《数字人类学》,郑元者译,中央编译出版社 2007 年版。

［英］维莱丽·威尔森:《金钱的私生活》,吉林摄影出版社 1999 年版。

［英］亚当·斯密:《国民财富的性质和原因的研究》,郭大力、王亚南译,商务印书馆 1972 年版。

［英］约翰·拉金斯:《拉斯金读书随笔》,匡咏梅译,上海三联书店 1999 年版。

［英］约翰·乔恩：《货币史》，李广乾译，商务印书馆2002年版。

［英］约翰·汤普森：《意识形态与现代文化》，高铦译，译林出版社 2005年版。

三 中文论文

鲍贵：《试论语言和货币的符号性》，《南京政治学院学报》2005年第 4期。

毕道村：《土地权与货币权的对立与西欧地租形态的更替》，《学习与探 索》1994年第4期。

陈彩虹：《经济全球化中现代国别货币角色的转换及其未来》，《学术月 刊》2003年第8期。

陈彩虹：《亚洲金融危机十年祭》，《书屋》2007年第12期。

陈彩虹：《纸币契约论》，《当代财经研究》1997年第8期。

陈创生：《货币符号的象征意义》，《社会科学家》2002年第4期。

陈金明：《科技革命对金融业发展的影响》，《自然辩证法通讯》2005年 第6期。

陈庆德：《货币符号涵义系统的经济人类学分析》，《开放时代》2000年 第3期。

董金松：《"工具性表达"：发达农村社区礼物交换的实质》，《内蒙古社会 科学》（汉文版）2004年第5期。

董士清：《社会信任结构论》，《财经科学》1999年第4期。

董志勇、狄晓娇：《对中国信用卡消费群体特征的多元统计分析》，《金融 论坛》2007年第6期。

杜林致、乐国安：《国外金钱心理研究综述》，《西北师大学报》（社会科 学版）2002年第2期。

丰子义：《关于财富的尺度问题》，《哲学研究》2005年第6期。

高兆明：《作为自由意志定在的财产权》，《吉首大学学报》（社会科学 版）2006年第1期。

顾伟列：《村民交际中人情伦理与互惠原则》，《华东师范大学学报》（哲 学社会科学版）2001年第6期。

郭俊、梅雪芹：《维多利亚时代中期英国中产阶级中上层的家庭意识探 究》，《世界历史》2003年第1期。

郭艳：《全球化语境下的国家认同》，中国社会科学院 2005 年博士论文。

韩少功：《人情超级大国》，《读书》2001 年第 12 期。

郝永平：《危机问题的哲学探究》，《求是学刊》2003 年第 9 期。

贺来：《马克思的哲学革命与价值虚无主义》，《复旦学报》（社会科学版）2004 年第 6 期。

胡红生：《社会心态论》，武汉大学 2004 年博士论文。

胡敏中：《论马克思主义的自然时间观和社会时间观》，《马克思主义研究》2006 年第 2 期。

黄玉琴：《礼物、生命仪礼和人情圈》，《社会学研究》2002 年第 4 期。

吉塞拉·罗切特尔：《希腊古代货币》，《文博》1994 年第 4 期。

卡洛琳·比格达、阿曼达·金格勒：《美国人的 7 种特质信用卡》，《大众理财》2006 年第 9 期。

李伯聪：《风险三议》，《自然辩证法通讯》2000 年第 5 期。

李长虹：《货币变革与经济形态的演进》，《重庆社会科学》2005 年第 7 期。

李春华、刘红霞：《媒介体育与国家认同：国外相关研究综述》，《北京体育大学学报》2007 年第 4 期。

李强：《试析社会分层的十种标准》，《学海》2006 年第 4 期。

李强：《政治分层与经济分层》，《社会学研究》1997 年第 4 期。

李韬：《慈善基金会缘何兴盛于美国》，《美国研究》2005 年第 3 期。

李伟民：《论人情》，《中山大学学报》（社会科学版）1996 年第 2 期。

李小建：《西方社会地理学中的社会空间概念》，《地理译报》1987 年第 2 期。

理查德·斯威德伯格：《作为一种社会结构的市场》，《社会》2003 年第 2 期。

林小芳：《美元霸权：我们时代的痛》，《读书》2000 年第 7 期。

刘荣军：《财富、人与历史——马克思财富理论的哲学意蕴与现实意义》，复旦大学 2007 年博士论文。

刘少杰：《实践原则在当代社会理论中的复兴与创新》，《社会科学研究》2007 年第 2 期。

刘晓力：《计算主义质疑》，《哲学研究》2003 年第 4 期。

卢曼：《经济系统中的双循环》，《世界哲学》2005 年第 5 期。

鲁鹏：《论不确定性》，《哲学研究》2006 年第 3 期。

鲁品越：《货币化与价值世界的祛魅》，《江海学刊》2005 年第 1 期。

鲁品越：《货币力量的深层本体论》，《学术月刊》2003 年第 8 期。

陆家骝：《论凯恩斯革命的真实底蕴》，《经济学家》1996 年第 6 期。

罗必良：《意识形态与经济发展》，《开放时代》1999 年第 3 期。

骆玉鼎：《交易货币化与货币的信用本质》，《财经研究》1998 年第 9 期。

马俊峰、白春阳：《社会信任模式的历史变迁》，《社会科学辑刊》2005 年第 2 期。

宓文湛：《货币：表征历史进化节度的重要符号》，《哲学动态》2003 年第 8 期。

钱乘旦：《20 世纪英国的妇女及家庭问题》，《世界历史》1996 年第 5 期。

任平：《空间生产与马克思主义的出场》，《江海学刊》2007 年第 2 期。

尚鸣：《五套人民币：不断创新的中国当代货币文化》，《中国金融家》2006 年第 9 期。

斯万·汉森：《知识社会中的不确定性》，《国外社会科学》2003 年第 1 期。

孙春晨：《"人情"伦理与市场经济秩序》，《道德与文明》1999 年第 1 期。

田毅鹏、张金荣：《马克思社会空间理论及其当代价值》《江海学刊》2007 年第 2 期。

王峰明、牛变秀：《超越货币本质"一般论"与"特殊论"的对立》，《教学与研究》2004 年第 11 期。

王明珂：《历史事实、历史记忆与历史心性》，《历史研究》20015 年第 5 期。

王荣军：《现今美国贫富分化状况及原因分析》，《美国研究》2001 年第 4 期。

威尔逊：《社会生物学和基因—文化互作进化》，《国外社会科学文摘》1988 年第 3 期。

魏建国：《货币经济视域下近代西方个人权利形成的历史考察》，《广西社会科学》2005 年第 5 期。

谢元鲁：《宋代四川造纸印刷技术的发展与交子的产生》，《中国钱币》1996 年第 3 期。

许建平：《货币观念的变异与农耕文学的转型》，《中国社会科学》2007
　　年第 2 期。

许建平、马世昌：《〈金瓶梅〉价值的货币文化解读》，《河北学刊》2006
　　年第 3 期。

晏辉：《虚拟享用：伦理辩护与批判》，《中国社会科学》2005 年第 6 期。

杨念群：《礼物交换的本土精神》，《读书》1997 年第 12 期。

仰海峰：《一定的社会关系：马克思经济学研究的哲学视域》，《南京社会
　　科学》1997 年第 10 期。

叶涯剑：《空间社会学的缘起及发展——社会研究的一种新视角》，《河南
　　社会科学》2005 年第 9 期。

余霞：《历史记忆的传媒表达及其社会框架》，《武汉大学学报》（人文科
　　学版）2007 年第 2 期。

俞吾金：《马克思哲学是社会生产关系本体论》，《学术研究》2001 年第
　　10 期。

翟学伟：《人情、面子与权力的再生产》，《社会学研究》2004 年第 5 期。

张阿莉：《职务消费货币化改革问题探析》，《东北师大学报》（哲学社会
　　科学版）2007 年第 2 期。

张凤阳：《论虚无主义价值观及其文化效应》，《南京大学学报》（哲学社
　　会科学版）2003 年第 6 期。

张立波：《实践的逻辑：从哲学到社会理论》，《哲学动态》2001 年第
　　5 期。

张晓萍：《"旅游是一种现代朝圣"诌议》，《云南民族大学学报》（哲学
　　社会科学版）2003 年第 4 期。

张雄：《货币幻象：马克思的历史哲学解读》，《中国社会科学》2004 年
　　第 4 期。

张一兵、仰海峰：《社会关系本体论，还是方法论的历史唯物论?》，《南
　　京社会科学》1996 年第 12 期。

赵小琪：《金钱和金钱崇拜——新生代小说中金钱欲的文化阐释》，《天津
　　社会科学》2001 年第 1 期。

朱富强：《经济学帝国主义的神话》，《当代经济研究》2003 年第 3 期。

朱红文：《社会科学与哲学的关系：社会科学史的视角》，《天津社会科
　　学》2003 年第 5 期。

朱红文:《走向一种作为实践智慧的社会科学》,《学习与探索》2007 年第 5 期。

四 外文文献

Albrow M. , Sociology for One World. *International Sociology*, 2, 1987.

Baker W. , *What is Money? A Social Structural Interpretation*. In Mizruchi, M and Schwartz, B (eds), *Intercorporate Relations*: *A Structural Analysis of Business*, Cambridge: Cambridge University Press, 1987.

Belk R. and Wallendorf M. , The Sacred and the Profane in Consumer Behavior: Theodicy on the Odyssey. *The Journal of Consumer Research*, 16 (1), 1989.

Borneman E. , *The Psychoanalysis of Money*, New York: Urizen Books, 1976.

Burgoyne C. and Routh D. , Constraints on The Use of Money as a Gift at Christmas: The Role of Status and Intimacy. *Journal of Economic Psychology*, 12, 1991.

Caplow T. , Christmas Gift and Kin Networks. *American Sociological Review*, 1982, 47.

Carruthers B. and Espeland W. , Money, Meaning and Morality. *Amercian Behavioral Scientist*, 41 (10), 1998.

Cheal D. , *The Gift Economy*. London: Routledge, 1988.

Collins R. , The Bankers. *The American Journal of Sociology*, 85 (1), 1979.

Corbridge S. and Thrift N. , *Money*, *Power and Space*: *Introduction and Overview* . In Corbridge S and Thrift N (ed), *Money. Power and Space*. Cambridge: Blackwell, 1994.

Crump T. , *The Phenomenon of Money*. London: Routledge, 1981.

Dalton G. , *Primitive Money*. American Anthropologist, 67 (1), 1965; William Desmonde, *Magic*, *Myth*, *and Money*. New York: Free Press of Glencoe, 1962.

Desmonde W. , *Magic*, *Myth*, *and Money*, The Free Press of Glencoe, 1962.

Deutsch K. , *Nationalism and Social Communication*. Boston: MIT Press, 1966.

D Levine, Introduction, In D Levine (ed), *Georg Simmel: On Individuality and Social Forms*, The University of Chicago Press, 1971.

Dodd Nigel, *The Sociology of Money: Economics, Reason and Contemporary Society*. London: Polity Press, 1994.

Doty R. , Matthew Boulton and the Coinage Revolution, *Rare Coin Review* 61, 1986.

Douglas M. , *Purity and Danger: An Analysis of Pollution and Taboo*. London: Routledge & Kegan Paul, 1966.

Doyle K. , *The Social Meanings of Money and Property: In Search of a Talisman*. Sage Publications, 1998.

Doyle K. , Toward a Psychology of money. *Amercian Behavioral Scientist*, 35 (6), 1992.

Dyer A. Making Semiotic Sense of Money as a Medium of Exchange. *Journal of Economic Issues*, 2, 1989.

Falicov J. C. , The Cultural Meaning of Money: Case of Latinos and Anglo – Americans. *Amercian Behavioral Scientist*, 45 (2), 2001.

Feinberg A. , Credit Cards as Spending Facilitating Stimuli: A Conditioning Interpretation. *Journal of Consumer Research*. (13), 1986.

Ganssman H. , Money – a Symbolically Generalized Medium of Communication? On the concept of Money in Recent Sociology, *Economy and Society*, 17 (4), 1988.

Gilbert E. and Helleiner E. (ed), *Nation – States and Money*. London and New York: Routledge, 1999.

Gilbert E. , Ornamenting the facade of hell: Iconographies of 19th – century Canadian paper money. *Environment and Planning D: Society and Space* 16 (1), 1998.

Graburn N. , *Secular Ritual: A General Theory of Tourism*. London: Cognizant Communications, 2001.

Hahn F. , *Money and Inflation*. Oxford: Blackwell, 1982.

Hart K. , *Money in an Unequal World: Keith Hart and His Memory Bank*. New York: Texere, 2000.

Helleiner E. , *The Making of National Money*. Ithaca: Cornell University

Press, 2003.

H Gerth and C Wright Mills, *Introduction: The Man & His Work*, In H, Gerth & C, Wright Mills (ed), *From Max Weber*, London: Routledge, 1947.

Hirschman E. , Differences in Consumer Purchase Behavior by Credit Card Payment System. *Journal of Consumer Research*. (6) 1979.

Ingham G. , Money is a Social Relation. *Review of Social Economy*, (54) 1996.

Ingham G. , On the Underdevelopment of the 'Sociology of Money'. *Acta Sociologica*, (41) 1998.

Kirshner J. , *Currency and Coercion: The political Economy of International Moneatary Power*. Princeton: Princeton University Press, 1995.

Laidler David and Rowe Nicholas, Georg Simmel's Philosophy of money: A Review Article for Economists. *Journal of Economic Literature*, (18) 1980.

Lapavitsas C. , The Social Relations of Money as Universal Equivalent: A Response to Ingham. *Economy and Society*, 34 (3), 2005.

Lawrence Peter, A. Review: Radicalism and the Cash Nexus. *The American Journal of Sociology*, 86 (1), 1980.

Lea S. and Webley P. Money as Tool, Money as Drug: The Biological Psychology of a Strong Incentive. *Behavioral and Brain Sciences*, 29 (2), 2006.

Marston S. , The social construction of scale. *Progress in Human Geography*, 24 (2), 2000.

Melitz J. , The Polanyi School of Anthropology on Money: An Economist's View. *American Anthropologist*, New Series, 72 (5), 1970.

MWeber, Georg Simmel as Sociologist, *Social Research*, Vol. 39, 1972.

Nowotny H. , Time and Social Theory: Towards a Social Theory of Time. *Time & Society*, 1 (3), 1992.

Parsons T. and SmelserN, *Economy and Society*, Routledge & Kegan Paul Ltd, 1956.

Parsons T. , *General Theory in Sociology*, in Merton, R (ed) Sociology Today Basic Books, 1959.

Parsons T. , *Sociological Theory and Modern Society*, New York: The Free

Press, 1967.

Parsons T. , *The Social System*. London: Tavistock, 1952.

Polanyi K. , *The Semantics of Money Uses*. In G Dalton (ed), *Primitiue, Archaic, and Modem. Economies: Essays of Karl Polanyi*. Boston, Beacon Press, 1968.

Ritzer G. , *Explorations in the Sociology of Consumption*. London: Sage Publication. 2001.

Ruffle B. , Gift Giving with Emotions. *Journal of Economic Behavior & Organization*, 39, 1999.

Soman D. , Effects of Payment Mechanism on Spending Behavior: the Role of Rehearsal and Immediacy of Payments. *Journal of Consumer Research*, 27, 2001.

Soman D. , The Effect of Payment Transparency on Consumption: Quasi Experiments from the Field. *Marketing Letters*, 14 (3), 2003.

Valenze D. , *The Social Life of Money in the English Past*, Cambridge: Cambridge University Press, 2005.

Wray L. R. , *Modern Money*, in Smithin J (ed), What is Money?. London: Rouledge, 2000.

Zelizer V. A. , The Purchase of Intimacy. *Law& Social Inquiry*, 25 (3), 2000.

Zelizer, V. A. , *The Social Meaning of Money*. New York: Basic Books, 1994.

Zelizer V. A. , The Social Meaning of Money: Special Monies. *American Journal of Sociology*, 95 (2), 1989.

后　记

　　本书是在我的博士论文的基础上修改而成。虽然此时距离博士论文完成已经过去多年，其学术观点、思路与内容存在诸多有待提升的空间，但是它毕竟是我漫漫求学路上的奠基石与里程碑，更是我人生历程中的一段珍贵经历的承载者与见证人。每次翻阅它，都勾起我许多悠远而美好的回忆。

　　攻读博士的三年时光令人回味。这里面既有大量研读、摘记经典著作与专业书籍的紧张学习，有撰写、修改诸多课程小论文的挑灯夜战，有讨论、辨析各种学术概念与问题的倾心交流，有思虑、甄别博士选题的焦灼彷徨，也有难点突破的欣喜畅快、章节完成的充实满足与论文发表的自我肯定……

　　在京师九年求学经历弥足珍贵。能够在北京、在师大、在哲社院渡过我的青葱岁月是人生一大幸事。在这里，饱览北京历史文化名胜，侵染百年师大的深厚积淀，亲历从哲学系到哲社院的华丽转身，这些对于一个负笈游学、求知如渴、朝气蓬勃的年轻人来说，无疑是人生的一笔宝贵财富。

　　帮助我不断成长的诸多师长与亲友更是应该铭记与感谢。首先感谢我的恩师朱红文教授。他不仅是我的学术引路人，更是我的人生导师。我永远不会忘记他在《哲学概论》课上的引经据典、文采飞扬，不会忘记他在林荫道旁与塔楼书房对我的面提耳命、谆谆教诲，不会忘记他在排球场上的闪转腾挪、矫健身姿……他对我的影响可以借用我在当年博士论文后记中的一段话"朱老师开阔灵动的学术视野，精湛深邃的研究造诣，严谨勤奋的治学风格，谦逊朴实的人格魅力深深的感染着我的治学和为人"。即使在毕业之后分隔千里，朱老师依然牵挂着我，多次利用来川讲学的有限空余，继续指导我的学术研究。本以为我们来日方长，哪知世事无常。

朱老师英年早逝，未能看到本书的出版与他悉心指导的学生的成长，至为痛心与遗憾。如果能有来生，但愿我们能再续这段师生缘。

同时感谢张曙光教授、韩震教授、唐伟教授、杨耕教授、吴向东教授、程光泉教授、沈湘平教授、兰久富教授、张立波教授在论文开题、写作、答辩中给予我的指导以及哲社学院所有教导过我的老师们。正是你们赋予的点点滴滴，我才得以圆满完成学业。

也要感谢我在师大诸位好友同门——吕茂相、孟源、王智勇、祁占平、时伟、王彦明、高宁、张春海、龚学峰、丁建波、郝相钦、宋友文、乔丽英、黄胜进、郭伶丽、李冠福等等。虽然现在我们散居各地，但是与你们共铸的美好友情，是我在师大的一份珍贵的人生收获！

我的家人们的关爱给予了我生活上与精神上最大的支持。特别是我的母亲，含辛茹苦三十余年，独自抚育我长大成人，学业有成。但是还未回报她的养育之恩，病魔无情，天不假年。我也愿以此书告慰母亲，感谢她为我付出的无尽心血。

本书能够顺利出版，离不开电子科技大学社科青年接力计划的大力资助，离不开马克思主义学院领导与同事的支持帮助，离不开出版社杨晓芳编辑的尽心校编，还有我的研究生魏容、倪静、尹丽芳的注释校对工作。在此一并致谢！

学术之路，人生旅途，奋力前行！

欧阳彬

2020 年 10 月于蓉城